Zum Projekt "edition 2000"

Davon ausgehend, daß jeder Autor auch Leser ist und jeder kritische Leser ein potentieller Autor sein kann (dem meistens nur die Mittel zur wirkungsvollen Publizierung fehlen), stützt sich das Konzept dieses Verlagsprojekts auf die enge Verbindung von Leser, Verlag und Autor, die durch ständige Information über die Projektplanung der Titel, die wiederholte Aufforderung zur Mitarbeit an die Leser/Autoren sowie die unkonventionelle Methode der Buchproduktion und die inhaltsbezogene Reihengestaltung dauerhaft hergestellt werden soll.

Das in der Tendenz zensurhafte Anbieten von fraktionell ausgesuchten und für gut befundener Titel vieler linker Gruppen und Verlagsprojekte entschleiert sich mehr und mehr als Theoriefeindlichkeit und Ignoranz von originärem und phantasievollem Experimentieren auf materialistisch-historischer Grundlage; das utopische Element als konkrete Zukunftsmöglichkeit bleibt außerhalb der Diskussion.

Illusionslose und unverfälschte Berichte aus der Praxis solidarisch zusammenarbeitender Individuen, die dennoch eindeutig Parteilichkeit beinhalten, gibt es nur in Ausnahmen (zB: Veröffentlichungen des Sozialistischen Büros in Offenbach oder Texte aus dem Merve Verlag, Berlin).

Die "edition 2000" bietet sich als Plattform denjenigen an, die politischer Bevormundung gleichwelcher Seite auch im Verlagswesen widerstehen wollen und Veränderung nicht lautstark und gekünstelt mit Worten (also abgehoben von jeder Form von tatsächlich verändernder Praxis) aber auch nicht mit dem Hammer in der Faust (also aktivistisch auf der Basis von Theorielosigkeit) herbeiträumen, sondern die mit Phantasie und Mut solidarisch dazu beitragen wollen, daß sich die "Freiheit des Subjekts" in einer befreiten Gesellschaft realisieren kann und der Kampf in den Köpfen mit dem Kampf auf der Straße in Einklang gebracht wird.

afa

edition »2000 lädt ein und fordert zur Mitarbeit auf

» die projekte «

theorie + kritik

arbeiten zur wissenschaftstheorie und wissenschaftspraxis

theorie + praktische kritik

texte zur theorie einer materialistischen wissenschaft
+ schriften zur politischen praxis

x : 2000

berichte zu experimenten aus der gesellschaftlichen praxis (sozialarbeit / kinderladenarbeit / experimente mit randgruppen)

poloek 2000

texte zur kritik der politischen ökonomie
(reprints von klassikern vor + nach marx / bürgerliche marxkritik / aktuelle + neuere arbeiten zur kritik der politischen ökonomie – diplomarbeiten, dissertationen etc)

ante 2000

spezialitäten + raritäten mit literarischem, wissenschaftlichem und künstlerischem inhalt
(reprints + neuausgaben teils nicht mehr reproduzierbarer schriften / revolutionäre romane / klassische comics etc)

forum 2000

diskussionsbeiträge zu konkreten utopien (extrapolationen/ innovationen / inventionen / pläne)

Interessenten benutzen die diesem Band beigefügte Karte oder schreiben an:
Andreas F. Achenbach, D-63 Giessen, Chamissoweg 7

BEWUSST-SEINSKRITIK

Zum Problem des Bewußtseins in der Anthropologie Arnold Gehlens

Peter Gelis

Verlag Andreas Achenbach Giessen

Für Marlene

Diese Arbeit ist vom Fachbereich Philosophie/Psychologie/ Sozialwissenschaften der Universität Hamburg 1973 als Dissertation angenommen worden.

ISBN 3-87958-007-3

theorie+kritik 3

1. Auflage 1974

edition 2000 Giessen 1974
Printed in Germany (GFR)
Druck Osswald GmbH Garbenheim

INHALT

		Seite
Vorwort:	Epi-Anthropologica	I
Einleitung:	Die anthropologische Selbstreflexion	11
I.	'Empirische Philosophie' als Konstituens der Anthropologie	27
I. A.	Der wissenschaftstheoretische Standort der 'philosophisch-empirischen' Anthropologie	30
I. A. 1.	Die 'psycho-physische Neutralität' der Kategorien	31
I. A. 2.	Philosophische Anthropologie als empirisch-analytische Wissenschaft	35
I. A. 3.	Kausale und konditionale Analyse	41
I. B.	Die pragmatistische Komponente	54
II.	Der Handlungscharakter des Bewußtseins	67
II. A.	Anthropobiologische Grundlagen	68
II. A. 1.	Der morphologische Gesamthabitus	68
II. A. 2.	Elemente der Weltorientierung	82
II. A. 3.	Varianten-Invarianten. Relation und Anthropogenese	96
II. B.	Das Problem der Willensfreiheit	117
III.	Die Institutionalisierung des Bewußtseins	124
III. A.	Der Handlungskreis	126
III. A. 1.	Das Entlastungsgesetz	133
III. A. 2.	Motivation-Hypertelie-Homöostase	149
III. A. 3.	Zeitschemata und Sinnkategorie	163
III. B.	Die Rationalität der Entfremdung	188
Nachwort:	Thesen zu einem Entwurf einer philosophisch-anthropologischen Theorie des Bewußtseins	218
Literaturverzeichnis		230
Personenregister		241
Sachregister		243

VORWORT: Epi-Anthropologica

Der Versuch, einen bewußtseinstheoretischen Ansatz ohne Rückgriff auf metaphysische Letztbegründungen und dennoch undialektisch und metapositivistisch, nämlich anthropobiologisch mit ständigem sprach- und sinnkritischem Korrektiv in der Absicht zu entwickeln, eine Rahmentheorie des Bewußtseins zu entwerfen, in die die Totalität der konstitutiven Aspekte der Handlungs- und Bewußtseinsphänomene eingeht, kristallisiert sich zu philosophischer Anthropologie, die über die Funktion der Analyse, der Kritik und der Integration einzelwissenschaftlich verfügbarer, bewußtseinstheoretisch relevanter Aussagen hinaus den Anspruch erhebt, ein einheitswissenschaftsstiftendes Moment zu involvieren, das über einen bloß kontingent integrativen Eklektizismus eines interdisziplinären Pluralismus hinausgeht. Der korrespondierende Argumentationszusammenhang wird in den einzelnen Stadien der Abhandlung sichtbar, weshalb ich lediglich eine kurze Vorwegbegründung im Sinne einer Ankündigung aufzeigen möchte:

Die Aspektstruktur des Bewußtseins, von der die wahrheitstheoretische Geltung von Sätzen abhängt, kann adäquat nur auf der Ebene philosophischer Anthropologie expliziert werden, die somit als anthropologische Bewußtseins- und Handlungstheorie den wahrheitstheoretischen Universalitätsanspruch im Prinzip einzulösen verspricht. Am Begriff der Freiheit - einem ebenso 'dunklen Wort' wie der des Bewußtseins - derer sich Bewußtsein nur insoweit versichern kann, als es um die Abwesenheit ihrer Negation weiß, womit ihr Bewußtseinstatsachenverhalt erst zum Problem wird, läßt sich exemplarisch die Unerläßlichkeit des methodischen Rückgangs auf philosophische Anthropologie aufweisen. Wenn nämlich Horkheimer sagt: "Die Definition der Freiheit ist die Theorie der Geschichte und umgekehrt" [1], so hat diese Bestimmung ihr relatives Recht

1) M. Horkheimer, Zur Kritik der instrumentellen Vernunft. Aus

gerade darin, daß in der methodisch unausweichlichen, da phänomenologisch kontrafaktisch gegebenen Konfrontation von Geschichte und Struktur, die in der 'marxistischen Historik' mit der Aufrechterhaltung des 'kognitiven Primats' des 'Logischen' vor dem 'Historischen' entschieden wird [1], Geschichtstheorie ohne Einfluß auf Systemtheorie bleibt, welche ihrerseits als Invariantenlehre erst mit dem kognitiven Primat des Biologischen als Ausdruck des materialen, jedoch nicht materialistischen Logischen vor dem Historischen in der Anthropobiologie Gehlens der Historie zur Entfaltung ihrer Dynamik den strukturellen anthropologischen Rahmen vorgibt, innerhalb dessen dann Geschichte als Theorie dem Bewußtsein seine Definition von Freiheit vermitteln kann.

Wenn nun E. Thier von der Marxschen Anthropologie meint, sie sei 'völlig entwickelbar' [2], so kommt in dieser Ansicht ebenso ein programmatischer Antidogmatismus zum Ausdruck, wie in Gehlens Versicherung, seine Anthropologie sei 'offen für Neuerkenntnisse' [3], und wie ich ihn auch für meine eigene theoretische Zielsetzung postuliere. Was nun besonders Gehlens Erklärung zur prinzipiellen Offenheit seiner Betrachtungsweise angeht, so habe ich darin eine meine wissenschaftstheoretischen Intentionen zusätzlich stützende Legitimation zur modifizierenden Rezeption seiner anthropologischen, soziologischen und ethischen Anschauungen gesehen. Wider den Dogmatismus gilt es außerdem gegenwärtig zu halten,

---

den Vorträgen und Aufzeichnungen seit Kriegsende. Hrsg. v. A. Schmidt, Frankfurt/Main 1967, S. 157.

1) A. Schmidt versucht auf diese Weise, das sowohl strukturanalytische als auch historisch-genetische Verfahren, dessen sich Marx im Kapital bedient, in bezug auf System und Geschichte des Kapitalismus zu separieren, und damit aufeinander abzustimmen. S. A. Schmidt, Geschichte und Struktur. Fragen einer marxistischen Historik, München 1971, bes. S. 139 f.

2) E. Thier, Das Menschenbild des jungen Marx, Göttingen 1757, S. 71.

3) A. Gehlen, Anthropologische Forschung, Hamburg 1968, S. 24.

daß jede Anthropologie zeitbedingte Züge trägt, so daß der Wissenssoziologie, die sich mit dieser Einsicht, die im übrigen ja auf die Behauptung der Standortgebundenheit allen Denkens zielt, als spezielle Soziologie hohen Anspruchs etablierte, ihr Recht auf Entlarvung besser gleich theorieimmanent zugestanden wird [1], so daß ihr Entdogmatisierungspotential dadurch, daß es voll zur Entfaltung kommt, eine Totalrevision des Ansatzes überflüssig macht [2]. Ebenso ist natürlich auch der ideologiekritischen Hinterfragungstendenz gleichlaufend mit der eigentlichen Untersuchung Raum zu geben.

Die Mahnung der 'Zeitbedingtheit' mündet, positiv gewendet, in die Forderung, die je gegenwärtige Anthropologie solle ihre Aussagen "mit dem Bewußtsein machen, daß sie sie an denjenigen abließt, welche unter den sehr einmaligen Bedingungen der Gegenwart leben" [3]. Damit stellt sich aber die Frage, ob man überhaupt zu einem Begriff des Menschen gelangen kann, der mehr enthält als nur die Aufzählung morphologischer Merkmale und anthropospezifischer invarianter Eigenschaften, der also, wie G. Weippert fordert, so beschaffen ist, "daß er allen menschlichen Möglichkeiten, den schon verwirklichten wie den in Zukunft verwirklichbaren, Raum läßt" [4]. Mit dem Anlauf zu einer solchen Begriffsbestimmung, die also das 'Wesen' des Menschen sowohl deskriptiv fest-, als auch utopisch fortschreiben will, sind gleichzeitig mehrere Schwierigkeiten ver-

---

1) Wie B. Glaeser, Kritik der Erkenntnissoziologie, Frankfurt/Main 1972, nachweist, ist die Wissens- bzw. Erkenntnissoziologie wesentlich unfähig, die 'logische Stringenz' und die 'Gültigkeit' von Erkenntnistheorie zu beeinträchtigen.

2) Die Entdogmatisierung durch Wissens- bzw. Erkenntnissoziologie zielt vornehmlich auf das jeweilige spezifische Erkenntnisinteresse, dessen Konstituierung eine Wurzel auch im Anthropologischen hat, weshalb eine zureichende Wissens- bzw. Erkenntnissoziologie ohne anthropologische Grundlegung oberflächlich bleibt.

3) A. Gehlen, Anthropologische Forschung, a.a.O., S. 56.

4) G. Weippert, Sozialwissenschaft und Wirklichkeit, Göttingen 1966, S. 176.

bunden, die die Brüchigkeit jeder Definition, die eine Extrapolation der phylogenetischen und geschichtlichen Entwicklung ohne den Rückzug in das asylum ignorantiae der ceteris paribus-Klausel unternimmt, offenlegen.

Da ist einmal das Problem, daß, wenn "alle philosophischen Definitionen des menschlichen Wesens Momenten" der 'Produktion', verstanden als Aneignung der Natur entsprechen [1], die Geschichte des Menschen als eines Gattungswesens, deren Anheben Marx mit der Inkraftsetzung der Gleichung 'Humanismus = Naturalismus' projizierte, noch nirgends wirklich begonnen hat, da das Ende der 'Vorgeschichte' nicht abzusehen ist [2].

Aber es gibt noch weitere unbekannte Faktoren, deren hypothetische Einbeziehung in das projektive Kalkül als Grundlage einer futurologischen Definition des menschlichen Gattungswesens bestenfalls zu Prognosen von der zweifelhaften Qualität der von Fucks aufgestellten 'Formeln zur Macht' [3] verhelfen könnte. Demgegenüber sollte man vielmehr die grundsätzliche Unzulänglichkeit prognostischen Eifers deutlich sehen, gerade um sich zu vergewissern, daß eine antizipatorische Definition des Menschen auf szientifischer

---

1) H. Lefebvre, Der dialektische Materialismus, Frankfurt/Main 1966, S. 127.
2) Den Übergang von der Vorgeschichte zur eigentlichen Gattungsgeschichte prophezeit Marx für den Zeitpunkt der Aufhebung der allseitigen Entfremdung; vgl. dazu K. Marx, Die Frühschriften. Hrsg. S. Landshut, Stuttgart 1971, bes. S. 357 ff.; H. Lefebvre, a.a.O., S. 132 ff.; zum Problem selbst siehe das Entfremdungskapitel im Text.
3) Vgl. W. Fucks, Formeln zur Macht. Prognosen über Völker, Wirtschaft, Potentiale, Hamburg 1967. Dort wird der nicht gerade bescheidene Versuch unternommen, die 'Machtverhältnisse bis zum Jahre 2010' mit Hilfe einer naiven Formel zu errechnen, in der Macht als Funktion der Bevölkerungszahl und der Produktion von Energie und Stahl angesetzt wird. Gegenwärtig wird der Buchmarkt von einer kaum noch übersehbaren Flut zumeist unkritischer futurologischer Literatur überschwemmt, einen wissenschaftsgläubigen Konsumtrend nutzend, den zu schaffen sie kräftig mithalf.

Basis nicht zu erbringen ist.

Eine ganz andere Frage ist, ob diese Einsicht zur Lähmung gesellschaftsverändernder Praxis führen muß oder sie nicht vielmehr gerade stimulieren kann, womit die Überlegung sich an das Bewußtsein zurückverwiesen weiß.

Eine zweite Problemstellung reicht tief in die 'naturwüchsige' Schicht hinein: Es handelt sich darum, ob der primäre Evolutionsfaktor, die Mutation, von der im allgemeinen nur die Ungezieltheit als gesichert gilt, als biologische Residualdetermination im Zuge der weiteren phylogenetischen Entwicklung der Spezies homo noch eine Rolle spielen wird. Zugegebenermaßen stellt dieses Thema auf möglicherweise unhistorisch lange Zeiträume ab, so daß das Augenmerk vorrangig auf die eventuell drohende Möglichkeit der Umzüchtung, also der 'genetischen Manipulation' gerichtet werden soll[1], derer sich verbrecherische Machthaber als intraspezifisches Selektionsinstrument ebenso bedienen könnten, wie sie bis zum heutigen Tage als selbsternannte Erfüllungsgehilfen einer pervertierten Natur Menschenleben vernichten.

Der Glaube "an die Macht der menschlichen Vernunft und daran, daß "die Vernunft vernünftige Selektion treibt", wie sich Lorenz vernehmen läßt[2], bleibt solange leerer Wahn, als er nicht alle Seelen ergreift. Die bloße Vorstellung vom durch und durch guten Menschen vermag trotz der damit verbundenen Erwartung einer allseitigen Befriedung unversehens zum Trauma zu geraten.

---

1) In den Kontext von Mutation und Umzüchtung gehört z. B. die Frage nach dem Wert der Hypothese N. Wieners, der von einer 'destruktiven Spezialisierung' des menschlichen Gehirns ausgeht; N. Wiener, Kynernetik, Hamburg 1969, S. 191.
Ob Mutationen, deren Eintreten als sicher gilt, zu einer genetischen Verschlechterung führen, gilt als umstritten; Vgl. dazu exemplarisch: W. Wieser, Genom und Gehirn. Information und Kommunikation in der Biologie, München 1970, bes. S. 163 f.

2) K. Lorenz, Das sogenannte Böse. Zur Naturgeschichte der menschlichen Aggression, Wien 1963, S. 402.

EINLEITUNG.

Die anthropologische Selbstreflexion.

Die Frage nach dem Sein des Menschen stellt sich als die nach seinem Bewußtsein.

Anders ausgedrückt: Erst die Erhellung der Bewußtseinsproblematik eröffnet den Zugang zur Anthropologie; vorausgesetzt Anthropologie will mehr sein als nur vergleichende Morphologie und Physiologie.

Die erkenntnisstrebige Dimension des Bewußtseins affiziert in der 'intentio recta' ihr Objekt. In der 'intentio obliqua' dagegen erklärt sie das Bewußtsein als ihren Träger zum Erkenntnisgegenstand im allgemeinen und zum Gegenstand anthropologischer Forschung im besonderen.

Bewußtsein ist in jedem Falle Bewußtsein von etwas. Gleichgültig jedoch, ob der Erkenntnisgegenstand dem Bewußtsein äußerlich ist oder ob es sich um Selbst-Bewußtsein handelt, erschließt er sich in der Objektion dem erkennenden Bewußtsein in seinem Dasein, nicht aber in seinem Sosein. Bleibt nun bereits das Erfassen des 'gnoseologischen Ansichseins' durch die allein der Wahrnehmung zugängliche 'Erscheinung' des Erkenntnisobjekts verstellt, so wird der Erkenntnisprozeß weiterhin dadurch in seinem Anspruch relativiert, daß der ohnehin nur thetische Erkenntnisgegenstand - befreit von der Fiktion der Objizierbarkeit des Ansichseienden - der Vermittlung durch die Sprache bedarf. Der diesseits der Objektionsgrenze der Erkenntnis liegende Gegenstand ist somit weder das Objekt in seinem Sosein noch in seinem Dasein, sondern der das erstere bzw. das zweite bezeichnende Begriff. Im ersteren Falle haben wir es mit einem Quasi-Begriffsrealismus, im letzteren mit einem Quasi-Begriffsnominalismus zu tun. Da die Sprache ein Symbolsystem darstellt, in das die 'Erscheinung', vermittelt durch die Zeichen- und Bedeutungsfunktion des Begriffs, eingeht und nicht der soseiende Gegenstand, der sich dem Begreifen entzieht, befinden sich 'Erscheinung' und Sprache auf der gleichen noologischen Ebene. Das gesamte Kontinuum des sprachlichen Ausdrucks von der phylogenetischen und ontogenetischen Frühform der onomatopoetischen Lautschöpfung bis hin zu den mathematisierten Modellen der Metasprache verweist immer nur auf das 'Gegebene', das 'Als ob'. Damit sei an dieser Stelle noch nichts definitives darüber ausgesagt, ob eine Metasprache nicht gegebenenfalls die Möglichkeit zu einer adäquateren Erkenntnis des Gegebenen aufschließt. Zu bedenken bleibt, daß jede Metasprache durch Abstrahierung, Bedeutungspräzisierung und Symbolisierung aus der 'Umgangs' sprache gewonnen wird und auf sie rekurriert. Die Sprache erster Ordnung ist unaufhebbar ihr Substrat, so daß die erkenntnissteigernde Leistung der Metasprache als eines analytischen Instrumentes des Bewußtseins nur graduell sein kann.

Die bisherigen Ausführungen zur Objektionsgrenze der Erkenntnis implizieren das erste Relativitätspostulat, d.h. die These von der gnoseologischen Relativität. Eine zweite Einsicht in die Relativität des Erkenntnisprozesses basiert auf der Sapir-Whorf - Hypothese[1], deren Grundgedanke sich in Ansätzen bereits bei Humboldt vorformuliert findet. Das 'linguistische Relativitätsprinzip besagt in verkürzter Formulierung, daß die Weltauffassungen und Denkstrukturen Projektionen des jeweiligen Sprachsystems sind.

Als die Linguisten bei der vergleichenden Erforschung zahlreicher Sprachen mit sehr unterschiedlichen Strukturen den 'Hintergrundcharakter' der jeweiligen Grammatik für die entsprechende Sprache bzw. Sprachfamilie entdeckten, erkannten sie, daß das linguistische System = Grammatik jeder Sprache "nicht nur ein reproduktives Instrument zum Ausdruck von Gedanken ist" [2], sondern darüber

1) Benjamin Lee Whorf, Sprache, Denken, Wirklichkeit, Hbg. 1964, pass.
2) B. L. Whorf, a. a. O., S. 12.

hinaus eine formative Funktion hat, indem sie dem Bewußtsein seine Aspektstruktur verordnet. Die Problematik des individuellen wie des kollektiven Bewußtseins bzw. die Möglichkeit der Interdependenz zwischen beiden stellt sich dabei solange nicht, wie man von der Fiktion der für alle Angehörigen eines Sprachsystems einheitlichen Sprache ausgeht. Ebensowenig stellt sich auf dieser analytischen Ebene die Frage nach dem falschen bzw. richtigen Bewußtsein. Schließlich sei noch eine einschränkende Bemerkung zur Operationalisierung des Prinzips von der linguistischen Relativität angeschlossen. Zweifellos bestehen Zusammenhänge zwischen Sprach-, Bewußtseins- und Kulturformen. Andererseits würde es einen Rückfall in einen monofaktoriellen Erklärungsmechanismus bedeuten, eindeutige Korrelationen auf dieser schwankenden Basis aufstellen zu wollen. Die Erklärung der Aspektstruktur des Bewußtseins und seiner Derivate erschöpft sich keineswegs in einer sprachrelativistischen Betrachtungsweise. Es muß vielmehr versucht werden, den 'Standort' des Bewußtseins im Sozial- und Kulturganzen aufzuzeigen. Folglich wird die metalinguistische Ebene unter Bewahrung des heuristischen Prinzips der linguistischen Relativität verlassen. Die faktische und notwendige Einweltung des Menschen in einen spezifischen sozialen und kulturellen Bezugsrahmen definiert ihn als Kulturwesen. Zu der prekären Seinslage als 'Schöpfer und Geschöpf der Kultur' (M. Landmann) gelangt der Anthropos kraft seiner Sozialität und vermöge seines Sprachbesitzes als notwendige Bedingungen. Damit verbietet sich einerseits der 'atomistische Einsatz', d.h. der anthropologische Einsatz beim Subjekt als unerträgliche perspektivische Verkürzung des Realbezugs; andererseits trifft auch eine genuin sozialanthropologische Fragestellung die Stellung des Menschen und seines Bewußtseins nur partiell. Erst eine noch umfassendere Kulturanthropologie kann, wie auch M. Landmann hervorhebt [1], hoffen, sich diesem Anspruch

1) Michael Landmann, Der Mensch als Schöpfer und Geschöpf der Kultur, München/Basel 1961, S. 15 f.

sinnvoll zu stellen. Um jedoch Mißverständnisse, die sich aus der unterschiedlichsten Verwendung der Attribute 'sozial' und 'kulturell' ergeben, zu vermeiden [1], sei klargestellt, daß es sich um eine Anthropologie in soziokultureller Hinsicht handeln muß. Das linguistische Relativitätsprinzip weist in die Richtung des interkulturellen Vergleichs; besonders im Falle der Deckungsgleichheit von Kultur und Sprachsystem. Eine umfassende Kulturanthropologie, die unter Berücksichtigung der interkulturellen Relativität die intrakulturellen Abhängigkeiten und Interdependenzen unter Einschluß der sozialen Faktoren zum Kernstück ihrer Analyse macht, weiß zugleich um die Bedeutung der soziolinguistischen und noosoziologischen Dimension. In den Erkenntnisprozeß wird nun bereits ein drittes Mal eingegriffen, das Bewußtsein wird erneut Zeuge der Relativierung seiner Akte. Das Schlagwort von der 'Seinsverbundenheit' erhellt symptomatisch den gemeinten Sachverhalt. Der Sachverhalt selbst ist die Relativität bzw. Relationalität von Wissen, Denken und Erkennen. Damit ist die zentrale These der Wissenssoziologie ausgesagt, die sich allerdings eingedenk der Tatsache, daß das Bewußtsein mit all seinen ideierenden Funktionen 'konstitutives Anthropinon' ist, als Noosoziologie etablieren sollte. Die Reflexionen zum Ideologiebegriff werden außerdem zeigen, daß sich nur durch die Modifizierung und Erweiterung des traditionellen wissenssoziologischen Ansatzes (bes. bei Scheler und Mannheim) zur integralen Betrachtung des Bewußtseins die Phänomene 'Ideologie' und 'Utopie' adäquat erfassen lassen.

---

1) Auf die unterschiedlichen Auffassungen des Topos 'Kulturanthropologie' und der übrigen mit dem Begriff 'Anthropologie' zusammengesetzten Komposita braucht hier nicht explizit eingegangen zu werden.
Vgl. dazu Hrsg. Wilh. Emil Mühlmann, Ernst W. Müller, Kulturanthropologie, Köln, Berlin 1966, S. 9 ff., 15 ff.
Bemerkt sei nur, daß sie einen in der Wissenschaftshaltung sich niederschlagenden noosoziologischen Relativismus reflektieren.

Einem ersten Zugriff scheint sich das Bewußtsein als ebenso standortgebunden wie permanent ideologiegefährdet darzustellen. Das Trilemma der gnoseologischen, linguistischen und der noosoziologischen Relativierung der Erkenntnis gerinnt zu der These von der monofaktoriellen Determination des Bewußtseins dann, wenn es nicht gelingt, die auf das Bewußtsein als weitgehend unspezifische 'Potenz' einwirkenden Faktoren Sozialstruktur und Ideologie analytisch zu trennen. Scheitert dieser Versuch, so etabliert sich die Ideologie als Alleinherrscherin des Bewußtseins. Die Sprache wird dann zum Handlanger bloßer Meinungen entfunktionalisiert. Da Ideologien ex definitione als sekundäre Rationalisierungen systemstabilisierend wirken, kann sich das eindimensionale ideologische Bewußtsein als permissives die gleiche Toleranz erlauben wie die kapitalistische Gesellschaft, die aus der Artikulierung und Austragung der ihr immanenten sozialen und ökonomischen Widersprüche jeweils gestärkt hervorgeht.

In ihrem Kern, wenn auch nicht in der aufgezeigten Ausschließlichkeit, gelten diese Aussagen jedoch auch dann, wenn die Trennung möglich ist. Die linguistische Relativität verweist zwar auf eine formal schärfere Strukturierung; die katastrophaleren Folgen für die Menschheit, das ergibt die historische Betrachtung bis in die Gegenwart, gehen dagegen auf das Konto des ideologischen Bewußtseins, zumal in Verbindung mit Macht. Die Analyse der kognitiven Ebenen verlangt nach einer diffizilen Auseinandersetzung mit dem Ideologiebegriff, dessen parasitäre Existenzweise als Leerformel und dessen sekundäre Funktion als 'Immunisierungsstrategie' der Entsprachlichung und damit der Verkürzung des Bewußtseins Vorschub leisten.

Unter mindestens zwei Aspekten läßt sich nachweisen, daß Bewußtsein nicht notwendig ideologisches Bewußtsein ist. Nur wenn ideologisches Bewußtsein prima conscientia im logischen Sinne wäre, könnte es sich als einzige mögliche Bewußtseinsform denken. Damit führt jedoch das Aufzeigen der Bedingungen der Möglichkeit und der Ausschließlichkeit des ideologischen Bewußtseins in die Aporie der aprioristischen Setzung seiner selbst. Unterstellt man jedoch hypothetisch eine solche Selbstsetzung a priori, so kann sich das Bewußtsein wegen des per definitionem ausgeschlossenen Realitätsbezuges nicht als spezifisches, d.h. nicht als ideologisches konstituieren. Aus diesen Feststellungen folgt, daß erst die Einbeziehung der Realitätskomponente als affizierende das Bewußtsein als Prozeß der Apperzeption auf den Begriff bringt. Die für das Bewußtsein relevante Realität ist jedoch nichts anderes als das sozio-kulturelle System. Damit ist die Frage nach den determinierenden Faktoren des Bewußtseins und somit auch die nach seiner Ideologiehaftigkeit auf den noosoziologischen Ausgangspunkt zurückverwiesen [1].

Index von Ideologie ist ihre Unwahrheit. Ihre Übereinstimmung mit gesellschaftlichen Prozessen, ihre meist verschleierte Apologie der Herrschaft von Menschen über Menschen ist Moment ihrer relativen Wahrheit, d.h. der historischen Realität. Die Bedingungen dieser Realität werden ihr nicht zum Ausgangspunkt kritischer Analyse, des antizipatorische Moment gilt ihr als unzulässige metaphysische Überschreitung der Bewußtseinsgrenze. Ideologie signalisiert eine Anthropologie, die die 'Weltoffenheit' des Menschen auf die technische Beherrschung seiner Umwelt reduziert. Die 'exzentrische' Position des Menschen wird zu Variationen des Themas von der universalen Machbarkeit korrumpiert.

Die Noosoziologie kann diesen Sachverhalt perspektivisch beleuchten.

---

1) In meiner Diplomarbeit: Soziologie und Sprache 1969, S. 64 ff. habe ich bereits die Konzeption eines eigenen ideologischen Relativitätsprinzips im Ansatz entwickelt. Zur Stützung dieser These habe ich dort ein illustratives Beispiel angeführt. - Mein damaliger Ansatz basierte auf einer modifizierten Interpretation des Ideologiebegriffs Th. Geigers.

Ideologiekritik als Teil einer kritischen Theorie der Gesellschaft auf der Basis einer kritischen Anthropologie vermag den Sachverhalt zu durchschauen.

Ideologiekritik kann jedoch nur sinnvoll dann ansetzen, wenn die Polysemie des Ideologiebegriffs gesichtet und seine Bedeutungsvalenz geklärt wird. D. h. die kritische Analyse ideologischer Aussagen und des ideologischen Bewußtseins überhaupt verlangt eine vorausgehende sprachkritische Analyse des Begriffs 'Ideologie'. Der Ideologiebegriff Th. Geigers ermöglicht einen ersten Einstieg in das semantische Problem aus positivistischer Sicht. Er charakterisiert Ideologie als "Para-Theorie", d. h. als "Objektivierung des Nicht-Objektiven, (...) Theoretisierung des A-Theoretischen" [1]. Allerdings ist der Tatbestand 'Ideologie' nach Geiger erst dann erfüllt, wenn die a-theoretische Gedankenreihe als Para-Theorie mit dem Anspruch auf Objektivität auftritt [2]. Das wiederum setzt in der Relation des Menschen zum Objekt eine 'attachierte Haltung', d. h. 'vitales Engagiertsein' als Quelle von Erkenntnisfehlern voraus [3]. Damit ist bereits das subjektive Moment des Interesses angesprochen, das als außertheoretischer Antrieb in den Erkenntnisprozeß eingreift und Erkenntnis zur Ideologie degradiert.

Rezipiert man Geigers Argumentation bis zu diesem Punkt, so gelangt man zu einer sauberen analytischen Trennung von Ideologie und logischer Erkenntnis, die ihre methodologische Entsprechung im immanenten Ansatz von Logik und Erkenntnistheorie und im externen Ansatz von Ideologiekritik hat. Nun haben jedoch besonders die neueren wissenschaftstheoretischen Grundlagenauseinandersetzungen zwischen (Neo-)Positivisten und Dialektikern erneut gezeigt, daß der Anspruch der Erkenntnistheorie und der Erkenntniskritik, dem

---

1) Geiger, Th., Ideologie und Wahrheit, Stuttgart 1953, S. 64.
2) drsb., Aufgaben und Stellung der Intelligenz in der Gesellschaft, Stuttgart 1949, S. 78.
3) Ideologie ..., a. a. O., S. 112 ff.

Bewußtsein einen ideologischen Raum zu erhalten, äußerst problematisch ist, ja sich selbst dem Ideologieverdacht aussetzt. So postuliert Geiger ohne jeden Anflug erkenntniskritischen Zweifels, daß die Lehre von den Ideologien vom Begriff einer "theoretischen oder Erkenntniswirklichkeit, nicht einer pragmatischen oder Existentialwirklichkeit auszugehen" [1] habe. Eine transzendentallogische Reflexion der Bedingungen der Möglichkeit der Erkenntnis, der sich Geiger wie überhaupt der Positivismus in szientifischer Apodiktizität entzieht, könnte nämlich durchaus die pragmatistische bzw. pragmatizistische Dimension der Akte des Bewußtseins und damit auch der Erkenntnis erweisen [2].

Das Gespenst des 'Panideologismus', unter anderen von Gumplowicz und Durkheim zum Herrscher über das Bewußtsein erhoben, verlangt somit erneut nach Legitimation, eine Legitimation, die ihm Mannheim in seinen Untersuchungen zum Phänomen 'Ideologie' auch voll gewährte, um allerdings schließlich doch einen verzweifelt anmutenden Rettungsversuch der relativen Autonomie des individuellen wie des kollektiven Bewußtseins zu unternehmen. Verzweifelt deshalb, weil er Zuflucht zu einer eschatologischen Geschichtsauffassung nehmen mußte, die der Intelligenz eine höchst idealisierte Rolle zumißt. Der Intelligenz obliegt nach Mannheim die Schaffung einer bereits von Troeltsch geforderten Kultursynthese für die jeweilige Epoche, der sie angehört [3]. Die Fähigkeit zum Entwurf einer solchen 'relativen Synthese', die durch die 'dynamische' Vermittlung standortgebundener, d.h. perspektivischer Einsichten gewonnen werden soll, ist Kennzeichen einer Schicht, die dadurch charakterisiert ist, daß ihr ein essentielles Merkmal, das erst den soziologischen Begriff der Schicht konstituiert, fehlt.

---

1) a.a.O., S. 49.
2) Siehe dazu Kap. I B, S. 54 ff.
3) Mannheim, K., Ideologie und Utopie, Frankf./Main 1952, bes. S. 133 ff. u. S. 165.

Das kommt dadurch zum Ausdruck, daß der Standort der Intelligenz in der Gesellschaft negativ bestimmt wird als "sozial weitgehend freischwebend" [1]. Andererseits glaubt Mannheim in dem "Teilhaben am gemeinsamen Bildungsgut" das "vereinheitlichende soziologische Band" zwischen den einzelnen Intellektuellengruppen gefunden zu haben [2].

In einer kurzen Übersicht sollen die Fassung des Ideologiebegriffs und seine Implikationen, sowie seine nachträgliche Relativierung durch die Rolle der Intellektuellen im Geschichtsprozeß dargestellt werden, wobei auch die Frage nach dem heuristischen Wert des Mannheimschen Ideologieverständnisses gestellt werden muß.

Bei Geiger ist der heuristische Wert des Ideologiebegriffs hoch zu veranschlagen, erlaubt er doch eine scharfe Trennung zwischen theoretischen und scheintheoretischen Aussagen. Dabei handelt es sich jedoch um ein zusätzliches Kriterium, das allein noch keine hinreichende Begründung des Ansatzes liefert, da die erkenntnistheoretischen Prämissen falsch sind, quod erit demonstrandum.

Von vorrangiger Bedeutung im Zusammenhang mit der Relativierung des Bewußtseins ist der von Mannheim konzipierte "allgemeine totale" Ideologiebegriff. Im Gegensatz zum 'partikularen' Ideologiebegriff, der auf einzelne Ideen abstellt und somit die psychologische Ebene meint, und dem 'speziellen' Ideologiebegriff, für den nur die Aussagen des Andersdenkenden ideologische Qualität besitzen [3], stellt der 'allgemeine totale' Ideologiebegriff die noologische Sphäre des Bewußtseins, einschließlich des eigenen in Frage [4].

---

1) a.a.O., S. 125.
2) a.a.O., S. 124.
3) Geigers Ideologiebegriff entspricht etwa dem 'partikularen speziellen' Ideologiebegriff Mannheims.
4) Mannheim, K., Ideologie ..., a.a.O., S. 63 ff.

Die ideengeschichtliche Entwicklung, die hier im einzelnen nicht nachgezeichnet werden kann [1], kristallisiert mit dem Auftauchen des umfassenden Ideologiebegriffs zugleich die Wissenssoziologie aus der bloßen Ideologienlehre heraus. Die Wissenssoziologie in der Version Mannheims gelangt zu der Schlußfolgerung, daß sich jegliches Bewußtsein in durch die soziale Seinslage bestimmte Aspektstrukturen auflöst. Die Partikularität der einzelnen Standorte des Bewußtseins als Ausweis ihrer Relativität auf das soziale Substrat wird der Ideologieforschung und Wissenssoziologie zum Objekt.

Der heuristische Wert des von Mannheim hypostasierten Ideologiebegriffs liegt für eine unselbstkritische Wissenssoziologie jedenfalls auf der Hand, kann sie sich nun doch - durch sein Auftauchen zugleich in ihrer Existenz gerechtfertigt - dem weiten Feld der Zurechenbarkeit von Denkstilen und sozialhistorischen Seinslagen zuwenden. Der kritische Effekt, den der Ideologiebegriff seiner semantischen Intention nach auch immer inhäriert, indem er falsches Bewußtsein signalisiert, geht jedoch im Universalismus seiner Bedeutung und Anwendung unter [2].

Das grundlegende Problem einer in dieser Weise konzipierten Wissenssoziologie besteht darin, ob sie sich selbst der relativistischen Reduktion entziehen kann. Wie kann m. a. W. dem Kriterium der Geltung Rechnung getragen werden, das die These von der Seinsgebundenheit des Bewußtseins im Sinne des 'allgemeinen totalen' Ideologiebegriffs erfüllen muß, wenn sie sich nicht selbst als sinnlose Aussage desavouieren will? Dem Vorwurf, die Vorstellung eines konsequenten Relativismus führe sich selbst ad absurdum, versucht Mannheim auf verschiedene Weise zu entgehen. Um der

---

1) drsb., a. a. O., S. 61 f.
2) Siehe auch: Adorno, Th. W., Eingriffe. Neun kritische Modelle, Frankf./Main 1963, S. 161 f.

Kritik eines erkenntnistheoretischen Relativismus zu begegnen, führt er statt des Begriffs des Relativismus den des Relationalismus ein. Es ist jedoch offensichtlich, daß der bloße Wechsel in der Etikettierung am Tatbestand des Relativismus nichts ändern kann [1]. Anders verhält es sich jedoch mit dem Versuch einer inhaltlichen Rechtfertigung. Das bedeutet allerdings den Einstieg in die Problematik von Faktizitäts- und Sinngenesis, deren Erörterung im größeren Zusammenhang mit Mannheims Vision einer Kultursynthese in Angriff genommen werden soll [2].

Eines ist bereits an dieser Stelle gegen jede totalrelativistische Position festzuhalten: So wie der Versuch, die reale Existenz der Welt zu erweisen oder zu negieren, diese immer schon voraussetzt [3], so setzt auch die Behauptung vom falschen Bewußtsein im Sinne von Ideologie (und bei Mannheim auch von Utopie) die Existenz des richtigen Bewußtseins voraus. Allerdings ist damit zunächst nicht mehr gesagt, als daß richtiges Bewußtsein, d.h. 'seinsadäquates' Bewußtsein, ein denknotwendiges logisches Korrelat zum 'seinsvergessenen' [4] Bewußtsein ist.

Auf die Feststellung der logischen conditio sine qua non der Selbstreflexion des Bewußtseins, die immerhin ein Quantum Autonomie erkennen läßt, ohne es genauer zu bestimmen, folgt die 'ontologische' Frage nach der faktischen Kongruenz bzw. Komplementarität von Sein und Bewußtsein, und d.h. auf gesellschaftlicher

---

1) Vergl. dazu die Stellungnahme von J. Schaaf, Grundprinzipien der Wissenssoziologie, Hamburg 1956, S. 125 ff.

2) Siehe Kap. I B, S. 65 f.

3) Apel, K.-O., Hrsg.; Charles S. Peirce, Schriften I, Frankf./Main 1967, S. 62, Anm. 90.

4) Daß nun allerdings, worauf Heidegger insistiert, alles Denken über den Menschen, wenn sein Wesen nicht als 'Eksistenz' gedeutet wird, als 'seinsvergessenes' im 'metaphysischen Subjektivismus ersticken' müsse (Über den Humanismus, Frankf./Main 1949), wird antimetaphysisch und vorontologisch abzuweisen sein.

Ebene die von Theorie und Praxis, oder in der Kategorie des 'sozialen Handelns' ausgedrückt: Das Problem der Vermittlung von Theorie und Praxis.

Für Nietzsche war die Vorstellung einer solchen Kongruenz bzw. Vermittlung eine Chimäre; seine diesbezüglichen Schlußfolgerungen sind bekannt. Die Elitetheorien, gleichgültig ob von Sorel, Pareto, Mosca, Mannheim oder anderen, sind symptomatischer Ausweis der realen Diskrepanz. Der 'Dualismus' von Sein und Bewußtsein hat sein politisches und soziales Pendant in der Dichotomie von Herrschern und Beherrschten, von Privilegierten und Unterprivilegierten. Der so häufig konstatierte Prozeß der Nivellierung findet vornehmlich unterhalb des Rekrutierungsbereichs der wirtschaftlichen und politischen Eliten statt. Der Begriff einer kapitalistischen Gesellschaft "ist kein flatus vocis", wie Adorno glaubhaft versichert [1]. Die Realität der in Personen konkretisierten Herrschaft läßt sich auch in einer 'verwalteten Welt' nicht wegdiskutieren, wenngleich die Herrschenden sich auch beeilen einzuwenden, sie würden selbst von Zwängen aller Art beherrscht.

Die Ergänzung der quaestio facti der Herrschaft durch die quaestio juris ihrer Begründung - sowohl in den kapitalistischen als auch in den vielfach zum Bürokratismus erstarrten sozialistischen Gesellschaften - bleibt Aufgabe der Gesellschaftskritik, die allerdings ohne den Versuch einer wenigstens approximativen Klärung der Bewußtseinsproblematik vordergründig bleiben muß.

Der Hiatus zwischen Sein und Bewußtsein und seine derivativen Analogien fordern immer wieder zum Versuch der Vermittlung und damit seiner Überwindung heraus. Marx, Mannheim, Bloch, Marcuse, Adorno und Habermas sind einige Repräsentanten der Intention, die Bedingungen der Möglichkeit einer Vermittlung aufzuzeigen. Damit ist jedoch bereits der Punkt erreicht, wo sich das

---

1) Adorno, Th. W., Negative Dialektik, Frankf./Main 1970, S. 57 Anm.

Bewußtsein in seiner utopischen Dimension konstituiert.

Die Analyse der Stellung des Bewußtseins in der Anthropologie Gehlens wird diesen Problemkomplex erneut aufwerfen.

An jenen Konzeptionen des Bewußtseins wird sich Gehlens Bewußtseinsbegriff [1)] zu bewähren haben, wie umgekehrt die genannten Explikationen der Bewußtseinsphänomene an diesem gemessen werden sollen.

Die folgenden vorläufigen Ergebnisse der angestellten Überlegungen sind in Anschlag zu bringen:
Die Untersuchung des kognitiven Aspekts des Bewußtseins hat seine mehrdimensionale Relativierung auf unterschiedliche Relate gezeigt, die selbst als vermittelt anzusehen sind. In der Reihenfolge abnehmender diskriminierender Effizienz resultierte aus der Objektionsgrenze von Wahrnehmung und Erkenntnis das gnoseologische Relativitätsprinzip; aus der Tatsache der spezifischen sprachrelationalen Kategorialapparaturen das linguistische Relativitätsprinzip; und aus dem 'sozialen a priori' der Mitdeterminierung des Bewußtseins durch die historisch-soziale Individual- bzw. Kollektivlage das noosoziologische Relativitätsprinzip.

Die Hypothese, seinsgebundenes Denken sei notwendig ideologisches Denken, konnte in einem Vorgriff entkräftet werden. Ein viertes Relativitätsprinzip, i. e. das der ideologischen Relativität ist damit konzipiert. Sein semantischer Umfang ist noch zu bestimmen.

Interdependenzen und Überschneidungen zwischen den realen Aus-

---

1) Wenn von Gehlens Bewußtseinsbegriff die Rede ist, so muß allerdings eine Einschränkung vorgenommen werden, denn Gehlens Werk enthält keine explizite Bewußtseinstheorie. Das ist jedoch nicht verwunderlich, wenn man sich daran erinnert, daß die Handlung das Schlüsselphänomen der 'philosophischen' Anthropologie ist.

wirkungen der durch die Relativitätsprinzipien gekennzeichneten Determinanten sind als selbstverständlich unterstellt, die analytische Trennung der Prinzipien impliziert somit keine Metabasis eis allo genos.

Die Faktizität der durch die Relativitätsprinzipien charakterisierten noologischen Limitation zwingt den kritischen Anthropologen immer wieder zur Epoche. Metaphysische Spekulation ist ihm genauso verdächtig wie der apodiktische Geltungsanspruch seiner durch die Sprache bzw. das Sprachsystem vorgegebenen Logik. Daß seine wissenschaftliche Intention bis hin zu partiellen Aussagen auch Reflex seiner sozialstrukturellen Situation ist, begleitet ihn als zur Vorsicht mahnende Hemmung. Des Ideologieverdachts schließlich hat er stets gegenwärtig zu sein.

Eine Relativierung der Axiomatik der Erkenntnis auf ihre humane Funktion in allen Fällen unlösbarer Aporien und Antinomien ist ihm jedoch vorwissenschaftliches Bedürfnis.

Eine aprioristische Anthropologie, wie sie z. B. von P. Häberlin [1] gefordert wird, ist somit ebenso wenig geeignet, sinnvolle anthropologische Aussagen zu machen, wie auf der anderen Seite der Fiktionalismus.

Die bisher vorgenommene Selbstreflexion hat zum Entwurf einer kulturanthropologisch abgeklärten Bewußtseinsphilosophie geführt, in der die transzendentallogische Fragestellung aufgeworfen wurde.

Die genetische, die transzendentallogische und die soziokulturelle Fragestellung des Bewußtseins an sich selbst sind die Themata, die die Untersuchung, immer zurückbezogen auf Gehlens Stellungnahmen und in Auseinandersetzung mit ihnen, leiten.

Der Umstand der gegenseitigen Durchdringung von Bewußtsein und

---

1) Häberlin, P., Anthropologie und Ontologie, in Zschr. f. phil. Forschg., Bd. IV 1949, S. 9.

Sprache mag es mir gestatten, die 'Stufen' der Reflexion, auf denen das Bewußtsein sich selbst analysiert, unter Verwendung von Kategorien zu kennzeichnen, die der linguistischen Methodik entlehnt sind [1]. Die auf diesem Wege erzielte methodische Übersicht über die Bewußtseinsproblematik stellt eine Zusammenfassung der einleitenden Untersuchung dar. Zugleich weist sie jedoch darüber hinaus und antizipiert die inhaltliche Entwicklung der Auseinandersetzung mit der Bewußtseinsproblematik.

Die Analyse des Bewußtseins erfolgt unter drei Perspektiven:

1. synchronisch: Konzipierung der Relativitätsprinzipien und Nachweis ihrer noologischen Limitationsfunktion.
2. diachronisch: Untersuchung der phylogenetischen Entstehung des Bewußtseins sowie seiner historischen Entwicklung.
3. panchronisch: Die Betrachtung des Bewußtseins als ideologisch affiziert, d.h. des letztlich apologetischen Bewußtseins sowie als antizipatorischer Akt im Sinne von (konkreter) Utopie.

---

1) Saussure, F. de, Grundfragen der allgemeinen Sprachwissenschaft, 2. Aufl., Berlin 1967, u.a. S. 113.

I. "Empirische Philosophie" als Konstituens der Anthropologie

Der Anspruch der "philosophisch-empirischen" Anthropologie Gehlens [1] zielt auf die Bildung einer 'integrierenden' Wissenschaft, die eine 'Modellvorstellung' von Menschen entwickeln soll, in die die Ergebnisse einer Anthropologie in 'physiologischer' und in 'pragmatischer' Hinsicht (Kant) eingehen. M. a. W.: Die "Doppelseitigkeit der Fragestellung", die in der Berücksichtigung der biologischen und der kulturwissenschaftlichen Thematik zum Ausdruck kommt, bedeutet eine klare Absage an eine Auffassung von Philosophie und speziell von philosophischer Anthropologie als prima philosophia.

Die Konzipierung einer "philosophischen Anthropologie mit empirischer Methode" [2] ist wissenschaftshistorisch weder kontingent noch zwingend; ihr eminenter Einfluß korreliert mit ihrer Umstrittenheit. Wie Apel [3] mit Recht hervorhebt, bedeutet diese Konzeption die Begründung einer neuen Wissenschaft als ein wissenschaftshistorisch "ungemein wichtiger Typus", der "auch nicht durch die formalrichtige Unterscheidung von philosophischer und einzelwissenschaftlicher Forschungsdimension seit Kant unmöglich oder überflüssig geworden" sei.

In den zwanziger Jahren dieses Jahrhunderts vermochte eine Reihe anthropologischer Teildisziplinen bereits eine Fülle von theoretischen und empirischen Einsichten zu liefern, die nach einer Systematisierung und gründlichen Reflexion durch eine zentrale anthropologische Disziplin verlangten, der, wenn sie ihrem Anspruch gerecht werden wollte, die Vermittlung von Empirie und Theorie auf-

---

1) Vergl. dazu: Gehlen, A., Anthropologische Forschung, Hbg. 1968, bes. S. 12 ff., 141 ff.
2) a. a. O., S. 142.
3) Apel, K. O., A. Gehlens Philosophie der Institutionen in: Philos. Rundschau, 10. Jg. 1962, S. 2 f.

gegeben war [1]. Die Konstituierung der philosophischen Anthropologie als einer in der beschriebenen Weise 'reaktiven' philosophischen Disziplin geht auf Max Scheler zurück. Seine Anthropologie, die er besonders in seinem Werk "Die Stellung des Menschen im Kosmos" [2] unter Berücksichtigung zahlreicher inzwischen gewonnener empirischen Ergebnisse der anthropologischen Forschung entwickelt, fällt jedoch auf die metaphysische Position zurück, wie sie ähnlich schon für Descartes charakteristisch war. Allerdings ist für Schelers Ontologie nicht mehr der cartesische Dualismus von res extensa (corpus) und res cogitans (mens) entscheidend, der für ihn seinen 'metaphysischen Rang' verloren hat. "Das psychophysische Leben ist eins" sagt Scheler. Es bleibt jedoch der Wesensunterschied von Geist und Leben [3]. D.h. aber nichts anderes, als daß Scheler, wie Gehlen bemerkt, den traditionellen Dualismus nur 'verschob' [4].

Die Überwindung des einen wie des anderen Dualismus, nicht durch prinzipielle Auflösung der in ihm durchscheinenden Aporie, was wiederum nur auf eine metaphysische Scheinlösung hinauslaufen würde, sondern durch 'Suspendierung' bzw. 'Einklammerung' der dualistischen Fragestellung, wird später für Gehlen Richtschnur der in seinem erstmals 1940 vorgelegten anthropologischen Hauptwerk "Der Mensch, seine Natur und seine Stellung in der Welt" entworfenen 'philosophischen Anthropologie'. Jedoch läßt bereits 1928 H. Plessner jeglichen Dualismus und somit auch die Scheler-

---

1) Siehe auch: Habermas, J., Art. Anthropologie, in: Fischer Lex. Philosophie, Frankf./Main 1958, S. 20 und Plessner, H., im Vorwort, S. IV zu: Die Stufen des Organischen und der Mensch, Berlin 1928.
2) 1. Aufl. 1928, vorliegd. Ausg.: 4. Aufl., München 1947, künftig zitiert: Kosmos; Für den Kenner der Materie ist aufschlußreich, daß Schelers Anthropologie ursprünglich unter dem Titel "Die Sonderstellung des Menschen" (in: Der Leuchter, 1927) erschien.
3) a.a.O., S. 72 ff.
4) Anthropologische Forschung, a.a.O., S. 16.

sche Entgegensetzung von 'Leben' und 'Geist' sowie die daran orientierte Konzeption eines doppelten 'Mensch-Begriffs' als 'Wesensbegriff' und 'natursystematischen' Begriff hinter sich, indem er eine "Korrelationsstufentheorie von Lebensformen und Lebenssphäre, die den pflanzlichen, tierischen und menschlichen Lebenstypus umfaßt" [1], entwirft, die ihrerseits Impulse der Uexküllschen Umweltlehre enthält.

Herder hatte als erster den Weg gewiesen, den Menschen aus seinen biologischen 'Mängeln' heraus zu deuten. Die Sachverhalte der Instinktreduktion, der Organunspezialisiertheit und der Weltoffenheit wurden von ihm bereits scharfsichtig als Anthropina begriffen. Detaillierte empirische Untersuchungen und Beobachtungen an Tieren brauchten nur noch hinzuzukommen, um seine frühen Einsichten zu präzisieren und zu vertiefen. - Die Auffassung vom Menschen als einem 'Mängelwesen' ist geradezu ein Schlüsselthema der zeitgenössischen Anthropologie geworden [2], der Begriff selbst zum Reizwort, das sich sonst befehdende philosophische Richtungen, wie den transzendentalen Idealismus, den Existentialismus und den dialektischen Materialismus, in einer Einheitsfront der Ablehnung zusammenstehen läßt.

Von Feuerbach über Marx und Freud bis hin zur gegenwärtigen 'kritischen Gesellschaftstheorie' führt eine andere Linie der anthropologischen Selbstdeutung, deren antimetaphysische Grundhaltung ebenfalls im durchgängigen Prinzip der Entontologisierung zum Ausdruck kommt. Eine eigentümliche Sonderstellung nimmt der Pragmatismus ein. Abgesehen von der mehr psychologistischen Fassung bei James und der instrumentalistischen Ausrichtung bei Dewey, auf die Gehlen sich in manchen Punkten beruft, inhäriert der originäre, an Kant geschulte Pragmatismus bzw. Pragmatizismus des Begründers

---

1) Plessner, H., a.a.O., S. IV.
2) Siehe dazu Kap. II. A.1, S. 74 ff.

der gleichnamigen Wissenschaften Ch. S. Peirce einen anthropologischen Ansatz, der erst einmal von residualen metaphysischen Vorstellungen befreit, aufbauend auf kulturanthropologisch gesicherten Aussagen und ergänzt durch gesellschaftskritische Reflexion, eine anthropologische Neubesinnung ermöglicht. Gehlens 'philosophische Anthropologie' und vor allem die in ihr entwickelte Bewußtseinsproblematik werden zum Kern dieses Entwurfs; denn es führt kein Weg hinter den Ansatz Gehlens zurück, wohl aber über ihn hinaus.

I. A. Der wissenschaftstheoretische Standort der 'philosophisch-empirischen' Anthropologie

Die 'Suspendierung' des 'psychophysischen Dualismus' sowie des Dualismus von 'Leben und Geist' durch Gehlen wurde bereits erwähnt, und es wurde auch dargelegt, daß diese Dualismen auch vor manchen anderen anthropologischen Konzeptionen keine Gnade mehr finden, sei es, daß man die dualistische Fragestellung ohnehin als Scheinproblem betrachtet, sei es, daß man sich durch dieses für die konkrete anthropologische Forschung irrelevante, letztlich metaphysische Randproblem nicht den Blick auf das Erkenntnisobjekt unnötig verstellen lassen will, oder sei es, daß man, wie der Verfasser, der Ansicht ist, daß jedweder Dualismus den spezifischen Ausdruck eines selber dualistisch bzw. dichotomisch organisierten Sprachtypus darstellt, der auf die klassische griechische Sprache zurückgeht, ohne den Satz vom Widerspruch nicht auskommt und selbst im Versuch seiner dialektischen Überwindung noch dualistisch bleibt. Dann ist jedoch der spezielle Dualismus in anthropologischer Perspektive nur ein vordergründiges Problem, hinter dem sich der Sachverhalt des sprachrelativistischen dualistischen Denkens verbirgt, das nachweislich für bestimmte Sprachsysteme keine Gültigkeit besitzt [1].

Die Analyse der jeweiligen dem Sprachsystem korrelativen Kategorialapparatur läßt sodann Weisen des Bewußtseins erkennen.

I. A. 1. Die 'psychophysische Neutralität' der Kategorien

Die Einklammerung des Dualismus ist bei Gehlen nun nicht etwa nur Symptom seiner antimetaphysischen und antiidealistischen Ausgangsposition, sondern sie hat ganz spezifische methodologische Konsequenzen, die bereits eine perspektivische Präzisierung seines Wissenschaftsbegriffs erlauben. Will man nämlich zu einer 'Modellvorstellung' vom Menschen gelangen, so ist man genötigt, einige 'fundamentale' Kategorien aufzudecken, die den Zusammenhang der philosophischen Anthropologie als 'integrierender' Wissenschaft mit den Disziplinen der Morphologie, Physiologie, Psychologie, Sprachwissenschaft u. a. herstellen und fruchtbar gestalten. Diese Kategorien müssen somit "für diesen Gegenstand 'Mensch' spezifisch und dabei so allgemein sein, daß sie auf der physischen wie auf der psychischen Seite verwendbar sind" [2]. Eine Vielzahl von Kategorien, die im einzelnen in den folgenden Kapiteln zu analysieren sind, genügen diesen beiden Bedingungen. Eine der Fundamentalkategorien gilt als schlechthin irreduzibel: Die Kategorie der Handlung. Die Handlung ist das "eigentliche ausschlaggebende menschliche Schlüsselphänomen" [3].

Die Bestimmung des Menschen als primär handelndes Wesen ist ebenso kennzeichnend für die anthropologische Auffassung Plessners

---

1) Vergl. dazu die eingehende Analyse von Sprachsystemen im Sinne einer 'kontrastiven' Linguistik von B. L. Whorf, a. a. O., pass.
2) Anthrop. Forschg., a. a. O., S. 143.
3) a. a. O., S. 142.

edition »2000 lädt ein und fordert zur Mitarbeit auf

» die projekte «

theorie + kritik

arbeiten zur wissenschaftstheorie und wissenschaftspraxis

theorie + praktische kritik

texte zur theorie einer materialistischen wissenschaft + schriften zur politischen praxis

x : 2000

berichte zu experimenten aus der gesellschaftlichen praxis (sozialarbeit / kinderladenarbeit / experimente mit randgruppen)

poloek 2000

texte zur kritik der politischen ökonomie
(reprints von klassikern vor + nach marx / bürgerliche marx-kritik / aktuelle + neuere arbeiten zur kritik der politischen ökonomie – diplomarbeiten, dissertationen etc)

ante 2000

spezialitäten + raritäten mit literarischem, wissenschaftlichem und künstlerischem inhalt
(reprints + neuausgaben teils nicht mehr reproduzierbarer schriften / revolutionäre romane / klassische comics etc)

forum 2000

diskussionsbeiträge zu konkreten utopien (extrapolationen/ innovationen / inventionen / pläne)

☐ Bitte senden Sie mir regelmäßig Informationen

☐ Ich bin an Mitarbeit interessiert.

Mein Experimentierfeld:

....

....

....

....

....

Meine Anschrift:

....

....

....

POSTKARTE

Briefmarke

edition »2000

D-63 GIESSEN

Chamissoweg 7

und Rothackers. Auch der Pragmatismus kennt den Begriff der Handlung als zentrale Kategorie. Schließlich kreist bereits Fichtes Denken um das Handlungsthema.

Fichte war es denn auch, von dem Gehlen den Handlungsbegriff unter Erweiterung seines Bedeutungsumfanges übernahm, nachdem er, ursprünglich selbst ein Verfechter des absoluten Idealismus, diesem den Rücken gekehrt hatte. In seiner Schrift: "Theorie der Willensfreiheit" [1] versuchte Gehlen noch in Fortführung Fichtes den Beweis für die Freiheit des Willens zu erbringen, wobei er sich ganz im Einklang mit seinem Vorbild der von diesem inaugurierten dialektischen Methode bediente.

Die anthropologische Wende, in der der 'ganze' Mensch zum zentralen Thema seiner Reflexion wird, stellt die allzu elegante absolut-idealistische Lösung der Willensproblematik zwangsläufig wieder in Frage; wird der Anthropos jetzt doch wesentlich von seiner biologischen Konstitution her verstanden. Der Ausdruck 'Wille' wird nun tunlichst vermieden, die Annahme eines besonderen 'Willensvermögens' oder gar einer 'Willenssubstanz' als Irrtum durchschaut.

Die Konkretisierung dessen, was man als den 'Willen' bezeichnet, also die 'gewollten Vollzüge', die 'Willenserlebnisse' bzw. 'Willensakte' erweisen sich vielmehr als Strukturelemente der Handlung [2].

Zurück zur allgemeinen Kategorialanalyse: [3]
Alle dem Menschen wesentlichen Merkmale müssen kategorial, d. h. begrifflich-beschreibend erfaßt werden, so daß sich in der Darstellung ein Beziehungsgefüge (System) von Merkmalen (anthropospezifischen Eigenschaften) ergibt, das die Existenzbedingungen

1) Berlin 1933; wieder abgedruckt in: Gehlen, A., Theorie der Willensfreiheit u. a. phil. Schr., Neuwied u. Berlin 1965.
2) Der Mensch ..., 4. Auflg. 1950, S. 392 ff.
3) a. a. O., S. 12 ff.

des Menschen als Minimalvoraussetzung erfüllt. Dazu müssen an die Kategorien zwei methodische Voraussetzungen geknüpft werden. Sie müssen einerseits 'durchlaufen', d.h. die bereits dargestellte Bedingung der 'psycho-physischen Neutralität' erfüllen, so daß der Mensch in seiner empirischen Doppelstellung als Natur- und als Kulturwesen in den Blick kommt. Andererseits müssen die Kategorien alle wesentlichen anthropospezifischen Merkmale in ein "System einleuchtender wechselseitiger Beziehungen" bringen, denn sie setzen sich gegenseitig voraus: "ein Fehler, eine Abweichung an einer Stelle würde das Ganze lebensunfähig machen". Die Konstitution dieser 'Ganzheit' Mensch ist somit laut Gehlen nur dann zu begreifen, wenn man auf den Zusammenhang von Merkmalen als existentiellen Bedingungen abhebt, der dann "spezifisch menschliche Gesetze" erkennen läßt. Die methodische Konsequenz aus diesem Postulat ist der völlige Dispens von der Kausalanalyse im Rahmen der Anthropologie, denn "es besteht keine kausale Abhängigkeit des einen Merkmals vom anderen". Der Begriff der 'Ursache' wird in den Bereich der echt experimentellen Wissenschaft verwiesen, wo ihm auch ein 'definabler' Sinn zukomme - und im übrigen als 'Kurzschlußbegriff' charakterisiert. Er besteht z.B. darin, "daß man aus einem ganzen Komplex ein Merkmal isoliert und es als 'Ursache' eben dieses Komplexes, aus dem es isoliert wurde, setzt".

Es handelt sich bei der so verstandenen Kausalanalyse also um eine der petitio principii analoge Konstruktion, in der die 'Ursache' die Position des Beweisgrundes einnimmt. Zwei Beispiele mögen die Aporie, in die eine derartige Kausalerklärung führt, verdeutlichen: Sie liegt z.B. vor, wenn ausgesagt wird, "der Gebrauch der Hand sei die Ursache der starken Gehirnentwicklung und diese wieder die Ursache der Menschwerdung" [1]. Als weiteres Beispiel drängt sich unter der Perspektive der Bewußtseinsproblematik der

1) Gehlen, A., Der Mensch ..., a.a.O., S. 18.

Komplex von Denken und Sprache auf. Hier würde eine kausale Betrachtungsweise möglicherweise zu der Aussage gelangen, das Denken sei Ursache des Sprechens und dieses wieder die Ursache der Gemeinschaftsbildung, wobei sich die Reihenfolge der Ursachen (Kausalkette) auch beliebig vertauschen ließe. Um sogleich einem naheliegenden Einwand zu begegnen, sei festgehalten, daß es sich bei der Formulierung dieser Kausalreihen nicht um inhaltliche Aussagen handeln kann, die Geltung beanspruchen. So naiv, wie in den beiden Beispielen unterstellt, verfährt eine kausale Erklärungsmethode eben gerade gewöhnlich nicht, und das gilt auch für die meisten kausalgenetischen Erklärungsversuche der biologischen Anthropologie.

Monokausale Theorien bzw. Erklärungsschemata tragen ihr disqualifizierendes Moment deutlich sichtbar zur Schau und werden von Gehlen mühelos in ihrer Unzulänglichkeit widerlegt. Es ist zudem offensichtlich, daß im Konzept der Monokausalität die Ursache entweder zu 'hoch' angesetzt ist, so daß man, wenn man zu einer Aussage von einigem Erklärungswert gelangen will, weit hinter sie zurückgehen muß, was theoretisch auf einen regressus in infinitum, praktisch jedoch auf die Setzung einer 'ersten' Ursache oder auf eine agnostische Haltung in der Kausalitätsfrage hinausläuft; oder man erspart sich den methodischen Umweg und nimmt gleich eine prima causa an. Ohne den metaphysich-ontologischen Substanzbegriff kommt man dann nicht mehr aus.

Ein ganz anderes methodisches Gewicht haben dagegen plurikausale Erklärungsschemata, die Gehlen in seiner Kritik des Kausalitätsprinzips nicht berücksichtigt. Es stellt sich die Frage, in welcher Beziehung eine solche, komplexere Kausalbetrachtung, in der der Kausalnexus als 'Kausalfilz' (K. Lorenz) erscheint, zu einer empirisch-analytischen Wissenschaft steht, als die Gehlen seine philosophisch-empirische Anthropologie ausdrücklich charakterisiert [1].

1) Der Mensch (1966), S. 11.

Dazu ist allerdings vorgängig zu erörtern, ob es sich im Falle der Anthropologie Gehlens tatsächlich um eine empirisch-analytische Wissenschaft im Sinne ihres Selbstverständnisses handelt.

I. A. 2. Philosophische Anthropologie als empirisch-analytische Wissenschaft.

Unter Berücksichtigung unterschiedlicher wissenschaftstheoretischer Ebenen, die den sich fortzeugenden Dualismus von sogenannten Natur- und sogenannten Geisteswissenschaften oder auch nur dessen Fiktion widerspiegeln, gelangt man zur Trennung der Wissenschaften in nomologische und historisch-hermeneutische [1]. Im Gegensatz zu den methodologischen Problemen der exakten Naturwissenschaften, deren Bedeutung für die hier vorgeführte wissenschaftstheoretische Analyse lediglich in der gelegentlichen Vergleichung besteht, ist es den Sozialwissenschaften eigentümlich, den nomologischen und den historisch-hermeneutischen Ansatz zu inhärieren und somit den methodologischen Dualismus fortgesetzt zu reproduzieren. Dieser Hinweis ist wichtig, weil die Sozialwissenschaften unter Einschluß der Psychologie als Wissenschaften vom menschlichen Verhalten einen nicht unwesentlichen Beitrag zur allgemeinen Handlungstheorie und damit zur Anthropologie liefern können. Sie stellen den Hauptbestandteil dessen, was als soziokulturelle Dimension der Anthropologie zu verstehen ist. Die engere biologische Dimension der Anthropologie unter Einschluß der Ethologie ist als 'elementare' Anthropologie dem methodologischen Dualismus ohnehin nicht in dem gleichen Maße ausgesetzt; spielt doch die hermeneutische Methode, tradierte Sinngehalte anzueignen und analytisch zu verarbeiten, in ihr nur eine untergeordnete Rolle.

---

1) Vergl.: Habermas, J., Zur Logik der Sozialwissenschaften, in: Philosophische Rundschau, Beiheft 5, Tübingen 1967, S. 4 ff.

Der grundlegende Methodenstreit in den Sozialwissenschaften - nicht zuletzt entstanden als Reflex des Unbehagens an den Erscheinungen des 'Modell-Platonismus' (bes. in der Nationalökonomie) einerseits und des restriktiven Empirismus (bes. in der Soziologie) andererseits -, der zur Zeit im wesentlichen zwischen den konträren Positionen des (Neo-)Positivismus bzw. 'Kritizismus' (Popper) - also der analytischen Wissenschaftstheorie - und der 'kritischen Theorie' ausgefochten wird, zeigt nun, daß die Kontrahenten beider methodologischer Richtungen, ungeachtet der tiefgreifenden Differenzen, die Sozialwissenschaften als allgemeine und einheitliche analytische Verhaltenswissenschaft ansehen.

Dieser Befund wird allerdings dadurch relativiert, daß die Vertreter der analytischen Wissenschaftstheorie die Ökonomie in der Regel nach dem Modell einer normativ-analytischen Wissenschaft, die hypothetisch Handlungsmaximen (Typus des zweckrationalen Handelns) voraussetzt, untersuchen. Der Gesichtspunkt der methodologischen Basis der Wirtschaftswissenschaften kann hier jedoch zunächst unreflektiert bleiben.

Andererseits bestehen zwischen den beiden methodologischen Richtungen unterschiedliche Auffassungen über die Begegnung mit dem weiteren Dualismus von Tatsachen und Sätzen. Dieser Dualismus wird vom Positivismus wohl konstatiert, nicht jedoch versucht, ihn transzendental, d.h. aber konkret ausgedrückt, in seiner gnoseologischen, soziolinguistischen, noosoziologischen und ideologischen Relativitätsproblematik adäquat zu begreifen.

Der Umweg über die Reflexion des Methodenstreits in den Sozialwissenschaften dürfte klargestellt haben, daß es sich im Falle von Gehlens 'philosophischer' Anthropologie als 'integrierender' Wissenschaft um eine nomologische Wissenschaft im Sinne einer empirisch-analytischen Wissenschaft handelt, da durch sie auch "systematische Annahmen über verständliche, aber zweckirrationale Handlungen" [1] gewonnen werden können [2].

Nicht erfüllt wird indessen die Forderung nach Reflexion der transzendentallogischen Bedingungen von Wissenschaft (hier: empirisch-analytischer Wissenschaft), die erst die immanente Analyse des methodologischen Konzepts durch eine externe Infragestellung ihres Begründungszusammenhanges ergänzen und vervollständigen würde. Erst die transzendentale Analyse, die - von den Vertretern der 'kritischen' Theorie allgemein gefordert - in der Einleitung zu dieser Arbeit im speziellen Zusammenhang mit der Fragestellung einer 'philosophischen' Anthropologie in ihren wichtigsten Aspekten exponiert wurde, und die in den einzelnen Stadien der Analyse dieser immer wieder konfrontiert wird, trägt das genuin philosophische Moment, in dessen Besitz sich 'philosophische' Anthropologie gelegentlich unselbstkritisch wähnt, in sie hinein.

Nicht die 'doppelte Reflexion', d.h. die Reflexion auf die Reflexion der Einzelwissenschaften, wie Th. Litt [3] gegen Gehlen meinte, begründet allererst die Möglichkeit, philosophische Anthropologie ohne den Rückfall in den Biologismus zu treiben. Es ist Gehlen zuzustimmen, wenn er die transzendental-idealistische Behauptung, daß sich mit der doppelten Reflexion die Wesensseite des Menschen "in ihrem ontologischen Zusammenhang und ihrem metaphysischen Sinn offenbart" (A. Mahn), als eine 'Zumutung' bezeichnet [4]. Als Illustration von Litts 'Biosferne', die nicht etwa umge-

---

1) Habermas, J., Logik ..., a.a.O., S. 14.
2) Vergl. dazu die detaillierten Ausführungen in Kap. III. A; siehe auch: Gehlen, A., Der Mensch ..., a.a.O., S. 327 f., wo er gegen den 'pragmatischen Rationalismus' Deweys (i.e.: instrumentelle Auffassung von Erkenntnis und Handlung) die irrationale Form des Handelns behauptet.
3) Litt, Th., Mensch und Welt, Anhang: Zur Anthropologie Arnold Gehlens, 2. Aufl., Heidelberg 1961, S. 286 ff.
4) Gehlen, A., Studien zur Anthropologie und Soziologie, Neuwied/Berlin 1963, S. 145 ff. als Replik auf die Kritik aus transzendental-idealistischer Sicht von A. Mahn: Über die philosophische Anthropologie von A. Gehlen, in: Zs. f. philos. Forschg. Bd. VI, 1951/52, S. 72 ff.

kehrt proportional zu seiner etwaigen 'Logosnähe' zu deuten ist, mag sein prägnantester Ausspruch den Geist betreffend dienen: "Entweder der Geist ist er selbst, aus sich selbst und durch sich selbst oder - er ist überhaupt nicht" [1].

Reduziert man allerdings Litts Konzeption der Reflexionsstufen [2] auf ihr erkenntnistheoretisches Substrat, indem man jegliche metaphysische Implikation daraus entfernt, so erweist sie sich als Analogon zu den von der analytischen Sprachtheorie aufgestellten Sprachstufen. Dem Denken von Gegenständen und Sachverhalten entspricht die Umgangssprache (im weitesten Sinne [3]), der Reflexion auf dieses Denken als Selbstbesinnung ersten Grades die Objektsprache (Sprache der Einzelwissenschaft), und der Reflexion auf diese Reflexion ('Potenzierte Reflexion') als Selbstbesinnung zweiten Grades die Metasprache.

Der methodische Wert einer erkenntnisperspektivischen Unterscheidung linguistischer Ebenen ist beträchtlich, wird jedoch erst ins rechte Licht gerückt, wenn man zwei Implikationen durchdenkt. Einerseits rekurriert, wie schon an früherer Stelle ausgesprochen, jede Metasprache und natürlich auch jede Objektsprache auf die Umgangssprache als ihr Substrat; andererseits kann jede Metasprache durch eine weitere Metasprache überformt werden, und das in einem hypothetisch infiniten Prozeß.

Allenfalls handelt es sich dabei jedoch um eine sprachliche Präzi-

---

1) Litt, Th., Mensch und Welt, a. a. O., S. 151.
2) drsb., Einleitung in die Philosophie, Stuttgart 1949, S. 10 ff.
3) Den Terminus Umgangssprache habe ich als plastische Kategorie im Gegensatz zum üblichen Sprachgebrauch in idealtypischer Abgrenzung zu den Wissenschaftssprachen eingeführt. Die Umgangssprache ist lediglich von der jeweiligen Sprechsituation bestimmt und bewegt sich somit zwischen den beiden Extremen von Alltags- und Hochsprache. - Vergl. dazu die Ausführungen in meiner Diplomarbeit: Soziologie ..., a. a. O., S. 50 f.

sierung im syntaktischen und semantischen Bereich. Die pragmatische Dimension, die Sprache und Erkenntnis ebenso eigentümlich ist - verweist sie doch auf Art und Intensität der Interdependenz zwischen Sprache (langue) und vor allem von parole (i. e.: Realisierung des Sprachsystems in Sprechakten) einerseits und Gesellschaft (Sprachgemeinschaft) andererseits -, wird weder von Gehlen noch von Litt in die Überlegung einbezogen.

Somit ist hier gegen Gehlen festzuhalten, daß einer Anthropologie noch nicht dadurch, daß sie Kategorien, die Wesenseigenschaften des Menschen hypothetisch bezeichnen sollen, also anthropologische Grundbegriffe wie Handlung, Entlastung, Distanzierung usw. entwickelt und bereitstellt, das Attribut 'philosophisch' zukommt, wenn sie nicht bereit ist, ihr Kategoriensystem selbst wiederum transzendental-kritisch zu reflektieren, wobei sie immerhin auf die Frage stoßen könnte, ob nicht vor allem die Kategorie der Handlung, der sich alles allzuleicht einzufügen scheint, eine Verdinglichung (nicht nur Verdichtung) komplexer Prozesse beschließt, die sie somit verdeckt. Der psychophysischen Neutralität der Kategorien, die die Anthropologie Gehlens zweifellos als Gewinn verbuchen kann, steht womöglich eine Neutralität gegenüber gesellschaftlichen Prozessen und Quasi-Gesetzmäßigkeiten zur Seite, die eine kritische Betrachtung gerade als Schein einer wertfreien Position durchschauen und suspendieren muß, um zu sozio-kulturell relevanten anthropologischen Einsichten zu gelangen.

Wenn auch die Prätentionen des transzendentalen Idealismus auf eine Wesensbestimmung des Menschen abgewiesen werden konnten, so ist damit allerdings noch nicht der auch von anderer Seite erhobene Vorwurf des metaphysischen Biologismus [1], der Gehlens Anthropologie kennzeichne, entkräftet. Es geht jedoch meiner Ansicht nach gar nicht so sehr um die Widerlegung dieses Vorwurfs,

---

1) Siehe: Apel, K.-O., Institutionenlehre, a. a. O., S. 4.

als vielmehr darum, Gehlens primär, aber nicht ausschließliche biologische Betrachtungsweise in ihrem Aussagewert unter kritischer Reflexion zu halten, und sie jeweils dort, wo er es nicht selber in hinreichender Weise tut, durch die Einführung ergänzender Aspekte zu revidieren bzw. zu erweitern, wobei einzelne Korrekturen und Modifikationen, die Gehlen im einen oder anderen Stadium seines Schaffens vornimmt, zu berücksichtigen sind.

Kristallisationspunkt wird allerdings die Frage sein, die auch Apel zum Kernstück seiner Auseinandersetzung mit Gehlens Anthropologie und speziell mit seiner Institutionenlehre erhebt [1]; die Frage nämlich, ob für Gehlen Kulturleistungen nur insoweit moralisch Gültigkeit besitzen, als sie "direkt oder indirekt dem Maßstab der biologischen Nützlichkeit Genüge tun". Es handelt sich m. a. W. um die Frage, ob dem Geistigen eine 'Hypertelie' zukommt, wie Portmann gegen die 'technische Beurteilung' des menschlichen Geistes im Sinne einer besonderen Anpassung an lebenserhaltende Leistungen argumentiert [2].

Eine kurze Zusammenfassung der bisherigen Darstellung der Prinzipien der Anthropologie Gehlens ergibt den folgenden Überblick:

"Der Mensch, seine Natur und seine Stellung in der Welt" wird aus der Blickrichtung einer empirisch-analytischen Verhaltenswissenschaft, wie sie in dieser Fassung auch dem Neopositivismus eigen ist, zu begreifen versucht. Als 'integrierende' Wissenschaft ist Gehlens Anthropologie dreifach fundiert:
Als biologische Anthropologie geriert sie sich im Sinne einer Elementaranthropologie, die die anthropobiologischen Merkmale des Menschen eruiert. Das humanbiologische Fundament wird ergänzt durch die "empirische, soziologisch ausgerichtete Forschung" als Voraussetzung für die "philosophische Untersuchung der gesell-

1) Apel, K.O., Institutionenlehre, a.a.O., S. 4.
2) Portmann, A., Neue Wege der Biologie, München 1965, S. 214.

schaftlichen Kultur" [1]. Der gemessen an der Intention einer 'philosophischen' Anthropologie als einer Lehre von der 'Ganzheit' des Menschen 'vorwissenschaftliche' Charakter der anthropobiologischen und der soziologischen Dimension wird überwunden, sobald ein philosophisch reflektiertes Kategoriensystem die durchgängigen anthropologischen Merkmale aufzeigt und sie in ihrem Verhältnis der reziproken Bedingtheit nachweist. Der 'psychophysische Dualismus' wird durch die Konzipierung 'neutraler' Kategorien suspendiert, das 'Schichtenbild' des Menschen und damit auch der Natur überwunden, die Aufhebung des Gegensatzes von Theorie und Praxis intendiert und die synthetische Betrachtungsweise durch "Rückgang zu den Ursprüngen" [2] oder genauer durch die Bedingungsanalyse ersetzt.

Das Kausalitätsprinzip wird jedoch sowohl für die biologische als auch für die soziologische Dimension der 'philosophischen' Anthropologie als unhaltbar verworfen.

I. A. 3. Kausale und konditionale Analyse

Das methodologische Programm der 'philosophischen' Anthropologie, so hatte ich bereits einführend dargelegt, besteht hinsichtlich der Frage nach dem Begründungszusammenhang in der Verwerfung des Kausalbegriffs und somit in der Ablehnung des Kausalitätsprinzips mit der Begründung methodologischer Insuffizienz. Das bedeutet jedoch keineswegs die Leugnung der Kausalität. Sie wird von Gehlen vielmehr als Bedingung der Finalität postuliert und führt direkt in die Problematik der Willensfreiheit (s. S. 117 ff.). Die Begründung für die Eliminierung der Kausalanalyse aus der

---

1) Gehlen, A., Der Mensch (1966), S. 403 f.
2) Vergl.: Ballauff, Th., Der Mensch, seine Natur und seine Stellung in der Welt. Zu dem gleichnamigen Werk von A. Gehlen, in: Zs. f. phil. Forschg. 6/1951-52, S. 567 ff.

Anthropologie erwies sich allerdings als einseitig und undifferenziert.

Der ebenso problematische Charakter einer Bedingungsanalyse, auf die Gehlen statt dessen abstellt, ist unschwer einzusehen, wenn man einen, wie auch immer zu bestimmenden Verknüpfungszusammenhang annimmt. Verzichtet man jedoch auf eine derartige Annahme, so verliert der Begriff der Bedingung seinen eigentlichen heuristischen Wert, d. h. er wird auf eine reine Negativbestimmung derart reduziert, daß die conditiones sine quae non der Konstituierung eines Merkmals oder eines Sachverhalts angegeben werden müssen. Damit soll allerdings nicht die Schwierigkeit unterschätzt werden, die bereits der Erfüllung dieser Prämisse entgegensteht. Diese Schwierigkeit erweist sich als mindestens dreifach; u. zw. in der Problematik von Vollständigkeit, Wertigkeit und Reziprozität der Bedingungen (s. u.).

In der Biologie, die hier als 'Vorwissenschaft' der 'philosophischen' Anthropologie fungiert, dominiert nach wie vor die kausalanalytische Betrachtungsweise, wenn auch gegenwärtig häufig mit der Einschränkung, daß dem Kausalprinzip nur noch ein hypothetischer Wert im Sinne eines "tauglichen methodischen Werkzeugs" zugebilligt wird [1]. Das bedeutet, schulmäßig ausgedrückt, die Abwendung vom strengen Rationalismus, der die adaequatio intellectus (hier: des Kausalprinzips als Begriff) et rei (hier: des Kausalgesetzes) behauptete und die Rezeption der erkenntnistheoretischen Position des kritischen Realismus.

Neben der Kausalanalyse konnte sich in der biologischen Forschung jedoch auch die finale Betrachtungsweise, die bereits von Aristoteles angewendet wurde, entweder als alleiniges methodisches Konzept (man denke beispielsweise an die 'Entelechien' Drieschs) oder

1) So: Arber, A., Sehen und Denken in der biologischen Forschung, Hbg. 1960, S. 79 f.

aber in Verbindung mit der Kausalanalyse behaupten. Die Vorstellung der Zielstrebigkeit des Organischen konnte sich um so mehr aufdrängen, als es unmöglich erschien, das Problem der Entstehung des Geistes (des Bewußtseins) kausal adäquat zu erfassen.

Jedoch selbst in der Physik, deren Erkenntnisobjekt als 'exakte' Naturwissenschaft ausschließlich anorganische Prozesse sind, gilt das Kausalitätsprinzip nicht mehr als völlig unumstritten. So hat die moderne Atomphysik nach der Aussage von Heisenberg [1] eine modifizierte Einstellung zum Begriff der Naturgesetzlichkeit veranlaßt, indem der Begriff der Kausalität von der bis dahin in ihn involvierten Vorstellung des Determinismus gereinigt werden mußte. Gegen die Identifizierung des Begriffspaars 'Ursache-Wirkung' mit dem Determinismus läßt sich mit Weizsäcker außerdem auch logisch argumentieren, denn die Begriffe Ursache und Wirkung stehen zueinander im Verhältnis der 'Asymmetrie', d.h. die Ursache bringt die Wirkung hervor, nicht aber umgekehrt [2]. Für den Determinismus ist dagegen die Vergangenheit ebenso durch die Zukunft bestimmt, wie die Zukunft durch die Vergangenheit.

Wenn auch in der modernen Physik das Prinzip des Determinismus nicht völlig aufgegeben wird (die Quantenmechanik behält den Determinismus als Konditionalsatz bei [3], so folgt doch aus dieser Auffassung einer nur begrenzten Geltung des Determinismus in der Physik für die biologische Forschung, daß das für sie ebenfalls relevante Kausalitätsprinzip in mindestens gleicher Weise von der deterministischen Konzeption zu reinigen ist.

Hält man nun am methodischen Prinzip der Kausalanalyse fest, so ist jedenfalls zunächst auf die semantische Intention des ihr zu-

---

1) Heisenberg, W., Das Naturbild der heutigen Physik, Hamburg 1965, S. 24 f.
2) Weizsäcker, C.F. von, Zum Weltbild der Physik, 7. erw. Aufl., Stuttgart 1958, S. 73.
3) Siehe: Weizsäcker, a.a.O., S. 76 f.

grunde liegenden Begriffs der Ursache zu rekurrieren. Von den vier Formen der Ursache, die die traditionelle (bes. scholastische) Philosophie im Rückgriff auf Aristoteles unterschied, i. e. causa formalis, causa materialis, causa finalis und causa efficiens, bezeichnet ausschließlich [1] der Begriff der letzteren das, was das moderne Wissenschaftsverständnis mit dem Wort Ursache meint [2].

Das Kausalgeschehen als Realkategorie, das mit der Formel 'keine Wirkung ohne Ursache' umschrieben und somit in der Regel von der gesetzmäßig aus der Ursache folgenden Wirkung erfaßt wird, läßt sich aber nur unter Einbeziehung des Zeitfaktors denken; d. h. die causa ist das zeitliche (und logische) prius, wenn auch eine unendlich-approximative Annäherung an Gleichzeitigkeit angenommen werden kann. Jedenfalls handelt es sich um den Kausalnexus im Sinne des 'objektiven' Zeitbegriffs der 'mechanischen' Kausalität.

Ohne den Mechanismus-Vitalismus-Streit in extenso erörtern zu wollen, wobei man sich andererseits davor hüten muß, die ihm zugrunde liegende Problematik voreilig als bloßes Scheinproblem abzutun, sollte man zumindest fragen, ob das Konzept einer 'mechanischen' Kausalität eine hinreichende Begründung für Entwicklungsprozesse psycho-physischer Art, deren Annahme evident ist und Biologie und Anthropologie erst ermöglicht, liefern kann.

Daß Entwicklung geschieht, lehrt die Gegenüberstellung der Begriffe Zeitrichtung und Blickrichtung. Die Alternativität der

---

1) Das Konstrukt 'causa finalis' enthält terminologisch natürlich auch das Begriffselement der 'Ursache'. Es handelt sich jedoch um eine widersprüchliche Begriffsbildung, in der unterstellt wird, man könne noch sinnvoll von einer Ursache reden, obwohl der Zweck bereits gesetzt ist. Der Tatsache dieses Widerspruchs bleibt auch jeder dialektische Kunstgriff äußerlich.

2) S.: W. Heisenberg, a. a. O., S. 24.

Richtung auf der 'Zeitachse' ist zunächst nur Ausdruck der jeweiligen Betrachtungsweise, nicht der Ereignisfolge, die nur eine Richtung hat. Vergangenes ereignet sich nicht mehr, sondern hat sich ereignet als vergangene Gegenwart [1]. Aber es läßt sich von der Gegenwart her betrachten als Repräsentation u. a. der geschichtlichen Zeit, aber auch z. B. als Entwicklungsstadium in biologischer Hinsicht. So kann man z. B. die stammesgeschichtliche Evolution des Menschen von einem bestimmten entwicklungsgeschichtlichen Stadium (jeweilige Gegenwart) aus retrospektiv betrachten. Ob sich diese Betrachtung im Sinne einer teleologischen Analyse (Finalnexus) oder im Sinne einer Kausalen Analyse (Kausalnexus) abspielt, ist somit unabhängig vom tatsächlichen Entwicklungsgang. Die Faktizität der Entwicklung selbst wird jedoch durch die Implikationen der Betrachtungsweisen bestätigt.

Entscheidendes Kriterium des Entwicklungsbegriffs ist die Nichtidentität zu verschiedenen Zeitpunkten. Eine prozessuale Untersuchung, wie die der Entwicklung, kann analytisch jedoch nur als die Erforschung von sukzessiven Zuständen erfolgen. Die Aufeinanderfolge von Zuständen kausalmechanisch gedeutet, vermag aber nicht das Geringste über die Richtung, resp. das Gerichtetsein der Entwicklung auszumachen. Kriterium des Entwicklungsbegriffs ist im Gegensatz zum formalen Prozeßbegriff das Gerichtetsein.

Um noch einmal die Abstammungslehre zu bemühen: Ohne die Annahme einer Gerichtetheit läßt sich die Evolution bis hin zu homo sapiens (besser: homo faber) nicht vorstellen. Damit befindet man

---

1) Daß Vergangenheit sich nicht mehr real ereignet, heißt nicht, daß sie in der Gegenwart nichts bewirkt. Im Gegenteil, schon eine oberflächliche Vergewisserung des den Handlungsvollzügen zugrunde liegenden Motivationskomplexes zeigt, daß das Bewußtsein nicht zuletzt qua Anamnesis die Wahl von Handlungen mitbestimmt. M. a. W.: Die Bedeutung, die homo faber vergangenen Ereignissen zumißt, gehen als Ursache neben anderen in die Motivation ein und werden somit handlungsrelevant.

sich jedoch sofort wieder in dem Dilemma, einen oder mehrere Richtungsfaktoren annehmen zu müssen. Das Kausalitätsprinzip wäre dann für die biologische Betrachtungsweise ohne wesentliche Einschränkung nur noch zu retten, wenn der Richtungsfaktor als causa finalis angenommen würde, wobei das Ergebnis des Prozesses in den Ansatz hineinprojiziert werden müßte, um dann wiederum aus ihm zu folgen. Die verschiedenen Spielarten des Vitalismus, in ihrer Unzulänglichkeit bereits erkannt, würden wieder in den Vordergrund treten. In der vorgeführten Form eines Erklärungsversuchs ist jedoch der methodische circulus vitiosus unvermeidlich.

Zieht man das Fazit aus der bisherigen Auseinandersetzung mit dem Kausalbegriff und dem Kausalitätsprinzip in der Biologie und der Anthropologie, so ist es nicht gerade abwegig zu argwöhnen, alle bisherigen, in diesen Disziplinen vorherrschenden kausalen oder teleologischen Erklärungsversuche beruhten auf 'Selbstüberschätzung', da auf diese Weise die "Besonderheit des organischen Lebens nicht zu erfassen" sei, welches immer nur "simultane Wechseleinheiten" kenne [1]. Von 'Wechseleinheiten' zu reden, hat aber doch nur dann einen Sinn, wenn man Wechselwirkungen darunter versteht. Andernfalls stehen die Wechseleinheiten beziehungslos nebeneinander und weisen sich lediglich als verdinglichter Begriff aus. Die Kategorie der 'Wechselwirkung' ist jedoch Bestandteil der umfassenden Kategorie der Plurikausalität und damit der kausalen Betrachtungsweise überhaupt. Diese wird jedoch von Th. Haering, dem Verfechter der Kategorie der 'simultanen Wechseleinheiten', als inadäquat für die biologische Forschung abgelehnt.

Es ist nun allerdings die Frage, ob der Makel der 'Selbstüber-

---

1) So Th. Haering, Zu Gehlens Anthropologie, in: Zeitschr. f. philos. Forsch., Bd. VI, 1951/52, S. 596 ff.

schätzung' auch der komplementären Verwendung der kausalen und der teleologischen Betrachtungsweise anhaftet.

Die Komplementarität der Verfahren wird u.a. von W. Wickler [1] in Anlehnung an Konrad Lorenz gefordert, da Kausalität und Finalität verschiedene Aspekte des Geschehens seien, die daher aber auch in der Analyse nicht vermengt werden dürften, d.h. Kausal- und Finalbetrachtung seien nicht mischbar.

Der heuristische Wert der komplementären Betrachtungsweise ist jedoch an die Voraussetzung gebunden, daß man feststellen kann, in welchen Ereignisreihen kausales bzw. finales Geschehen vorliegt. Darüber kann man sicher prima facie einiges sagen. Schreitet man dann zur Begründung des prima facie - Eindrucks, so begibt man sich notwendig wiederum in den Zirkel, das zu Erklärende, daß z.B. ein bestimmtes Ereignis kausal oder final determiniert ist, als schon Erklärtes voraussetzen zu müssen.

Eine andere Art des Komplementarismus, der im Gegensatz zu dem von Wickler vertretenen synthetisch ist, wird von A. Arber vorgeführt [2]:
Beide Typen von Ursachen, d.h. die materiell-wirkenden und die formal-finalen Ursachen können nämlich durch Ausschluß ihrer Beziehung auf die Zeit in einer Synthese vereint werden. Man kann sie dann als "komplementäre Aspekte eines einzigen Ganzen ansehen". Der Gegensatz von mechanistischer und vitalistischer Theorie des Lebens weicht somit unter Bewahrung der partiellen Wahrheiten beider Ansichten der 'Organismustheorie'. Die 'organismische Auffassung' des Lebens setzt allerdings den 'Glauben' voraus, "daß die lebensfähige Koordinierung von Strukturen und Prozessen (...) integrierender Bestandteil des lebendigen Systems

---

1) Wickler, W., Antworten der Verhaltensforschung, München 1970, S. 153 ff.
2) Arber, A., Sehen ..., a.a.O., S. 88 f.

ist" [1].

Neben diesem Charakteristikum sind noch zwei weitere Merkmale für die Organismustheorie von besonderer Bedeutung. Sie impliziert eine Relativierung des Kausalitätsprinzips insofern, als causae efficientes und causae finales zwar angenommen, jedoch nicht im eigentlichen Sinne aufgesucht, sondern von der 'Ganzheit' her gesehen werden. Das wiederum ist mit der methodischen Ausblendung des Zeitfaktors verbunden, denn nur auf diese Weise läßt sich eine Synthese der komplementären Aspekte herstellen.

Bemerkenswert ist andererseits, daß der psychophysische Dualismus, von dem schon gelegentlich die Rede war, im Rahmen dieser Auffassung ebenso suspendiert wird, wie das auch bei Gehlen geschieht. Aber hierin zeigt sich nicht die einzige Ähnlichkeit mit Gehlens anthropobiologischem Ansatz. Die geschilderte Entschärfung des Kausalitätsprinzips führt beinahe zwanglos in die Rezeption der konditionalen Analyse.

Die notwendige Voraussetzung der synthetischen Betrachtungsweise der Organismustheorie, i.e. die Annahme einer lebensfähigken Koordinierung als systemimmanent, hat ihre Entsprechung in der von Gehlen auf die anthropologische Thematik (als partialbiologische Fragestellung) gerichtete Hypothese: "Im Menschen liegt ein ganz einmaliger, sonst nicht versuchter Gesamtentwurf der Natur vor" [2]. Gehlens Anthropologie stellt also unter dem primär inhaltlichen [3] Blickwinkel eine spezielle Organismustheorie dar, deren Besonderheit durch die Einführung der 'Sonderhypothese' [4] gegeben

---

1) Arber, A., a.a.O., S. 89.
2) Gehlen, A., Der Mensch (1966), S. 14.
3) Gegenüber der primär methodischen Perspektive der Kennzeichnung in Kap. I.A.2. Beide Betrachtungsweisen stellen natürlich korrelative Aspekte der gleichen Sache dar.
4) Vgl. v.a. Gehlen, A., Anthropologische Forschung, a.a.O., S. 17 f.

ist. Damit ist für Gehlen klargestellt, daß die Methode der 'Ganzheit' des Menschen (unter Einbeziehung der Hypothese vom einmaligen Sonderentwurf), "wenn sie existiert, allein angemessen wäre, ja, daß umgekehrt diese Ganzheit nur dann bewiesen ist, wenn diese Methode gelingt, die die unsere ist" [1]. Der in dieser Formulierung ausgedrückte Zirkel, der je nach Interpretation ein circulus vitiosus oder ein hermeneutischer Zirkel ist, hat zu einer Reihe von Einwänden geführt, von denen die zwei gewichtigsten vorgestellt werden sollen, die allerdings implizit bereits mehrfach im Gange der Untersuchung auftraten.

Das Konzept der Ganzheit setzt sich nämlich sowohl dem Vorwurf der kausalen wie der finalen Reduktion aus. So meint M. Landmann Gehlen ein, "wenn auch rudimentär gewordenes, kausalevolutives Denken", resultierend aus seinem zu weiten "Entgegenkommen an den Naturalismus", vorhalten zu müssen, da der Mensch eben gerade nicht "als ursprüngliche Ganzheit und aus seiner Mitte heraus verstanden" werde [2]. Auf die Frage nach der inhaltlichen Berechtigung dieser Kritik ebenso wie der folgenden braucht an dieser Stelle nicht eingegangen zu werden [3], da es hier zunächst nur um den Aufweis unterschiedlicher, ja konträrer Urteile über die grundlegenden Auffassungen in der Anthropologie Gehlens geht.

Der Hinweis auf eine primär teleologische Betrachtungsweise bei Gehlen läßt sich implizit aus der von K. Lorenz explizit gegen Buytendijk vorgebrachten Kritik ablesen. Lorenz bemängelt, Buytendijk nehme ein "vorwegnehmendes Prinzip wie die 'vitale Phantasie' Palagyis als zureichende Erklärung" hin, was eine ein-

---

1) Gehlen, A., Der Mensch (1966), S. 18.
2) Landmann, M., Philosophische Anthropologie, Berlin 1955, S. 195.
3) Siehe dazu Kap. III B.

seitig teleologische Betrachtungsweise erkennen lasse [1]. Der Brückenschlag zu Gehlen folgt nun aus der positiven Rolle, die Palagyis Theorie der (menschlichen) Phantasie [2] in der 'philosophischen' Anthropologie spielt [3].

Nun ist allerdings nicht zu übersehen, daß beide Einwände, so wie sie hier vorgeführt wurden, jeweils ganz spezifische, lediglich perspektivische anthropologische Fragestellungen betrafen, die, so könnte man entgegnen, zudem noch auf verschiedenen Ebenen der anthropologischen Problematik vorzufinden seien. Dieses Argument verfängt jedoch nicht im Falle der Anthropologie Gehlens, da in ihr ja jeglicher Dualismus und besonders der psychophysische Dualismus bereits im Ansatz suspendiert, wenn auch nicht aufgehoben ist.

In welcher Weise und in welchem Umfang, so ist weiterzufragen, treffen die kritischen Erwägungen die von Gehlen als einziges methodisches Konzept zugelassene Bedingungsanalyse wirklich? Sollte es sich nämlich als zutreffend herausstellen, daß in die konditionale Analyse - mehr oder minder versteckt - rudimentäre kausale oder teleologische Elemente eingehen, wie es den Anschein hat, so verlöre der methodische Verzicht auf zumindest partielles kausales oder teleologisches Vorgehen viel an Überzeugungskraft. Die konditionale Analyse wäre dann lediglich Ausschnitt aus einem umfassenderen methodischen Feld mit fließenden Übergängen zu den übrigen genannten Verfahrensweisen, wobei die Methodenpluralität in ihrer Gesamtheit erst den objektangemessenen Rahmen bilden würde.

---

1) Lorenz, K., Vom Weltbild des Verhaltensforschers, München 1968, S. 16. An Hand einer neueren Abhandlung von F. J. J. Buytendijk: Mensch und Tier, Hbg. 1970 (1958) läßt sich erkennen, daß die Standpunkte von Kritiker und Kritisiertem gar nicht (mehr) so weit differieren. S. a. a. O., S. 23 ff.
2) Vergl.: Palagyi, M., Wahrnehmungslehre, Leipzig 1925.
3) Vergl.: Gehlen, A., Der Mensch (1966), S. 316 u. ö.

Der Rückgriff auf eine Abhandlung des Physiologen Max Verworn über das Verhältnis von konditionaler und kausaler Methode kann vielleicht einiges Licht auf die wichtigsten Merkmale und Implikationen besonders der ersteren werfen [1]. Verworn gibt sich als kompromißloser Verfechter des 'Konditionismus' für alle Wissenschaftsbereiche zu erkennen, wobei sich seine Hauptargumente gegen die kausale Betrachtungsweise, ähnlich wie später bei Gehlen, als gegen die Vorstellung von der Monokausalität gerichtete pars pro toto - Argumente erweisen. Wenn nämlich Verworn feststellt, daß mit dem Auffinden 'der Ursache' eines Vorgangs dieser damit noch lange nicht aufgeklärt sei, daß damit vielmehr nur ein 'einziger Faktor' unter zahlreichen anderen bestimmenden Faktoren aufgedeckt sei [2], so kann man ihm aus der Sicht des Kausalanalytikers nur zustimmen. Geht man nämlich, wie vom Verfasser postuliert, vom Konzept der Plurikausalität bzw. der plurifaktoriellen Kausalität aus, so wird man in Übereinstimmung mit Verworn in der naiven Vorstellung einer einzigen Ursache als Erklärungsgrund eines Vorganges oder Zustandes den 'Mystizismus' am Werke sehen [3].

Man gelangt somit zu dem Resultat, daß konditionale und kausale Analyse einander gar nicht auszuschließen brauchen. Im Gegenteil: Beide Betrachtungsweisen sind komplementär möglich und sinnvoll. Wenn nämlich Verworn einen der Fundamentalsätze des 'Konditionismus' so formuliert: "die wissenschaftliche Erforschung alles Seins und Geschehens kann lediglich bestehen in der Ermittlung seiner Bedingungen [4], so ist an dieser Forderung nur die Ausschließlichkeit des Anspruchs abzulehnen, d.h. positiv gewendet:

---

1) Max Verworn, Kausale und konditionale Weltanschauung, Jena 1912.
2) a.a.O., S. 9.
3) a.a.O., S. 16.
4) a.a.O., S. 17; siehe auch die Zusammenfassung der wichtigsten Sätze des Konditionismus in Anm. 15, S. 45 f.

Die Faktoren, von denen ein Zustand oder Vorgang abhängig sein soll, können hinsichtlich ihrer Qualität als Bedingungen, aber auch als potentielle Ursachen untersucht werden. Den Dispens von der Kausalanalyse vermag der Konditionismus jedenfalls nicht zu erteilen: Seine Methode ist rein formal (und zu elegant), um biologischen Problemen oder gar spezifischen Fragen auf der Bewußtseins- und Handlungsebene einigermaßen gerecht zu werden.

Der Konditionismus sei dem Kausalismus 'unendlich überlegen', einerseits durch Verwerfung jedes mystischen Faktors, aber auch dadurch, "daß er viele Probleme verschwinden läßt" [1], die, wie z.B. der psycho-physische Dualismus, in Wirklichkeit keine seien. Die Annahme einer Spaltung gleich welcher Art muß dem Konditionisten als Ausfluß naiven Denkens erscheinen. Für ihn ist ja jeder Zustand oder Vorgang "identisch mit der Summe seiner sämtlichen Bedingungen" [2]. Daraus folgt außerdem, daß überall 'unerbittlicher Determinismus' herrscht [3].

Der Konditionismus Verworns erinnert in seinem Anspruch ein wenig an den der positivistischen Sprachanalyse des frühen Wittgenstein, wobei die Analogie darin besteht, daß beide Autoren meinen, die Probleme im Prinzip gelöst zu haben. Wittgenstein läßt jedoch dieser Behauptung das (selbst-)kritische Eingeständnis folgen, daß der Wert seiner Analyse weiter darin bestehe, zu zeigen, "wie wenig damit getan ist, daß die Probleme gelöst sind" [4]. Diese Relativierung sollte auch dem 'strengen Konditionismus' widerfahren, der ohne die Einführung kausaler oder teleologischer Faktoren Entwicklungsprozesse wohl konstatieren, jedoch nicht erklären kann. Die Gesamtheit der Bedingungen determiniert laut konditionaler Aussage das jeweilige Entwicklungsstadium. Eine Er-

1) a. a. O., S. 18.
2) a. a. O., S. 24.
3) a. a. O., S. 28.
4) Wittgenstein, L., Tractatus logico-philosophicus, Frankf. /Main 1964, Vorwort.

klärung dafür, wie sich der Bedingungskomplex verändert und somit einen anderen Zustand hervorbringt, vermag die strenge Bedingungsanalyse selbst nicht zu erbringen, d. h. über eine komparativ-statische Analyse gelangt der Konditionismus nicht hinaus.

Außerdem erweist sich die ausschließlich konditionale Analyse im Sinne des strengen deterministischen Konditionismus Verworns als untauglich, Phänomene aus dem Bereich von Bewußtsein und Handeln adäquat zu erfassen. Es ist also zu vermuten, daß Gehlens methodisches Konzept nicht als strenger Konditionismus aufzufassen ist, sondern daß es bestenfalls eine modifizierte, i. e. entschärfte Form davon darstellt. Letzte Klarheit über diesen Punkt, wie auch über die oben aufgeworfene Frage nach der Notwendigkeit der Methodenpluralität, ist jedoch erst im Zusammenhang mit der systematischen Untersuchung der Fundamentalkategorien zu erreichen.

Der Umweg über die Analyse der Methoden war nötig, nicht nur, um zu einer einigermaßen präzisen Darstellung und Fixierung der Ausgangsbasis der 'philosophischen' Anthropologie zu gelangen, sondern auch, um einen adäquaten ersten Zugang zur Erfassung der Bewußtseinsproblematik und dem Versuch ihrer Lösung als einer, wie ich meine, zentralen Aufgabe dieser Anthropologie, zu finden.

I. B. Die pragmatistische Komponente

Die Affinität der Grundauffassungen Gehlens und der Philosophie des Pragmatismus in anthropologischer Hinsicht kommt in der übereinstimmenden Deutung des Menschen zum Ausdruck, den beide als ein primär handelndes Wesen definieren. Gehlen selbst weist des öfteren auf seine pragmatistische Orientierung hin [1]. Den unlöslichen Zusammenhang von Bewußtsein und Verhalten in das Zentrum des philosophischen Fragens gerückt und seine konstitutive Bedeutung besonders für die Erkenntniskritik und Wahrheitstheorie fruchtbar gemacht zu haben, ist das Hauptverdienst des Pragmatismus, das auch nicht dadurch geschmälert wird, daß diese Einsicht im Prinzip schon 'vorpragmatisch' besonders von Marx, Nietzsche und Sorel vollzogen wurde und auch in deren Konzeptionen eine wichtige Rolle spielte.

Die prima facie - Gemeinsamkeit verschiedener philosophischer Richtungen löst sich sofort auf, wenn man in die spezifischen Analysen des Beziehungskomplexes von Bewußtsein und Verhalten einsteigt. Dann erweist sich, daß sogar innerhalb des Pragmatismus, der bisher implizit als einheitliche philosophische Richtung angesprochen wurde, sehr subtil differenziert werden muß. Erst in neuester Zeit versucht man, den frühen Vertretern des Pragmatismus, nämlich James, Dewey, Schiller und vor allem seinem Begründer Peirce, in fundierten Untersuchungen gerecht zu werden [2], wobei

---

1) So v.a. Der Mensch (1966), S. 62, 143 f., 295, 299, 302 f.; Anthrop. Forschg., S. 17, 43 Anm. 142.

2) Vergl. hierzu die eingehende Beschäftigung mit Peirce bei Apel, K.-O. (Hrsg.), Charles S. Peirce, Schriften I (Zur Entstehung des Pragmatismus) Frankf./Main 1967; II (Vom Pragmatismus zum Pragmatizismus) Frankf./Main 1970. Außerdem: Charles S. Peirce, Über die Klarheit unserer Gedanken. Einleitung, Übersetzung, Kommentar v. K. Oehler, Frankfurt/Main 1968; aber auch schon: Kempski, J. v., Charles S. Peirce und der Pragmatismus, Stuttgart und Köln 1952. Hinweise auf weitere, besonders amerikanische Literatur s. Apel/Oehler a. a. O.

gerade auf Herausarbeitung der Unterschiede zwischen den Auffassungen der genannten Pragmatisten großes Gewicht gelegt wird. Solche Unterschiede wurden vordem meist ebenso übersehen, wie man von Peirce wenig oder keine Notiz nahm [1]. Beides wirkte in die gleiche Richtung: Unter Pragmatismus verstand man - jedenfalls in Europa - für lange Zeit eine subjektivistisch-utilitaristische Wahrheitstheorie, die man dann um so leichter der Seichtheit verdächtigen konnte. Dieses Vorurteil trifft noch am ehesten auf den großen Popularisator des Pragmatismus und Vertreter seiner psychologistischen Variante, James zu; aber selbst auf ihn nur mit erheblichen Einschränkungen [2].

Für Gehlens Pragmatismus-Rezeption spielen James und Schiller nur eine unbedeutende Rolle. Peirce wird zwar als Begründer des Pragmatismus gelegentlich erwähnt [3], sein Werk bleibt jedoch unberücksichtigt und somit ohne Einfluß auf Gehlens Konzeption. Es ist vielmehr John Deweys Spielart des Pragmatismus, die einen spürbaren Einfluß gerade auf Gehlens Auffassung vom menschlichen Bewußtsein gehabt hat.

Wenn Gehlen die Ansicht, das Bewußtsein sei geradezu als eine 'Phase der Handlung' zu definieren, als "Grundanschauung des von Peirce und James begründeten Pragmatismus" bezeichnet [4], so trifft er damit inhaltlich exakt Deweys Charakterisierung des Verhältnisses von Bewußtsein und Handeln. Denn gerade im Gegensatz zu Peirce, der das Handeln unter das Erkennen subsumiert, gilt für Dewey, wie Kempski richtig feststellt, die umgekehrte

---

1) S. dazu Apel, K.-O., Schriften I, S. 19.
2) Vergl. Kempski, J. v., Peirce und der Pragmatismus a.a.O., S. 1, der u.a. auf den semantischen Umfang des Utility-Begriffs von 'nützlich' oder 'brauchbar' bis 'wertvoll' oder 'bedeutungsvoll' aufmerksam macht. Auch Gehlen warnt mit Recht davor, den Pragmatismus nach seinen bisweilen 'handgreiflichen Formeln' zu beurteilen; s. Der Mensch (1966), S. 299.
3) Der Mensch (1966), S. 62, 294.
4) ebda., S. 62.

Beziehung: Das Erkennen wird in das Handeln einbezogen [1]. Das Erkennen aber bildet eine der Funktionen des Bewußtseins.

Wenn die von Kempski konstatierten entgegengesetzten Subsumptionen in der behaupteten Zuordnung zu den beiden genannten Pragmatisten zutreffen, so ist nach semantischen Implikationen für den jeweiligen Bewußtseinsbegriff zu fragen, d.h. es gilt die beiden abstrakten Formeln bewußtseinstheoretisch aufzufüllen. Wie weit die bisher nur unspezifisch angedeutete Übereinstimmung zwischen Gehlen und Dewey im Hinblick auf die Rolle des Bewußtseins geht, bleibt der Untersuchung über die 'Handlungsinstitution' (Kap. III. A.) vorbehalten, der die im nächsten Kapitel durchgeführte Analyse der genetischen und kategorialen Bedingungen der Konstitution des Bewußtseins und der daraus für die Thematik der Handlung folgenden Implikationen vorausgehen muß.

Ganz anders kann im Falle von Peirce verfahren werden. Seine bewußtseinstheoretisch signifikanten Aussagen sind ja ohne jeden Grundlagencharakter für Gehlens Werk und stehen darüber hinaus außerhalb des für Gehlen obligaten biologischen Begründungszusammenhangs. Die Rede von der 'pragmatistischen Komponente' zielt also auf zwei Sachverhalte. Einmal ist der faktische pragmatistische Einfluß auf Gehlens Anschauungen, wie er vor allem durch Dewey repräsentiert wird, gemeint [2]. Zum anderen aber handelt es sich um den erst zu ermittelnden und adäquat zu bemessenden Effekt anthropologisch observanter Annahmen des Pragmatismus von Peirce auf meine an Gehlen (und damit auch an Dewey) orientierten anthropologischen und insbesondere bewußtseinstheoretischen Hypothesen.

Der Pragmatismus, und das trifft im Prinzip auch auf seine ur-

---

1) S. Kempski, J. v., Peirce und der Pragmatismus, a.a.O., S. 4.
2) Nicht unwesentlich ist andererseits die Einwirkung der von Scheler als 'Semipragmatisten' bezeichneten Autoren, v.a. Nietzsches, aber auch Sorels.

sprünglichste Form bei Peirce zu, gibt sich als Spielart des erkenntnistheoretischen (gnoseologischen) Relativismus zu erkennen, für den die Ansicht von James über 'die' Wahrheit als verbindlich angesehen werden kann, die er als "vollendetes Trugbild des rationalistischen Denkens" [1] kennzeichnet. Der philosophische Relativismus hat sein anthropologisches Pendant in der skeptizistischen Attitüde. Bleibt man jedoch nicht bei diesem resignativen Agnostizismus stehen, so ist sie Ausgangspunkt für einen sekundären Dezisionismus, der nun jedoch nicht mehr naiv rationalistisch sein kann, sondern sowohl dem absolutistischen Rationalismus, der spekulativ bleibt, als auch dem ebenso absurden und außerdem logisch widersprüchlichen absoluten Relativismus [2] enträt. Der Dezisionismus, wie er hier intendiert wird, unterstellt also grundsätzlich die Möglichkeit intersubjektiv gültiger Aussagen - etwa im Sinne des positivistischen Falsifikationspostulats -, weiß jedoch um die faktische Begrenztheit durch den Relativismus.

Das dezisionistische Moment ist aber das entscheidende Merkmal, das Auskunft gibt über die relativistische Dimension eines philosophischen (auch fachwissenschaftlichen) Ansatzes. Wenn also Peirce erneut versucht, das klassische kantische Unternehmen einer Vermittlung von Rationalismus und Empirismus durchzuführen, so kann über sein Gelingen aus erkenntnis-anthropologischer Sicht nur dann etwas ausgesagt werden, wenn der hypothetische Einsatzpunkt des dezisionistischen Aktes auf dem gedachten Objektionskontinuum der Erkenntnis empirisch bestimmt wird [3]. M. a. W.: Jenseits der

---

1) James, W., Der Pragmatismus, Hrsg. v. W. Jerusalem, Leipzig 1908, S. 151.

2) Z. B. in der Form des relativistischen Eklektizismus oder Synkretismus, s. Wein, H., Das Problem des Relativismus, Berlin 1950, S. 72.

3) Bei James, Dewey oder Schiller ist die diagnostische Aufgabe naturgemäß leichter zu erfüllen, erweist sich doch bei diesen Autoren das dezisionistische Moment als erkenntnistheoretisches Basisphänomen insofern, als der utilitaristische Tenor des Wahrheitsbegriffs beabsichtigt ist.

empirisch zu ermittelnden konkreten Objektionsgrenze des pragmatischen Ansatzes ist das dezisionistische Moment aufzusuchen und als eigentlich erkenntnisrelativierendes Merkmal darzustellen. Eine Möglichkeit, das solcherart aus dem Erkenntniszusammenhang eruierte, zunächst rein formale dezisionistische Moment inhaltlich, und d.h. hier anthropologisch zu besetzen, besteht dann in einem voluntaristischen Akt, der nun den eingestandenermaßen simpleren Pragmatismus utilitaristischer Prägung in sein partielles erkenntnisanthropologisches Recht wiedereinsetzt [1].

Das ist der auf den ersten Blick etwas verschlungene Weg, der m.E. jedoch gegangen werden muß, wenn man angesichts der offensichtlichen, vielgestaltigen Relativitätsproblematik, in die sich jedes ernsthafte Erkenntnisbemühen verstrickt, zu anthropologischen Aussagen gelangen will, die die Einsicht in die 'Zeitbedingtheit' nicht nur 'jeder Lehre vom Menschen', wie Gehlen meint [2], sondern einer jeden Lehre überhaupt zur selbstverständlichen Voraussetzung haben. Führt man die Zeit als Bedingung von Erscheinungen ein, so weiß man, daß sich hinter diesem höchst abstrakten Symbol ein Komplex dynamischer Realfaktoren verbirgt, die nicht nur das jeweilige Erkenntnisinteresse leiten, sondern jede Theorie, jedes Modell und jede Methode substantiell mitdeterminieren. Die vier Relativitätsprinzipien legen davon beredtes Zeugnis ab.

Über die Bestimmung der jeweiligen Einbruchstelle im Objektionskontinuum, an der das dezisionistische Moment auftaucht, wird sich intersubjektiv niemals zwingend ein Konsensus herstellen lassen,

---

1) Dieses Vorgehen ist als Gegenstoß gegen die neuerlich verbreitete Tendenz zur Überbewertung des Peirceschen Pragmatismus gegenüber den genannten übrigen pragmatistischen Konzeptionen, vor deren erneuter 'Abwertung' Oehler (a.a.O., S. 12) warnt, zu verstehen; ein Gegenstoß, der sich aus dem Nachweis einer dezisionistischen Einbruchstelle im Objektionszusammenhang auch für den Pragmatismus von Peirce legitimiert.
2) Anthropologische Forschung a.a.O., S. 55.

zumal sich hier in schärfster Form das auswirkt, was abstrakt-symbolisch als Zeitbedingtheit angesprochen wurde. Daß jedoch mit dem dezisionistischen Moment in jedem Falle gerechnet werden muß, darf als Einsicht gelten, die eine erkenntnistheoretische Grundhaltung, die sich jenseits des dogmatischen Rationalismus weiß, und die ja auch den unterschiedlichsten erkenntnistheoretischen Positionen, wie sie z. B. im Neopositivismus und in der kritischen Gesellschaftstheorie zum Ausdruck kommen, zugrunde liegt, nicht mehr preisgibt.

Ich nenne diesen Ansatz der Überprüfung von Aussagen auf ihre Geltungsrelevanz die "Methode der erkenntnisanthropologischen Diakrise". Sie ist Ausdruck des philosophischen Relativismus, der in vollständiger Dimensionierung vierstrahlig auftritt, i. e. als Komplex der vier Relativitätsprinzipien [1]. Wird die Aussagenkette jenseits der diagnostizierten Einbruchstelle fortgesetzt, so handelt es sich im Falle desselben Autors um eine unwillkürliche Geltungstranszendenz, im Falle des Diakritikers um einen transzendent-pragmatischen Dezisionismus in Richtung auf einen Voluntarismus in der Weise der erwähnten Relativierung auf die humane Funktion, und zwar im Sinne eines humanen Ethos, das die Auseinandersetzung mit Gehlens kritischem Begriff der 'Moralhypertrophie' nicht zu scheuen braucht. Dazu später mehr.

Um es zusammenfassend und vorgreifend mit dem begrifflichen Auxiliar der 'Reziprozität der Perspektiven' (Th. Litt [2]) auszudrücken: Die erkenntnisanthropologische Diakritik sucht die Ethik

1) Zur Erinnerung sei angemerkt, daß es sich um die in der Einleitung entwickelten Prinzipien der gnoseologischen, soziolinguistischen, noosoziologischen und ideologischen Relativität handelt.

2) Dieser Ausdruck wird von Theodor Litt, Individuum und Gemeinschaft, Berlin 1926, bes. S. 248 in etwas anderer Weise, u. zw. soziologisch verwendet. Er dient dort zur Kennzeichnung der 'sozialen Verschränkung' von individuellem und Gesamterleben.

zu theoretisieren und die Theorie zu ethisieren. Das ist nicht mehr und nicht weniger als das, was philosophische Anthropologie immer thematisiert.

Sieht man sich nach wie vor verpflichtet, den Pragmatismus Jamesscher, Deweyscher und Schillerscher Provenienz - den ich, im wahrheitstheoretischen Bezug Kongenialität unterstellend, als pluralistischen gegen den letztlich eschatologischen [1] Pragmatismus von Peirce abgrenze - gegen den Vorwurf in Schutz zu nehmen, das Moment der subjektiven Nützlichkeit zum erkenntnistheoretischen Dogma hypostasiert zu haben, so ist man im Hinblick auf den Pragmatismus von Peirce dieser Sorge seit seiner neuerlichen kritischen Rezeption enthoben.

Worin besteht nun aber der erkenntniskritische Ansatz von Peirce? Damit ist zugleich die Frage nach dem Stellenwert des philosophischen Relativismus innerhalb des pragmatistischen Konzepts gestellt. Schließlich knüpft sich daran die Verortung der dezisionistischen Einbruchstelle sowie die Konstatierung der implikativen voluntaristischen Transzendenz. Die 'pragmatische Maxime' der Sinnklärung soll, da sie den vielleicht zentralsten methodischen Kristallisationskern im Konfigurationszusammenhang der Peirceschen 'Architektonik' ausmacht, als erkenntnistheoretische Resultante pragmatistischer Bewußtseinsphilosophie in den Vordergrund der erkenntnisanthropologischen Voruntersuchung gestellt werden. Von ihr aus ließe sich zentrifugal die gesamte pragmatistische Konzeption, sowohl systematisch als auch genetisch (retrospektiv und prospektiv) entwickeln.

Aus erkenntnisanthropologischer Sicht mag ein kurzer, systematischer Aufriß genügen. Die pragmatische Maxime, die Peirce in

---

1) Der Wahrheitsbegriff von Peirce ist realiter ebenfalls pluralistisch, bezielt idealiter jedoch einen (eschatologischen) Konsensus 'in the long run'.

dem 1878 erschienenen Aufsatz "How to make our ideas clear" einführt, lautet in der Übersetzung Oehlers: "Überlege, welche Wirkungen, die denkbarerweise praktische Bezüge haben könnten, wir dem Gegenstand unseres Begriffs in Gedanken zukommen lassen. Dann ist unser Begriff dieser Wirkungen das Ganze unseres Begriffs des Gegenstandes" [1]. Diese Definitionsregel, in der nach komprimiert-pointierter Formulierung "der Begriff eines Dinges ... mit dem in der Vorstellung antizipierten Begriff der Wirkungen des Dinges gleichgesetzt" wird [2], geht qualitativ über die traditionellen, an Descartes orientierten Bestimmungen der 'Klarheit' und 'Distinktheit' hinaus und zielt auf die "Erreichung eines höheren Klarheitsgrades" des Erfassens [3]. Die Definitionsregel fungiert - und damit gewinnt sie ihre eigentliche pragmatistische Dignität - notwendig als Instrument der Analyse möglichen Handelns, denn Fürwahrhalten (belief) bedeutet für Peirce vor allem "die Festlegung einer Regel des Handelns" [4]. M. a. W.: "Das Wesen des Fürwahrhaltens ist die Einrichtung einer Gewohnheit, und verschiedene Fürwahrhaltungen unterscheiden sich durch verschiedene Handlungsweisen, die sie veranlassen" [5]. Die These von der Determination des Verhaltens durch das Denken qua Gewohnheit

---

1) S. Oehler, K., a. a. O., S. 63. Eine signifikante semantische Differenz zwischen den Übersetzungen von Oehler und Apel (Schriften I a. a. O., S. 339) ist nicht gegeben, da begriffliche Unterschiede sich auf die Verwendung austauschbarer Vokabeln (Quasi-Synonyma) beschränken. Die Originalformulierung lautet: "Consider what effects, that might conceivably have practical bearings, we conceive the object of our conception to have. Then, our conception of these effects is the whole of our conception of the object" (in: Oehler, K., a. a. O., S. 62).

2) S. Oehler, K., a. a. O., S. 34. Der Dingbegriff erstreckt sich dabei auf den gesamten Bereich möglicher Objizierung.

3) Der von Peirce postulierte 'dritte Klarheitsgrad' ebda., S. 47.

4) ebda., S. 54 f.

5) ebda., S. 55.

(habit) ist Ausdruck der eigentümlichen Konvergenz von Geltungs- und Handlungstheorie, die detaillierter Explikation bedarf.

Zumindest scheint somit Kempskis These, für den geltungstheoretischen Ansatz von Peirce sei die Einbeziehung des Handelns in das Erkennen konstitutiv, bestätigt. Dennoch bedeutet diese partiell richtige Feststellung eine perspektivische Verzerrung des Sachverhaltes in seiner Gesamtheit, denn mit ihr ist nur eine Relationsebene von Handeln und Denken (Fürwahrhalten) begriffen. Es ist die Determinationsebene, auf der Fürwahrhalten intentional auf die Handlungsregulierung gerichtet ist. Auf der anthropobiologischen Elementarebene dagegen erweist sich das Fürwahrhalten zunächst einmal als Handlungsphänomen des psycho-physischen Aktzentrums. Tatsächlich spricht Peirce ebenso vom Denken als Handlung (action), wie auch vom Denken (Fürwahrhalten) als Regel fürs Handeln (rule for action); und erst, nachdem sich Denken als Handlung formiert hat, kann es seine Funktion wahrnehmen, "Gewohnheiten des Handelns zu erzeugen" [1].

Hat man sich der logischen Priorität des Handlungscharakters von Denken einmal versichert, so kann man diesen anthropobiologischen Aspekt so lange vernachlässigen, als es legitim erscheint, der von Peirce ausdrücklich bevorzugten Blickrichtung von Denken auf mögliches Handeln und damit auch auf zukünftiges Denken (Erkenntnisprogreß) methodisch isoliert, und d.h. letztlich voranthropologisch zu folgen.

Für die Klärung der Relation von Denken und Handeln sind weiterhin einige Anmerkungen aufschlußreich, auf die Peirce zur Vermeidung der Mißdeutung der pragmatischen Maxime großen Wert legt. Die Anwendung von Denken auf Handeln in der durch die pragmatische Maxime angedeuteten Weise dürfe keineswegs mit der An-

---

1) Vergl. dazu die Ausführungen von Peirce in: Oehler, K., a.a.O., S. 53-59.

sicht identifiziert werden, "daß das Denken, im Sinne des Bedeutungsgehaltes von Symbolen, in Handlungen bestehe oder der wahre und letzte Zweck des Denkens Handeln sei" [1]. Ein kursorischer Hinweis in Hinblick auf die zweite Aussage des soeben zitierten Satzes möchte ich vorwegnehmen, bevor die Implikationen der ersten These behandelt werden. Die Frage, ob die Peircesche Frontstellung gegen die mögliche Ansicht, der 'Endzweck' des Denkens sei Handeln, letztinstanzlich durchschlagend ist, wird sich erst erweisen, wenn die Zweckfrage unter der Ägide der Gehlenschen Entlastungskategorie auf ihre bionomische Relevanz abgeklopft worden ist. Möglicherweise birgt diese Fragestellung allerdings ein unvermeidliches Metaphysikum, womit ein transzendent-pragmatischer Akt notwendig würde [2].

Die vorübergehend verlassene Gedankenführung wiederaufnehmend ist zu konstatieren, daß Handlungen also nicht die 'Interpretation eines Symbols' (Begriffs) ausmachen können [3]. Daraus folgt, daß ein erkenntnistheoretischer Relativismus in der Weise einer Relativierung (Relationierung) von Erkennen auf Handeln - wobei das Handeln das Bewährungskriterium für das Fürwahrhalten abgeben würde -, wie man ihn prima facie hinter einer sich selbst pragmatistisch nennenden Konzeption vermuten würde, bei Peirce gerade nicht vorliegt. Der Relationismus ist vielmehr gegenläufig, d.h. er impliziert die beschriebene Handlungsrelevanz schlußfolgernden Denkens (forschungslogischer Determinationszusammenhang).

Vor einem Abgleiten in einen vulgärpragmatistischen, praktikalistischen Relativismus bewahrt Peirce der 'universalienrealistische Kantianismus' [4], d.h. sein Bekenntnis zu Kant "im Sinne der Einschränkung aller Begriffsgeltung auf mögliche Erfahrung" [5]. Ande-

1) ebda., S. 67.
2) Siehe dazu den Lösungsversuch Kap. III. A. 2.
3) So Peirce in: Oehler, K., a.a.O., S. 65.
4) Vergl. dazu: Apel, K.-O., Schriften I, S. 30 ff.
5) ebda., S. 31.

rerseits steht Peirce nicht an, das gnoseologische Relativitätspostulat zu negieren, beruht doch sein 'sinnkritischer Realismus' (Apel) nicht zuletzt auf einer Zurückweisung der Ansprüche traditioneller metaphysischer Positionen. Kennzeichnend für seine Stellung zur Relativismusproblematik ist vielmehr die Behauptung des 'Fallibilismus' aller synthetischen Urteile und damit aller wissenschaftlichen und philosophischen Aussagen [1]. Konsequent angewandt bedeutet das Fallibilitätsprinzip jedoch nicht die definitive Beliebigkeit von Meinungen im Sinne einer wahrheitsirrelevanten doxologischen Pluralität, sondern die Unterworfenheit aller einen Erkenntnisanspruch erhebenden Meinungen unter die 'Erfahrungskontrolle'. Die Methode der Interpretation und der Kontrolle von Meinungen beruht auf dem Glauben an die Möglichkeit der 'experimentellen Verifikation' [2], die ihrerseits nur durchführbar ist, wenn, wie es bei Peirce geschieht, "die Geltung der synthetischen Schlußverfahren 'in the long run'" als "schlechthin a priori und mit transzendentaler Notwendigkeit vorausgesetzt" wird [3]. Die antirelativistische Tendenz der Peirceschen Wahrheitsdefinition äußert sich vornehmlich darin, daß sie "jeder denkbaren Erfahrungsrelativität die Kraft des schlußfolgernden Denkens 'in the long run' entgegengesetzt" [4]. Das kontinuierliche schlußfolgernde Denken führt - permanent experimentell kontrolliert - idealiter zu einer 'ultimate opinion', in der 'Realität' wahr gedacht wird.

Eine solche Wahrheitstheorie enthält, wie Oehler mit Recht hervorhebt, eine 'eschatologische Ontologie' [5]; u. zw. gleichgültig, ob man, wie E. C. Moore glaubt, Peirces "Indefinite Community of Investigators" als Garanten der Wahrheitsfindung mit einer

---

1) Es sei nur angemerkt, daß der soziolinguistische Relativismus auch vor der Frage nach dem fallibilistischen Charakter analytischer Urteile nicht haltmacht.
2) S. Oehler, K., a. a. O., S. 20.
3) Apel, K.-O., Schriften I, S. 76 f.
4) ebda., S. 122.
5) Oehler, K., a. a. O., S. 15.

'endlichen Menschheit' identifiziert, oder ob man eine solche 'grobe Vereinfachung' ablehnt, da sie die für Peirce "zentrale Dialektik von 'Commonsensism' und Infinitismus" [1] zerstöre.

In jedem Falle verweist die Peircesche Wahrheitstheorie, wenn man den Rückzug auf eine theistisch begründende Position vermeidet, auf ein anthropologisch-eschatologisches Moment, wie es ähnlich auch in Mannheims anthroposoziologischer Geltungstheorie im Zusammenhang mit der Rollenzuweisung an die Intellektuellen im Bereich der Erkenntnis anklingt.

Im Hinblick auf das Relativitätssyndrom ist festzuhalten, daß zwei Ausnahmen vom Fallibilitätspostulat gemacht werden. Einmal handelt es sich um die durchgehaltene Behauptung der objektiven Geltung der Wahrheit als Ziel des infiniten Erkenntnisprogresses. Zum anderen ist es die These von der Infallibilität des Prinzips von der Fallibilität selbst. Der Fallibilismus als relativistische Komponente par excellence scheint somit zur crux des Pragmatismus wie des Relativismus zu werden. Es ist jedoch durchaus möglich das Fallibilitätsprinzip zu retten, wenn man die o. a. Argumentation gegen den absolutistischen Relativismus in Anschlag bringt.

Die beobachtete eschatologische Duplizität, in der das spekulative Moment ontologisch und anthropologisch zum Ausdruck kommt, gibt die objektive dezisionistische Einbruchstelle auf dem pragmatistischen Objektionskontinuum an. In der Limitation der wahrheitstheoretischen Dimension auf den "Funktionskreis zweckrationalen Handelns" sehe ich mit Habermas [2] ein positivistisches Vorurteil, das ebenfalls auf die dezisionistische Einbruchstelle verweist.

Wenn man davon ausgeht, daß eine Theorie oder Methode im Prinzip um so leistungsfähiger ist, je remoter von der Nullaussage das dezisionistische Moment angesetzt wird, so könnte der durch Einbe-

---

1) S. dazu: Apel, K.-O., Schriften I, a. a. O., S. 30, Anm. 27.
2) Erkenntnis und Interesse, Frankf./Main 1968, S. 153 ff.

ziehung des Komplexes des irrationalen Handelns revidierte Pragmatismus von Peirce eine Steigerung der Aussagefähigkeit erwarten lassen. Die Wahrheitstheorie von Peirce liefert immerhin eine Forschungslogik, die bei Gehlen gar nicht versucht wird. Es kann dann die Konfrontation der Peirceschen Forschungslogik mit der anthropologischen Bewußtseinstheorie Gehlens in eine Höherstilisierung des bewußtseinstheoretischen Gesamtthemas im Sinne einer Distanzierung der dezisionistischen Einbruchstelle einmünden, wobei die Erweiterung des Handlungsthemas auf irrationales Handeln Grundlagencharakter annimmt.

Die Legitimation jeder Theorie und Methode erhellt letztlich aus dem zugrunde liegenden Erfahrungsbegriff. Erfahrung als primäres Evidenzkriterium ist geltungstheoretisch unverzichtbar. Diese Einsicht sollte allerdings nicht zu einer Hypostasierung dahingehend führen, die Psychologie als die "Wissenschaft der Wissenschaften" überzubewerten [1]. Es muß aber deutlich werden, daß der Begriff der Erfahrung eine mindestens punktuelle Konstanz bzw. Stabilität von Erscheinungen (auch von Erkenntnissen) und von kommunikativer und aktioneller Intersubjektivität notwendig voraussetzt.

Das ist die Grenze des Erfahrungsbereichs, die auch durch eine radikale Erkenntniskritik nicht transzendiert werden darf, wenn diese sich nicht selbst ad absurdum führen will.

---

1) So bei: R.D. Laing, Phänomenologie der Erfahrung, Frankf./ Main 1969, S. 12.

II. Der Handlungscharakter des Bewußtseins

Die organische Sonderstellung des Menschen in der Natur läßt sich auf biologisch-elementarer Basis, ohne die philosophische Anthropologie "leer" wäre [1], ex definitione nur aus dem Mensch-Tier-Vergleich begreifen. Das hatte bereits Scheler klar gesehen und Gehlen folgt ihm ausdrücklich auf diesem Weg [2]. Wenn er jedoch diesen Vergleich zum methodischen Ausgangspunkt macht, so geht es ihm - wie übrigens auch Bergson - im Gegensatz zu Scheler vor allem darum, ein 'durchlaufendes Strukturgesetz' als anthropospezifisch nachzuweisen. Damit ist die Annahme eines Stufenschemas 'seelischer Wesensformen' vom Gefühlsdrang über den Instinkt bis hin zur (praktischen) Intelligenz, wie es bei Scheler als Repräsentation der Stufenfolge des 'psychophysischen Seins' vorgeführt wird, unvereinbar [3]. Auch ist der Mensch-Tier-Vergleich nicht etwa so gemeint, daß im vulgärdarwinistischen Sinne eine direkte Ableitung des Menschen vom Tier behauptet oder versucht wird. Gehlen warnt im Gegenteil davor, auf diese Weise den "eigentlich anthropologischen Gedankenkeim" zu "verschütten" [4]. Sein 'anthropologisches Schema' stellt eine Art strukturell-funktionalen Rahmen zur Entwicklung der Hypothese vom 'Sonderentwurf' des Menschen dar. Unter strukturellem Gesichtspunkt erfolgt die Analyse der Sonderstellung in morphologischer Hinsicht. Diesem im engeren Sinne biologischen Ansatz, der den Menschen als organisches Mängelwesen problematisiert, steht ergänzend und parallel laufend eine im weiteren Sinne ebenfalls biologische Betrachtung gegenüber, deren Objekt der Vollzug 'höherer' Funktionen (Phantasie, Sprache, Denken usw.)

---

1) Umgekehrt wäre Anthropobiologie ohne philosophisch-kritisches Korrektiv 'blind', wie man unter Anwendung der bekannten kantischen Analogie festhalten kann.
2) Anthropologische Forschung, a.a.O., S. 17.
3) S.: M. Scheler, Kosmos, pass., Gehlen, A., Der Mensch (1966), S. 22 ff. u. 26 f.
4) Der Mensch (1966), S. 15.

ist [1]. Es ist kaum nötig darauf hinzuweisen, daß beide Reihen der Analyse in der Kategorie der Handlung konvergieren.

Im Hintergrund der Kategorialanalyse steht die schlechthin grundlegende anthropobiologische Fragestellung nach den Existenzbedingungen [2]. Die Bedingungen der Möglichkeit der Existenz des Menschen unter Berücksichtigung seiner spezifischen Konstitution aufzuzeigen, ist die zentrale Aufgabe einer jeden biologischen Anthropologie. Die kulturanthropologische Dimension einer philosophischen Anthropologie kann in legitimer Weise ebenfalls in den Dienst dieses grundlegenden Problemabrisses gestellt werden, wie das bei Gehlen geschieht, so daß Fr. Jonas Gehlens Institutionenlehre richtig als den "Versuch einer Naturlehre der Institutionen" charakterisieren kann [3]. Daß jedoch damit eine genuin philosophische Anthropologie ihre Aufgabe noch nicht erfüllt hat, sei hier nur noch einmal angemerkt.

II. A. Anthropobiologische Grundlagen

II. A. 1. Der morphologische Gesamthabitus

Die spezifische Differenz, die den Menschen morphologisch von den höchsten rezenten Primaten (Pongiden) unterscheidet, läßt sich nur negativ bestimmen, vorausgesetzt man folgt in der Argumentation der Richtung der natürlichen Evolution. Bei allem gebotenen Vorbehalt gegenüber der biologischen Theorie der Evolution kann man doch einige ihrer grundlegenden Aussagen als gesichert bezeichnen. Zu diesen nach Maßgabe des Popperschen Wahrheitskriteriums gesicherten Aussagen gehören die elementaren Feststel-

---

1) Der Mensch (1966), S. 18 f.
2) a. a. O., S. 16.
3) S.: Fr. Jonas, Die Institutionenlehre Arnold Gehlens, Tübingen 1966.

lungen der Deszendenztheorie. Danach ist der Prozeß der Höherentwicklung der Organismen das Ergebnis der Gesamtheit der Wirkungen der Evolutionsfaktoren. Sie manifestiert sich in der Herausbildung organischer Spezialisierungen, die sich als Anpassungen an jeweilige vorgegebene Umwelten ausweisen. Hinter dieser globalen Feststellung verbirgt sich ein höchst komplizierter Sachverhalt, der sich zum Zwecke dieser Untersuchung allerdings etwas vereinfacht darlegen läßt.

Die Spezialisierung von Organen, die nach der Dollo'schen Regel übrigens unumkehrbar ist [1)], kann, wenn man einmal etwas simplifizierend zwei Hauptfaktoren der Evolution, Mutation und Selektion, annimmt [2)], nur die Folge von Mutationen sein. Würde man der Selektion als dem zweiten evolutiven Hauptfaktor einen Einfluß auf die Organspezialisierung einräumen, so wäre das eine untragbare Rehabilitierung des mit Recht überwundenen Lamarckismus. Andererseits erhält die Evolution erst durch den Prozeß der natürlichen Auslese, deren bestimmende Faktoren an dieser Stelle nicht untersucht zu werden brauchen, ihre Richtung. Die Selektion ist der 'postmutative' richtunggebende Faktor der Evolution [3)]. Mutationen sind dagegen richtungslos, zufällig, selten und außerdem in ihrer Mehrzahl schädlich (Letalmutationen). Selektion im Hinblick auf die Beschaffenheit und Eignung von Organen zur Arterhaltung bedeutet die umweltgesteuerte Auslese solcher Organismen, deren Organisation in mindestens lebensfähiger Weise auf den Bedingungskomplex der Umwelt spezialisiert sind. Minutiöse Beschreibungen

1) S. dazu Siegmund, G., Tier und Mensch, Frankf./Main 1958, S. 61.
2) Eine etwas differenziertere Betrachtung berücksichtigt mindestens die folgenden vier Faktoren: Mutation, Genfluß, Neukombination der Erbfaktoren und Selektion. S. Rensch, B., Homo Sapiens. Vom Tier zum Halbgott, 3. verm. u. veränd. Aufl., Göttingen 1970, S. 18 u. 27.
3) Vergl. dazu: Heberer, G., Allgemeine Abstammungslehre, Göttingen 1949, S. 86 f. u. Evolution und Hominisation. Festschrift zum 60. Geburtstag von Gerhard Heberer, Stuttgart 1962, S. 21 ff.

solcher Spezialisierungen finden sich in zahlreichen biologischen Darstellungen.

Die These, daß das Tier, ganz gleich welcher Organisationshöhe, in seine Umwelt eingepaßt ist, wofür seine spezifischen Organspezialisierungen morphologischer Ausdruck sind, kann heute kaum noch ernsthaft angezweifelt werden [1]. Nimmt man jedoch die Spezies Mensch von der hohen organischen Spezialisiertheit der ihm nächst 'verwandten' Tierarten her in den Blick, so fällt die eigentümliche organische Unspezialisiertheit des Menschen auf. Hand und Gebiß sind besonders auffällige Paradigmatata dieser Erscheinung. Die Konstatierung des offensichtlichen Mangels an hochspezialisierten Organen läßt nun auch deutlich werden, warum sich die spezifische Differenz zwischen Mensch und Tier morphologisch im Hinblick auf den Menschen nur negativ bestimmen läßt. Negative Bestimmung kennzeichnet hier zunächst einmal nur die Abwesenheit von etwas, d.h. das Nichtvorhandensein hochspezialisierter umweltangepaßter Organe. Dieser Sachverhalt wird von Gehlen unter Hinzuziehung zahlreicher biologischer Hypothesen mit großer Sorgfalt belegt. Es kann hier lediglich eine kurze Aufzählung der charakteristischen anthropospezifischen Merkmale und Eigenschaften vorgeführt werden:

Die eigentlichen Primärmerkmale des Menschen wie Orthognatie, Unbehaartheit, Pigmentverlust, Bau von Hand und Fuß, hohes Gehirngewicht, Form des Beckens u.a. werden als Organprimitivismen, d.h. als "permanent gewordene fötale Zustände oder Verhältnisse" gekennzeichnet [2]. Der gemeinsame Zug dieser wichtigsten

---

1) Auch partielle organische Fehlentwicklungen wie z.B. unvorteilhafte Exzessivbildungen (u.a. Stoßzähne des Elephanten) können nicht als Gegenbeweis dienen, da sie dem "korrelativen Gefüge des (seinerseits angepaßten, d.V.) Gesamtkörpers einbezogen" sind. S. Rensch, B., Homo sapiens, a.a.O., S. 27 u.ö.

2) S. Gehlen, A., Der Mensch (1966), S. 102.

Körpermerkmale des Menschen besteht nach Bolk-Schindewolf-Gehlen in der 'Unspezialisiertheit', der 'Primitivität' und dem "nachweislichen Konservativismus von embryonalen Merkmalen" und beruht auf der evolutionären 'Retardation' (Bolk) bzw. 'Proterogenese' (Schindewolf). Die Feststellung dieser in der Biologie auch als Neotenie bezeichneten stammesgeschichtlichen Eigentümlichkeit geht auf die Beobachtung zurück, daß die genannten organischen Sondermerkmale des Menschen in der Ontogenese der Primaten ebenfalls auftreten, im Verlaufe der Fötalentwicklung jedoch überwunden und durch besondere Spezialisierungen 'abgelöst' werden [1]. Die eigenartige anthropospezifische Entwicklungshemmung steht außerdem in engstem Konnex mit der die menschliche Ontogenese kennzeichnenden 'physiologischen Frühgeburt', die Portmann so beschreibt: "Nach einem Jahr erlangt der Mensch den Ausbildungsgrad, den ein seiner Art entsprechendes echtes Säugetier zur Zeit der Geburt verwirklichen mußte" [2]. Am Ende dieses 'extra-uterinen Frühjahrs' sind dann bereits im Prozeß der primären Sozialisation spezifisch menschliche Leistungen (v. a. der Spracherwerb) im Ansatz verwirklicht, auf die die tierische Organisation gerade wegen ihrer Umweltangepaßtheit gar nicht angelegt ist.

Der bereits in seiner Unvollständigkeit recht eindrucksvolle Katalog organischer Mängel [3], die den Menschen im Vergleich zum Tier im Hinblick auf die Höhe der organischen Spezialisation recht stiefmütterlich ausgestattet erscheinen lassen, hat nun Gehlen im Anschluß an und unter Berufung auf Herder veranlaßt, vom Menschen als einem 'organischen Mängelwesen' zu sprechen [4]. Diese

---

1) Vergl. a. a. O., S. 102 f.
2) Portmann, A., Zoologie und das neue Bild vom Menschen, Hamburg 1956, S. 49; Zum Begriff 'extrauterines Frühjahr' s. a. a. O., S. 68 ff.
3) Weitere Merkmale bei Gehlen, A., a. a. O., S. 102 und bei Bolk, L., Das Problem der Menschwerdung, Jena 1926.
4) S. Der Mensch (1966), S. 73 ff. u. ö.

Charakterisierung des Menschen hat das Mißfallen mancher Autoren erregt [1], obwohl sich Gehlen bereits in der 4. Aufl. seiner Anthropologie (1950) in einer kurzen Auseinandersetzung mit H. Freyer eher zurückhaltend für diese Bezeichnung eingesetzt hat. Es handelt sich seiner Auffassung nach nicht etwa um einen 'Substanzbegriff', sondern nur um eine Bezeichnung von 'transitorischem Wert', die lediglich die 'Sonderstellung' des Menschen in "enger, morphologischer Hinsicht (..) markiert" [2]. Wurde bisher dem präsumptiven Gang der Evolution folgend argumentiert, so braucht man nur, wie es häufig geschieht, die Argumentationsrichtung umzuwenden, um dann umgekehrt, d.h. vom Endzustand aus das, was bisher als Mangel angesprochen wurde, als Vorzug zu sehen. Verkürzt man sich die heuristische Perspektive jedoch von vornherein, indem man nur die zweite Betrachtungsweise für anthropologisch legitim hält, so verstellt man sich den Blick für das , was ausschließlich verbindliche Auskunft über die morphologische Eigenart des Menschen geben kann: Den Mensch-Tier-Vergleich [3]. Nicht Alternativität sondern Komplementarität der methodischen Perspektiven ist zu fordern.

Gelegentlich beruht die Ablehnung des Begriffs 'Mängelwesen' zur Charakterisierung der morphologischen Eigenart der Spezies Homo auf Mißverständnissen, so z.B. bei Mühlmann auf einer falschen semantischen Assoziation, wenn er betont, daß man "vom Stand-

---

1) Schon Herder als Schöpfer der These sah sich scharfer Kritik, bes. durch seinen Lehrer Hamann ausgesetzt; vergl. dazu: Hamann, J.G., Schriften zur Sprache, Hrsg. v. J. Simon, Frankf./Main 1967, S. 40.
2) Der Mensch (1966), S. 20.
3) M. Landmann (Philos. Anthropologie, a.a.O., S. 194 f.) lehnt den Tier-Mensch-Vergleich gänzlich ab; damit kann er den Menschen nur noch metaphysisch und kulturanthropologisch deuten, die anthropobiologische Dimension geht ihm dagegen verloren. Welche Bedeutung die vergleichende Betrachtungsweise in den letzten Jahren gewonnen hat, zeigt die Herausbildung einer eigenen damit befaßten Disziplin (Ethologie).

punkt der körpertechnischen Leistungen unserer Sportler, Akrobaten und Virtuosen aus" nicht den Eindruck haben könne, der Mensch sei ein 'Mängelwesen' [1]. Daß eine solche Vielfalt von Fähigkeiten zumindest rudimentär in jedem Menschen angelegt ist, macht ja gerade seine Unspezialisiertheit als Kontrapunkt zu den einseitigen Spezialisierungen des Tieres aus. Vielleicht wäre es zur Vermeidung solcher und ähnlicher Mißverständnisse überhaupt besser, einen neutraleren, weniger provokativen Begriff zu wählen. Man könnte terminologisch den Schwerpunkt auf die Unspezialisiertheit legen, ohne dabei das alternative Präjudiz eines Mangels oder Vorzugs zu forcieren. Der Begriff der Unspezialisiertheit scheint mir den Vorteil zu haben, den Kontrast zur sekundären Spezialisierung in der technischen Arbeitswelt zu betonen. Hier droht dem Menschen in der Spätphase seiner zivilisatorischen Entwicklung allerdings zunehmend ein Ausmaß an Spezialisierung, das der biologischen Anlage zur Unspezialisiertheit Hohn spricht. Nicht nur diese kontrastive Einschränkung ist mitzubedenken. Es ist vielmehr außerdem zu berücksichtigen, daß die Charakterisierung des Menschen durch den Merkmalsbegriff der Unspezialisiertheit selbst in enger morphologischer Betrachtung nur zum Teil richtig ist, wie sich im Verlaufe der Untersuchung herausstellen wird.

Nicht nur Mißverständnisse führen zur Verwerfung der Gehlenschen 'Mängeltheorie': Nicht jeder vermag Gehlen zu folgen, wenn er die Kompensation der organischen Unspezialisiertheit des Menschen ausschließlich im Sinne der Lebenserhaltung sieht [2]. Auch im Hinblick auf den Versuch zur Erklärung der menschlichen Phylogenese

---

1) S. Mühlmann, W.E., Umrisse und Probleme einer Kulturanthropologie, in: Kulturanthropologie, Hrsg. W.E. Mühlmann, E.W. Müller, Köln, Berlin 1966, S. 28.

2) Zu der damit angeschnittenen Frage einer Transzendierung des Postulats der reinen Lebenserhaltung bzw. zum Problem der 'Hypertelie', wie Portmann diesen Sachverhalt kennzeichnen würde, s. Kap. III. A. 2.

erweist sich der Begriff des Mängelwesens als höchst problematisch. N. Hartmann spricht von einer 'ernsten Aporie' [1], die sich bei der Frage auftue, wie denn ein solches, von zahlreichen organischen Mängeln behaftetes Wesen überhaupt entstehen konnte. Wenn es sich trotzdem bei Gehlen nicht um ein biologisches proton pseudos handele, so deshalb, weil, wie Hartmann richtig bemerkt, Gehlen gar keine explizite phylogenetische Ursprungstheorie liefern will, dieses Ansinnen sogar ausdrücklich zurückweist [2]. Die Aporie der stammesgeschichtlichen Entstehung eines unspezialisierten und damit unangepaßten Wesens bleibt selbstverständlich bestehen. Es wird darauf zurückzukommen sein, nachdem noch einmal die These von der Organspezialisierung beim Tier und der korrelativen Unspezialisiertheit beim Menschen auf ihre Implikationen hin untersucht worden ist.

Die Erörterung des Evolutionsfaktors Mutation in Verbindung mit dem Selektionsprozeß hatte gezeigt, daß Organspezialisierungen, die den Bedingungen der Umwelt adäquat sind, einen existenzentscheidenden Auslesevorteil besitzen. Die Differenzierung und Spezialisierung von Organen gilt dabei als biologisch-genetisch gesetzmäßig, wenn auch in ihrem Modus als zufällig und primär richtungslos. Daß Mutationen Organspezialisierungen hervorbringen, darf als biologisch-empirischer Allsatz bezeichnet werden: Zumindest ist kein stammesgeschichtlich bedeutsames Faktum bekannt, das zur Falsifikation dieser Hypothese herangezogen werden könnte. Die Falsifikation eines empirischen Allsatzes geschieht im Gegensatz zu der eines empirischen Einzelfall-Satzes außerdem nicht be-

---

1) Hartmann, N., Neue Anthropologie in Deutschland. Betrachtungen zu Arnold Gehlens Werk "Der Mensch, seine Natur und seine Stellung in der Welt" Blätter für deutsche Philosophie, Bd. 15 (1941/42), S. 172.
2) S. Hartmann, N., a.a.O., S. 172 f.; Vergl. auch Gehlens Kritik an der klassischen Deszendenztheorie in: Der Mensch (1966), S. 87 f., 123 f.

reits durch ein einziges Gegenbeispiel, sondern erst, wenn "die Gegenbeispiele selbst mit Gesetzmäßigkeit auftreten" [1].

Das Phänomen der organischen Spezialanpassung, in Form eines empirischen Allsatzes ausgedrückt, erhält die folgende Fassung: Alle Lebewesen sind organspezialisiert. Nach dem vorangestellten methodischen Hinweis gilt dieser empirische Allsatz als falsifiziert, wenn ein disjunktives empirisches Gesetz dagegensteht. Das wäre der Fall, wenn der folgende empirische Allsatz als nicht falsifiziert gilt: Alle Menschen sind organunspezialisiert. Das ist dann der Punkt, wo in den Begründungszusammenhang die Hypothese vom "einmaligen Sonderentwurf der Natur" eingeführt wird, dem der Mensch laut Gehlen seine Entstehung und seine Stellung im Naturganzen verdankt. Der Vergleich von Organspezialisierungen bei Tier und Mensch, der nur zu leicht den Eindruck der Mangelhaftigkeit der organischen Ausstattung des Menschen hervorrufen kann, darf jedoch nicht die Einsicht verdecken, daß das Auffinden einer einzigen Spezialisierung beim Menschen die Falsifikation des Satzes von der durchgehenden Organspezialisierung abweisen würde. Allerdings müßte es sich um eine entwicklungsgeschichtlich essentielle Spezialisierung handeln, da sich mit sekundären Bedeutsamkeiten ein (biologisch-) empirischer Allsatz nicht sinnvoll konzipieren läßt. Zweifellos ist das menschliche Gehirn eine solche stammesgeschichtlich hochbedeutsame "sehr greifbare morphologische Spezialanpassung" [2]. In diesem Sinne kann Siegmund den Menschen

1) So Juhos, B., Die methodologische Symmetrie von Verifikation und Falsifikation, in: Zs. f. allg. Wissenschaftstheorie, Bd. 1 (1970), S. 56.

2) Lorenz, K., Psychologie und Stammesgeschichte, in: Vom Weltbild des Verhaltensforschers, a.a.O., S. 69. Ebenso Eibl-Eibesfeld, I., Grundriß der vergleichenden Verhaltensforschung, München 1967, S. 445; Eibl-Eibesfeld kritisiert Gehlens Mängeltheorie auch noch aus anderen Gründen als 'einseitig'. So sei z.B. die erwähnte Haarlosigkeit nicht als Defizienz, sondern als Merkmal echter Anpassung zu werten.

als 'Gehirnspezialisten' charakterisieren [1]. Das Sprachvermögen, d. h. die potentielle Sprachlichkeit verweist als die entscheidende anthropospezifische Konstante exemplarisch auf diesen Sachverhalt.

Die Tatsache der extraordinären Gehirnentwicklung beim Menschen, die in dem besonders hohen Wert der Enzephalisationskonstante [2] zum Ausdruck kommt, wird nun gerade auch von Gehlen hervorgehoben. Er wendet sich jedoch dagegen, die menschliche Kephalisation als Spezialisierungserscheinung zu deuten [3]. Dafür führt er zwei Gründe an. Einerseits sei es irrig anzunehmen, eine hohe Kephalisation könne über jedem beliebigen 'Unterbau' vorgestellt werden. Hierin ist Gehlen unbedingt zuzustimmen, läßt sich doch seine These mit Hilfe der Spezialisierungsregel und der Dollo'schen Regel stützen. Die letztere, die die Irreversibilität von Organspezialisierungen behauptet, braucht in diesem Zusammenhang nicht weiter erörtert zu werden, da Gehlen selbst gerne auf sie zurückgreift [4]. 'Beliebigkeit' würde hier bedeuten, daß eine starke Gehirnspezialisierung im Einklang mit einer Refötalisierung anderer spezialisierter Organe möglich wäre. Aber auch der Allsatz von der Organspezialisierung wendet sich gegen die These von der 'Beliebigkeit'. Denn die Charakterisierung der Kephalisation als Spezialisierung beruht ja gerade auf der Voraussetzung, daß dafür andere Organspezialisierungen weitgehend unterbleiben: "Jede Spezialisierung bedeutet in irgendeinem anderen Bereich Verzicht" [5]. Gehlens erstes Argument gegen die Kennzeichnung des Menschen

1) Siegmund, G., Tier und Mensch, a. a. O., S. 56.
2) Die Enzephalisationskonstante (nach Dubois) gibt das Verhältnis von Gehirn- und Körpergewicht wieder. Sie liegt beim Menschen bei ca. 2,73, für den Schimpansen beträgt sie ca. 0,96. Vergl. dazu Hofstätter, P.R., Einführung in die Sozialpsychologie, 3. neubearb. Auflage 1963, S. 238.
3) Der Mensch (1966), S. 114 f.
4) So z.B. S. 87, 97 Der Mensch (1966).
5) Eibl-Eibesfeld, I., Grundriß der vergleichenden Verhaltensforschung, München 1967, S. 444.

als in bestimmter Weise hochspezialisiert verfehlt somit ihr Ziel. Die deszendenztheoretische These von der Totalität der Organspezialisierung und Gehlens Theorie von der auf dem Festhalten archaischer Organzustände beruhenden menschlichen Unspezialisiertheit sind gleichermaßen geeignet, die Vorstellung einer hohen Gehirnentwicklung auf beliebiger organischer Grundlage abzuweisen.

Das zweite Argument, das Gehlen zur Beweisführung heranzieht, ist gravierender. Das Gehirn wird als das Organ bestimmt, "welches jede spezialisierte, also auf bestimmte Umweltfaktoren zugeschnittene Organausbildung unnötig macht, also unter dem allein brauchbaren Gesichtspunkt des Verhaltens das Organ der Plastizität, Variabilität und Umstellbarkeit" [1]. Das bedarf zwar noch der Erläuterung, im Prinzip ist jedoch gegen eine solche Begriffsbestimmung aus deszendenztheoretischer Sicht ebensowenig einzuwenden wie gegen den Folgesatz, diese Aussage gelte "aber nur im Zusammenhang mit der ganzen einmaligen menschlichen Physis, seiner Exponiertheit, Beweglichkeit, Reizoffenheit usw. und seiner Unspezialisiertheit" [2]. Die Unspezialisiertheit, so muß noch einmal hinzugefügt werden, ist mit der einen Ausnahme der Gehirnspezialisierung zu konstatieren. Mit dieser Einschränkung, gegen die Gehlens Widerlegungsversuch nichts auszurichten vermag, ist der Ausgangspunkt der Überlegung wieder eingeholt.

Um der Frage nach dem Bewußtsein, die sich ja letztlich hinter den Erörterungen über Bedingungen und Implikationen der menschlichen Kephalisation verbirgt, näherzukommen, müssen die beiden konkurrierenden Positionen, d.h. Gehlens These von der anthropospezifischen Gesetzlichkeit der Unspezialiertheit und demgegenüber die neodarwinistische Annahme einer alle Lebewesen umfassenden Spezialisierungsgesetzlichkeit, im Hinblick auf ihre jeweilige Stellung zum Verhältnis regelhafter Unspezialisiertheit und ausnahme-

1) Der Mensch (1966), S. 115.
2) a.a.O.

bestimmter Spezialisierung hinterfragt werden. Zu fragen ist m.a.W. nach der semantischen Dialektik der Lorenzschen Kennzeichnung des Menschen durch das Phänomen der "Spezialisation auf Nichtspezialisiertsein" [1].

Ein systematisches Resultat läßt sich jedoch bereits auf dem gegenwärtigen Stand der Diskussion ableiten: Gehlens Sicht einer prinzipiellen (organunabhängigen) Polarität von Spezialisierung (Tier) und Unspezialisiertheit (Mensch) reduziert und verlagert sich bei genauerer Betrachtung auf einen funktionellen (organspezifischen) Dualismus mit dem Merkmal der Spezialisierung als ausschließlichem Prinzip im Tierreich (wie bei Gehlen), dem beim Menschen die Gehirnspezialisierung entspricht und dem oppositionellen Merkmal der Unspezialisiertheit der übrigen Organe. Polarität wie Dualismus reflektieren jedoch, und da liegt wiederum ihre gemeinsame Basis, den Dualismus von Welt und Umwelt, von Weltoffenheit und Umweltgebundenheit.

Die Unspezialisiertheit des Menschen wird von Gehlen dennoch mit Recht zum "Prüfstein einer jeden Abstammungslehre" erklärt [2]. Nachdem allerdings Gehlens Position im Hinblick auf das Phänomen der Unspezialisiertheit relativiert wurde, muß sich weiterhin die Frage stellen, ob der Kategorie der Retardation als Ausdruck des quasi 'embryonischen Habitus' des Menschen tatsächlich ein so hoher Erklärungswert zukommt, wie Gehlen postuliert [3]. Mit Hilfe der Kategorie der Retardation werden sowohl die im engeren Sinne morphologischen Merkmale der Unspezialisiertheit als auch sonstige anthropospezifische Eigenschaften, wie vor allem die 'physiologische Frühgeburt' (Portmann), die späte Pubertät u.a. durchsichtig. Die Hypothese von der Stabilisierung fötaler Zustände erweist

1) Lorenz, K., Psychologie und Stammesgeschichte, in: Vom Weltbild, a.a.O., S. 69.
2) Der Mensch (1966), S. 123.
3) Vergl. drs. Anthropologische Forschung, S. 47.

sich insofern als tragfähig, als keines der bisher genannten bzw. noch zu besprechenden anthropospezifischen Merkmale zu ihr in Widerspruch tritt. Andererseits stellt sie zugleich einen Spezialfall der Regel von der durchgehenden Organspezialisierung dar, wie mit dem Hinweis auf die ungewöhnliche hominide Gehirnentwicklung dargelegt wurde.

Unter dem Aspekt der 'Höherentwicklung', womit hier zunächst ganz unkritisch die stammesgeschichtliche Entwicklung in Richtung auf den Menschen gemeint sein soll, erfährt die Regel von der Organspezialisierung ein entscheidendes Korrektiv. Es ist die These, daß nur ein relativ hohes Maß an Unspezialisiertheit die Weiterentwicklung einer Stammesreihe über größere Zeiträume mit wechselnden Existenzbedingungen ermöglicht [1]. Der in dieser sog. Cope'schen Regel ausgesagte Sachverhalt einer entwicklungsgeschichtlich hochbedeutsamen relativen (allgemeinen) Unspezialisiertheit erscheint nunmehr als Obersatz des von Gehlen für die hominide Entwicklungsgeschichte als Determinante hervorgehobenen Prinzips der Retardation im Sinne einer spezifisch menschlichen Unspezialisiertheit. An diesem Punkt gerät die Argumentation scheinbar in einen logischen Widerspruch. Das Retardationsprinzip, so muß man aus dem Vorhergehenden folgern, soll offenbar sowohl Spezialfall des Gesetzes von der Organspezialisierung als auch seines Korrektivs, der Cope'schen Regel von der relativen Unspezialisiertheit sein. Es handelt sich jedoch nicht um einen echten Widerspruch, da die Cope'sche Regel das unter dem Gesichtspunkt der Aszendenz bedeutsame, d.h. dynamische Korrelat zu dem ausschließlich unter dem Aspekt der reinen Erhaltung, d.h. primär statischen Gesetz der Organspezialisierung darstellt. Die Retardation ist dann ein Extremfall der Cope'schen Regel. Aber die Retardation

1) Das von E. Cope entdeckte "law of the unspecialized" wird von B. Rensch, Homo Sapiens, a.a.O., S. 30 zustimmend angeführt.

gilt auch als Spezialfall des Gesetzes von der Organspezialisierung, u. zw. steht sie disjunktiv zu bestimmten Spezialisierungen. Im Hinblick auf die menschliche Stammensgeschichte stehen zahlreiche Unspezialisiertheiten der Hochspezialisierung des Gehirns gegenüber. Diese Feststellung scheint jedoch mit der Cope'schen Regel unvereinbar. Jedoch liegt auch in diesem Falle nur ein scheinbarer Widerspruch vor. Die These von der relativen Unspezialisiertheit als conditio sine qua non der Höherentwicklung zielt auf den Vorgang der Anpassung an jeweils gegebene Umweltbedingungen, wobei die Vorstellung reaktiven Verhaltens im Vordergrund steht. Beim Menschen jedoch kann - statisch betrachtet - von einer solchen rein reaktiven Anpassung an die Umwelt keine Rede sein. Er ist vielmehr durch die Begriffe 'Umweltenthebung' bzw. 'Weltoffenheit' charakterisiert. M. a. W.: Der Mensch ist im Hinblick auf Umwelt unspezialisiert, aber er ist spezialisiert im Hinblick auf Welt. Damit ist auch klar, daß der Begriff der Spezialisierung eine andere Valenz bekommt, sobald er auf den Menschen angewandt wird und damit in die Erörterung der Weltoffenheitsproblematik eingetreten wird. Im engeren morphologischen Sinne jedoch wahrt der Begriff der Spezialisierung seine semantische Identität, u. zw. gleichgültig von welcher Stufe der Evolution die Rede ist.

Wenn man zugesteht, daß wenig dagegen spricht, alle typisch menschlichen Unspezialisiertheiten aus einem einzigen Prinzip, i. e., der Retardation abzuleiten, wie Gehlen es im Gefolge Bolks tut [1], so bleibt natürlich noch die Forderung, das Prinzip selbst kausal oder konditional zu begründen, es sei denn, man versteht 'Prinzip' aristotelisch im Sinne einer nicht weiteren Zurückführbarkeit. Schließlich ist die Relation zu weiteren Bedingungen der Menschwerdung herzustellen [2]. Vorweg ist allerdings zu fragen, wie ein unangepaßtes, da unspezialisiertes Wesen ohne natürliche

1) S. Der Mensch (1966), S. 109.
2) Zur Behandlung dieses Komplexes s. S. 96 ff.

Waffen überhaupt existieren konnte. Die Möglichkeit der Existenz eines solchen 'Mängelwesens' ist denn auch von verschiedenen Autoren zum Teil heftig bestritten worden [1]. Man kommt, wie Gehlen einräumt, um die Annahme einer 'optimalen Zufallsumwelt', d.h. von langen Perioden, in denen Umgestaltungen vorkamen, die im Sinne einer scharfen Selektion nachteilig waren, nicht umhin [2]. Anklänge an 'paradiesische' Zustände, wie sie in merkwürdiger Einmütigkeit sowohl in der christlichen als auch in manchen sozialistischen Heilslehren anzutreffen sind, fallen hier auf. Das würde allerdings bedeuten, daß der Selektionsdruck im 'Tier-Mensch-Übergangsfeld' (Heberer) nicht vorhanden oder kaum wirksam gewesen sein kann. Eine solche Annahme, die beim derzeitigen paläoanthropologischen Wissensstand nicht zu widerlegen ist, erweist sich jedoch als unnötig, wenn man die prä- wie frühhominide Gehirnentwicklung als echte morphologische Spezialisierung betrachtet. Wenn es nämlich an einem bestimmten Punkt der Ahnenreihe des Menschen durch Mutationen zur Auseinanderentwicklung verschiedener Zweige kam, so bedeutete die zunehmende Komplikation des Gehirns des einen Zweiges funktionell die Kompensation und schließlich die Überkompensation der ihrer Umwelt zunehmend angepaßten Organe anderer Primatenzweige. Wie diese Kompensationsleistung im Gegensatz zur tierischen Organanpassung zu verstehen ist, bleibt zwar noch zu erörtern. Die Existenzmöglichkeit eines so verfaßten Lebewesens steht damit nicht grundsätzlicher in Frage als die anderer, wie auch immer strukturierter Organismen.

Betrachtet man die vorläufigen Resultate der Ermittlungen über die morphologische Sonderstellung des Menschen im Bereich des Lebendigen, so gewinnt man kaum den Eindruck der unmittelbaren Ergiebigkeit für die Lösung der Bewußtseinsproblematik. Erst wenn im folgenden Abschnitt die engere morphologische Betrachtung ver-

---

1) Vergl. z.B. Landmann, M., Philosophische Anthropologie, Berlin 1955, S. 194 f.
2) S. Der Mensch (1966), S. 128.

lassen und durch die Einbeziehung funktioneller und dynamischer Momente bis hin zur Analyse der Handlungsvollzüge erweitert wird, lassen sich Bewußtseinsphänomene aus elementarbiologischer Sicht angemessen deuten. Erst die Untersuchung der Kategorien, die derjenigen der morphologischen Analyse komplementär sind, läßt die Fruchtbarkeit der besprochenen Begriffe und Regeln wirklich deutlich werden. Hierin liegen ja gerade Bewährung und potentielles Verdienst der Kategorialanalyse Gehlens, jedoch ebenso ihr subtiler Problemcharakter.

II. A. 2. Elemente der Weltorientierung

Das Fehlen hochspezialisierter Organe als anthropomorphologisches Spezifikum im Zusammenhang mit der Instinktreduktion als seinem funktionellen Korrelat bricht den Funktionskreis aus 'Innenwelt' und 'Umwelt', wie Uexküll ihn so treffend für das Tier als existenznotwendig beschreibt [1], auf in Richtung auf den Handlungskreis, über den die Verhaltensstabilisierung des Menschen - die beim Tier problemlos gewährleistet ist - erst erworben werden muß [2]. Die Phänomene der Weltoffenheit [3] und der Unspezialisiertheit sind komplementär zu verstehen. Das hatte bereits Protagoras geahnt. Wie anders hätte er den homo mensura - Satz aufstellen können. Gehlen spricht vom Menschen ausdrücklich konjunktiv als

---

1) S. Uexküll, J. v., Theoretische Biologie, Berlin 1920, S. 96.
2) Ausschließlich in diesem Sinne hat Fr. Jonas, Die Institutionenlehre Arnold Gehlens, a. a. O., S. 23, Gehlens Begriffsfassung vom 'Mängelwesen' interpretiert, d. h. als ein auf Lernen angewiesenes Wesen.
3) Uexküll selbst hat die in seiner Theorie implizit angelegte Entgegensetzung von Umwelt (Tier) und Welt (Mensch) noch nicht durchgeführt. Es ist vielmehr die exzellente Idee Schlers.

vom 'Mängelwesen und Prometheus' [1]. An dieser Stelle ist kurz einzuhalten, um die These von der Weltoffenheit des Menschen gegen eine Überinterpretation, zu der eine rationalistische Anthropologie wohl neigen könnte, abzusichern. Es kann bestenfalls die Rede davon sein, daß der Mensch 'primär' Welt hat, "die sich erst sekundär zur Umwelt verengt", und "er selbst ist es, der sie sich konstituiert. Die Umwelt gehört bei ihm insofern bereits - von Natur, d. V. - zur Kultur" [2].

Die Soziologie stellt einen der vielfältigen Versuche dar, diesen Sachverhalt aus einer bestimmten Perspektive zu analysieren. Gehlens Theorie der Institutionen [3] kreist um die merkwürdige Exponiertheit des Menschen, der, wie Habermas richtig hervorhebt, in einer "eigentümlichen Verschränkung von Umweltbindung und Weltoffenheit" [4] sein Leben 'führt' (Gehlen). In dieser Verschränkung hat das Bewußtsein seinen systematischen Ort, während die genetische Fragestellung es dort schon immer vorfindet.

---

1) Anthropologische Forschung, a. a. O., S. 46. In diesen Zusammenhang gehört auch das häufig zitierte Nietzsche-Wort, das den Menschen als 'nicht festgestellt' charakterisiert. Zu einigen Auslegungen dieses Aphorismus vergl. u. a. Gehlen, A., Der Mensch (1966), S. 10; Landmann, M., Philosophische Anthropologie, a. a. O., S. 9, 231 f.; Nicht anthropobiologisch, wie bei Gehlen und Landmann, sondern kulturkritisch als Ausdruck einer Tendenz zur 'Mittelmäßigkeit' bei Löwith, K., Natur und Humanität des Menschen in: Wesen und Wirklichkeit des Menschen, Festschrift für Helmuth Plessner (hrsg. v. K. Ziegler), Göttingen 1957, S. 73 f. Die Kennzeichnung der Besonderheit des Menschen durch seine 'exzentrische Positionalität' (Plessner) fügt sich ohne Schwierigkeit dem Gedanken von der Weltoffenheit, worauf W. Pannenberg, Was ist der Mensch? Die Anthropologie der Gegenwart im Lichte der Theologie, 3. Aufl. 1968, S. 104, Anm. 1 hinweist.

2) Landmann, M., Philosophische Anthropologie, a. a. O., S. 217.

3) V. a. in Urmensch und Spätkultur. Philosophische Ergebnisse und Aussagen, Bonn 1956 ausgeführt. In diesem zweiten Hauptwerk setzt Gehlen die in seinem ersten großen Oevre konzipierte biologische Anthropologie auf soziologischer Ebene fort.

4) Art. 'Anthropologie' in: Fischer Lex. Philosophie, Frankf. /Main 1965, S. 32.

Unabhängig davon, wie umfassend man den Begriff der Weltoffenheit definiert, erscheint sie anthropobiologisch prinzipiell als Belastung. Der Mensch als ein Lebewesen, das mit verhaltenssteuernden Instinkten nur spärlich ausgestattet ist, dessen Organspezialisierungen einer Umwelteinpassung nicht annähernd genügen und das natürlicher Waffen fast völlig entbehrt, muß sein Leben erst ermöglichen, "indem er die Welt tätig ins Lebensdienliche umarbeitet" [1). Zur Verdeutlichung dieses Sachverhaltes führt Gehlen die 'fundamentale Kategorie' der 'Entlastung' ein. Damit ist in einer ersten Annäherung die Kompensation der Belastung durch eine im Vergleich mit dem Tier defiziente Physis und der daraus für ein weltoffenes reizüberflutetes Wesen resultierenden lebensbedrohlichen Lage gemeint [2)]. Wo wie beim Menschen nur noch Instinktresiduen vorliegen, die zudem weitgehend entdifferenziert sind, muß die somit nicht mehr selegierbare 'Eindrucksfülle', die Belastung durch das "Ausgesetztsein gegenüber einer organisch gar nicht angepaßten Überflutung mit Wahrnehmungseindrücken" erst bewältigt werden [3)]. Die Akte der 'Bewältigung' kompensieren einerseits die 'Mängelbelastung'. Von einer anderen Seite aus gesehen fließt aus der 'Entlastung' eine "komplizierte Hierarchie von Leistungen" [4)] des Bewußtseins bis hin zur Sprache [5)].

Unter der Hypothese der Sonderstellung des Menschen in der Natur beansprucht das Entlastungsprinzip Gesetzescharakter, d. h. daß die Kategorie der Entlastung das Aufbaugesetz aller menschlichen Leistungen erkennen lassen soll [6)]. Tatsächlich kommt dem Entlastungsprinzip ebenso Gesetzescharakter zu wie dem an früherer Stelle behandelten Prinzip der Organspezialisierung, denn nur unter dieser

---

1) Gehlen, A., Der Mensch (1966), S. 37.
2) Vergl. a. a. O., S. 19 u. ö.
3) S. a. a. O., S. 39.
4) a. a. O., S. 37.
5) Vergl. dazu a. a. O., S. 62 f.
6) S. a. a. O., S. 36 f.

Voraussetzung ist die Lebensfähigkeit des Menschen denkmöglich; ebenso wie sich nur unter der Prämisse der Geltung des empirischen Gesetzes der Organspezialisiertheit die Überlebenschance beliebiger Organismen vorstellen läßt.

Das 'Gesetz' der Entlastung geht im 'Gesetz' der Handlung auf, denn erst handelnd findet Entlastung statt; ohne das Entlastungsphänomen mit seiner handlungsauslösenden Appellqualität würde sich andererseits menschliches Handeln auf subhumanes heteronomes Verhalten reduzieren. Statt intellectus agens ens motus.

Eine ergänzende Betrachtung visiert das Entlastungsprinzip noch einmal im Zusammenhang mit der Instinktreduktion an. War die Erörterung bisher auf die unmittelbaren Folgen des Abbaus des direkten instinktiven 'Automatismus' abgestellt, woraus das Entlastungsprinzip abgeleitet wurde, so läßt ein Wechsel der Perspektive die "Abtrennbarkeit der Handlung von den Antrieben", den umstrittenen 'Hiatus' in den Blick kommen [1]. Die Bedingungen für die "weitgehende Unabhängigkeit der Handlungen sowie des wahrnehmenden und denkenden Bewußtseins von den eigenen elementaren Bedürfnissen und Antrieben" [2] bzw. das Auftreten des 'Hiatus' sind exakt dieselben wie für die Emanation des Entlastungsphänomens. Die Beziehung der Kategorie der Entlastung zu der der Handlung war bereits angedeutet worden. Zusätzliches Licht fällt auf diese Relation, wenn man ergänzend das Verhältnis der Kategorie der Handlung zum Hiatus zwischen Bedürfnissen und ihren 'Erfüllungen' untersucht.
In diesem Zusammenhang sind zwei 'gegenläufige' Tendenzen menschlichen Antriebslebens aufzuzeigen. Einerseits ist der eminent wichtige Sachverhalt der "Hemmbarkeit sämtlicher Antriebe, auch der organischen" [3] gemeint, wodurch der berühmte Hiatus geschaffen wird, in dem "nicht nur die Handlung, sondern auch alles

1) Vergl. Gehlen, A., Der Mensch (1966), S. 335.
2) a. a. O., S. 53.
3) a. a. O., S. 334.

sachgemäße Denken" [1] liegt. Bedingt durch das fast völlige Fehlen von Instinkten ist der Mensch gezwungen, die Befriedigung seiner Bedürfnisse 'aufzuschieben'. Andererseits müssen die menschlichen Antriebe 'entwicklungsfähig und formbar' sein, da ein "bestimmter Unterschied von biologisch unmittelbar zweckmäßigen und vermittelten, in immer höherem Grade entfernter zweckmäßigen Handlungen gar nicht denkbar und möglich" [2] ist. M. a. W.: Außer der Eigenschaft der Hemmbarkeit müssen sich die Antriebe dadurch auszeichnen, daß sie plastisch, d. h. situationsentsprechend und keineswegs 'situationsbedingt' sind [3]. Daß die Hemmung eines Teils der Antriebe überhaupt unvermeidlich ist, liegt an der Tatsache des 'Antriebsüberschusses', d. h. der Mensch lebt unter einem "pausenlosen Druck von Antriebskräften" [4], deren 'Orientierbarkeit' auf der Leistung des durch 'Bewußtheit' und 'Weltoffenheit' ausgezeichneten Menschen besitzt [5]. Die Leistung des die tierische unmittelbare Triebhaftigkeit hinter sich lassenden Menschen besteht als Minimalbedingung in der "Besetzung des Antriebslebens mit Zielbildern", d. h. der "Hineinnahme der Außenwelt" (Hiatus) und darüber hinaus in der Erhebung von Sacherfordernissen des Handelns zu Bedürfnissen [6]. Der 'Überschußqualität' der Antriebe kann er jedoch nur mit einer 'selbsterzwungenen' Formierung begegnen. Mit der Kennzeichnung als 'Zuchtwesen' [7] wäre somit eine mögliche Partialdefinition des Menschen genannt.

An diesem Punkt sollen die Ausführungen zu den Elementen der

---

1) ebda.
2) Gehlen, A., Der Mensch (1966), S. 335 f.
3) S. dazu a. a. O., S. 338; Zu den 6 Bedeutungen des Ausdrucks 'Plastizität des menschlichen Antriebslebens' vergl. a. a. O.; Auf die entsprechenden Komponenten wird gegebenenfalls zurückgegriffen.
4) a. a. O., S. 356.
5) a. a. O., S. 339.
6) a. a. O., S. 349.
7) S. dazu a. a. O., S. 361 f.

anthropobiologischen Handlungstheorie Gehlens vorläufig abgebrochen werden. Andernfalls geriete man ziemlich unvermittelt in Grundfragen der Ethik, die erst gegen Ende der Abhandlung angegangen werden sollen. Es scheint vielmehr zunächst zweckmäßig zu sein, die verwirrende Vielfalt kategorialer Überlegungen in einen systematischen formalen Zusammenhang zu bringen, der die kategorialen Interdependenzen deutlicher werden läßt, als der genetische Kontext erkennen läßt. Auch aus einem anderen Grunde ist einzuhalten: Weder der Begriff 'Bewußtsein' noch das Konstrukt 'Wille' wurden bisher systematisch im Zusammenhang mit den zentralen Kategorien oder dem Begriff der Handlung untersucht. Allerdings wird sich dieses Unternehmen einigermaßen schwierig gestalten, da der Begriff 'Bewußtsein' bei Gehlen bestenfalls eine wenig spezifizierte Restkategorie darstellt [1]. Der Ausdruck 'Wille' wird sogar über weite Passagen ganz vermieden. Wenn sich Gehlens Zurückhaltung in diesen beiden Punkten auch zwanglos aus seiner anthropologischen Grundauffassung erklären läßt, so bleibt es einer Abhandlung, die die Bewußtseinsproblematik seiner Anthropologie analysieren will, nicht erspart, den Bewußtseins- und Willensbegriff stärker herauszustellen, ohne allerdings nun selbst wiederum dem einen oder anderen Pol des psycho-physischen Dualismus zu verfallen.

Die systematische Darstellung kategorialer Beziehungen soll zwei Zwecken dienen. Einerseits ist sie vielleicht geeignet als Zusammenfassung der Ausführungen zur Handlungstheorie. Zum anderen

1) In dem 1936 erstmals erschienenen Aufsatz 'Vom Wesen der Erfahrung', der lt. Gehlens eigener Aussage "die früheste Fassung des anthropologischen Modells" enthält, hebt er ausdrücklich hervor, "eine Lehre vom Bewußtsein" müsse "natürlich ein Hauptstück" einer Anthropologie sein. (S. Anthrop. Forschg., S. 32 u. Anm. S. 43). Nicht zuletzt aus diesem Hinweis läßt sich die Berechtigung herleiten, Gehlens Anthropologie trotz seiner Reserviertheit gegenüber dem Bewußtseinsbegriff als Beitrag zur Bewußtseinstheorie in Anspruch zu nehmen.

könnte sie einen Eindruck von den formalen Voraussetzungen und Bedingungen der menschlichen Sondergesetzlichkeit und den damit implizierten anthropologischen Konstanten vermitteln. Die vielbeschworene psycho-physische Neutralität der anthropologischen Kategorien als methodisches Postulat ist sowohl hypothetischer Entwurf als auch wiederum analytisches Resultat der Paralleluntersuchungen von anthropologischen Kriterien und Kategorien [1], die entweder den psycho-physischen Dualismus durch semantische Komplementarität vermitteln oder selbst psycho-physisch neutral und damit nicht weiter auf komplementäre Kategorien zurückführbar sind. Als schlechthin irreduzible Kategorie war bereits der Begriff der Handlung präsentiert worden, der allerdings seinerseits in detaillierten Untersuchungen zum Begriff des Handlungskreises erweitert wird. Die Kategorie der Handlung ist jedenfalls die letzte neutrale Kategorie und zugleich die diejenige, in der alle übrigen Kategorien konvergieren.

Ein komplementäres Verhältnis liegt beim Abbau echter Instinkthandlungen einerseits und der morphologischen Fötalisierung und der Großhirnentwicklung andererseits vor [2]. Die Relata des komplementären Verhältnisses bilden nun unter sich einen Zusammenhang, der die Frage nach der Kausalität bewußt ausschließt, zu dem jedoch die Kategorie der Weltoffenheit den Gegenbegriff bildet [3]. Bemerkenswert ist nun, daß die Kategorie der Weltoffenheit in Abweichung von der sonst geübten Abstinenz gegenüber Kausalfragen überraschenderweise als Folge der Komplementärprozesse angesehen wird. Es heißt nämlich bei Gehlen, es handele sich beim

1) Ebenso ist ja auch die These vom anthropologischen Sonderentwurf sowohl Hypothese als auch analytisches Ergebnis. In solchen und ähnlichen methodischen Grundfragen schlägt offensichtlich ein rudimentäres dialektisches Denken durch, dem Gehlen nach Überwindung seiner phänomenologischen Periode ausdrücklich glaubte entraten zu können. S. Gehlen, A., Studien zur Anthropologie und Soziologie, Neuwied und Berlin 1963, S. 147.
2) S. Gehlen, A., Der Mensch (1966), S. 331.
3) Vergl. a.a.O., S. 35.

Menschen um ein organisch mangelhaftes und 'deswegen' weltoffenes Wesen [1]. Genau diese Aussage ist Ansatzpunkt für die Kritik Landmanns, der statt dessen 'Gleichursprünglichkeit' und 'Wechsel-Bedingtheit' der Erscheinungen postuliert [2]. Außerdem nimmt Landmann diese Gelegenheit zum Anlaß, Gehlen ein "wenn auch rudimentär gewordenes, kausalevolutives Denken" vorzuwerfen [3]. Es zeigt sich an diesem Beispiel deutlich, daß Gehlen gelegentlich Kausalerklärungen in die Bedingungsanalyse einfließen läßt. Er scheint überhaupt kausalgenetischen Aussagen längst nicht so abhold zu sein, wie er es in seiner methodologischen Einführung versichert [4]. Das zeigt sich u. a. auch im Zusammenhang mit seiner Analyse der Retardation, die er ja mit Bolk aus endokrinen Ursachen ableitet [5].

Nach diesem kleinen Exkurs zum Kryptokausalismus bei Gehlen zurück zur Analyse der Komplementaritätsverhältnisse. Komplementär sind jeweils Merkmale des Gattungswesens selbst; Gegenbegriffe sind dagegen Kennzeichen von Eigenschaften, die dem Gattungswesen äußerlich sind, es aber gleichwohl betreffen und partiell charakterisieren. Diejenigen Eigenschaften, die die Spezies homo von den Tieren unterscheiden, sind demgegenüber polar (kontradiktorisch) zu den Eigenschaftsbegriffen der Tiere gebildet. Die Oppositionsbegriffe wie Umweltfesselung - Umweltenthebung, Organspezialisierung - Organmangel, Instinktrepertoire - Instinktreduktion stellen kein kategoriales Problem dar, da in diesem Zusammenhang Kausalprobleme wegen der Annahme einer menschlichen, vom Tier völlig verschiedenen Sondergesetzlichkeit nicht entstehen.

Am problematischsten unter systematischen Gesichtspunkten erweist sich die Kategorie der Entlastung. Sie ist weder auf der morpho-

1) S. a. a. O., S. 36.
2) S. Landmann, M., Philosophische Anthropologie, a. a. O., S. 220.
3) a. a. O., S. 195.
4) Der Mensch (1966), S. 18: Der Begriff der 'Ursache', so heißt es dort, habe 'vollständig zu verschwinden'.
5) a. a. O., S. 109.

logisch-strukturellen oder der physiologisch-funktionellen Innenseite noch auf der dem Gattungswesen äußerlichen Seite komplementär. Allerdings bezeichnet Gehlen sie als 'fundamentale' Kategorie und das liefert den Hinweis darauf, daß sie nur von der Handlungskategorie her, u. zw. wie diese im Sinne eines "durchlaufenden Aufbaugesetzes aller menschlichen Funktionen und Leistungen" [1] zu verstehen ist. Die Kategorie der Entlastung 'durchläuft' mehrere Schichten vom primär biologischen Bereich bis hin zur "eigentlich geistigen Tätigkeit selbst" [2].

Im Kontext fundamentaler anthropologischer Kategorien benutzt Gehlen mit Vorliebe das methodische Hilfsmittel des Schichtenbildes, das er, wie das allgemeine Kategorialanalytische Instrumentarium überhaupt, den Arbeiten N. Hartmanns entnimmt [3]. Allerdings läßt Gehlen seine Anwendung nur in dem mehrfach besprochenen Sinne, i. e. zur Erhellung psycho-physisch interdependenter Sachverhalte und Prozesse zu, während bei Scheler und bei Hartmann eine jeweils spezifische Stufung bzw. Schichtung im Aufbau der organischen Natur [4] vorgestellt und kategorial aufgewiesen wird. Die Auseinandersetzung mit dem Schelerschen 'Stufenschema' mit dem Resultat seiner völligen Verwerfung führte schließlich zur Ablehnung einer jeglichen ontologischen Schichtungskonzeption, auch der von Hartmann, auf dessen methodisches Konzept Gehlen sonst gerne zurückgreift. Es ist sicherlich zutreffend, wenn Hartmann diejenigen für Gehlens ablehnende Haltung verantwortlich macht, die den Schich-

---

1) Der Mensch (1966), S. 23, 36 f.
2) a. a. O., S. 67; Die Handlungskategorie bleibt jedoch umfassender, schlägt sich doch in ihr auch noch die Realisierung einer zweiten u. zw. gegenläufigen Aufgabenkette, i. e. die 'Entwicklung der Bewegungsbeherrschung' nieder, s. Der Mensch (1966), S. 132.
3) S. a. a. O., S. 12.
4) Bei N. Hartmann unter Einbeziehung der anorganischen Natur. Übergangsprobleme zwischen beiden Bereichen spielen für die vorliegende Untersuchung keine Rolle.

tungsgedanken "metaphysisch überspitzt und kritiklos popularisiert haben" [1]. Dabei denkt Hartmann vermutlich vornehmlich an die Vertreter des Schichtungsgedankens, mit denen Gehlen sich ausdrücklich auseinandersetzt: Scheler und Klages. Gehlen verweist auf die 'täuschende Ordnung', die das Schelersche Stufenschema mit den Abschnitten Gefühlsdrang, Instinkt, Gewohnheit, praktische Intelligenz und menschliche Intelligenz als Ausdruck der Stufenfolge des 'psychophysischen Seins' von Pflanze, Tier und Mensch reflektiert [2]. Gehlen entdeckt in Schelers Schema 'zwei falsche Vorstellungsreihen'. Einmal die These einer "Entwicklungsordnung der Leistungen vom 'Instinkt' an bis zum menschlichen Geist" und zweitens die Annahme, diese 'Leistungsstufung' sei in der Folge von niederen zu höheren Tieren bis hin zum Menschen zu verstehen [3]: Als Verfechter der Sondergesetzeshypothese muß Gehlen jede Vorstellung zurückweisen, die so tut, als "vereinige der Mensch in sich irgendwelche in der Natur aufeinander aufgebaute Lebensbereiche" [4].

Wenn auch Gehlens scharfe Ablehnung der Schelerschen metaphysischen Position berechtigt ist - sie würde im übrigen vor der von Gehlen ebenfalls bekämpften rationalistischen Abstammungslehre ebensowenig Gnade finden - so bedeutet sie andererseits jedoch eine überspitzte Absage an den Schichtungsgedanken überhaupt, der sich in der von N. Hartmann konzipierten Form mit Gehlens These vom 'durchlaufenden anthropologischen Strukturgesetz' durchaus in fruchtbare Verbindung bringen läßt, vorausgesetzt, man verhilft der modernen Deszendenztheorie dort gegen Gehlen zu ihrem Recht, wo er es ihr ohne stichhaltige Gründe streitig gemacht hat: In der Beurteilung der Gehirnentwicklung als Spezialisation.

---

1) Hartmann, N., Neue Anthropologie ..., a.a.O., S. 175.
2) Der Mensch (1966), S. 22; Scheler, M., Die Stellung des Menschen im Kosmos, a.a.O., pass.
3) Der Mensch (1966), S. 23 f.
4) a.a.O., S. 23.

Die Aufgabe der Hartmannschen Kategorialanalyse ist es, eine 'fundamentale Differenzierung' der 'Schichten' bzw. 'Stufen' des Realen zu leisten [1]. Es handelt sich also ebenso wie bei Gehlen nicht um 'Erkenntniskategorien', sondern um 'Seinskategorien', d.h. um analytische Kategorien der Gegenstandserfassung [2]. Ausgehend von der klassischen, nicht unproblematischen Differenzierung in die Schichten des Anorganischen, des Organischen, des Seelischen und des Geistigen, ergeben sich "drei Einschnitte in der Stufenfolge der realen Welt" [3]. Im Hinblick auf die Charakterisierung der anthropologischen Sonderstellung ist nun von Bedeutung, daß der Schichtenzusammenhang von 'Leib' und 'Geist' durch eine eigene, von beiden verschiedene Seinsschicht vermittelt vorzustellen ist, u.zw. von der des 'seelischen Seins' [4]. Das geht über die bei Gehlen geforderte vorläufige Suspendierung des psycho-physischen Dualismus hinaus und bedeutet bereits den Anspruch auf seine Überwindung.

Ich muß darauf verzichten, die Hartmannsche Kategorialanalyse annähernd in der für eine angemessene Würdigung notwendigen Vollständigkeit zu reproduzieren, möchte jedoch wenigstens anzudeuten versuchen, in welcher Weise Hartmanns 'neue Ontologie' für die anthropobiologische Betrachtung fruchtbar gemacht werden kann [5]. Vorweg ist der Hinweis angebracht, daß der besprochene ontologische Ansatz sich selbst aller genetischen Deutungen wegen ihres 'spekulativen' Charakters ausdrücklich enthält, seinerseits jedoch,

---

1) Hartmann, N., Der Aufbau der realen Welt, Grundriß der allgemeinen Kategorienlehre, Berlin 1940, S. 188.
2) Hartmann, N., Der Aufbau ..., a.a.O., S. 8 f.
3) a.a.O., S. 195.
4) S. Hartmann, N., Neue Wege der Ontologie, Darmstadt 1964, S. 93 (1. Aufl. 1942).
5) Hartmanns 1912 erschienene Schrift 'Philosophische Grundfragen der Biologie', die ganz auf dem Boden der modernen Deszendenztheorie steht, wobei allerdings eine gewisse Überbewertung des Selektionsprinzips auffällt, gibt für die anthropobiologische Betrachtung nichts her.

wie Hartmann betont, die Möglichkeit bieten muß, genetische Vorstellungen sinnvoll mit ihm zu verbinden [1].

Das Verhältnis der betroffenen Seinsschichten zueinander, dessen Klärung Auskunft über die Dependenz der Schicht des Geistigen von der des Seelischen und des Organischen verspricht, kommt in den Gesetzen der kategorialen Schichtung zum Ausdruck. Der Minimalkatalog themenrelevanter kategorialer Gesetze umfaßt die folgenden Bestimmungen [2]:

Kategorien niederer Schicht greifen auf höhere über, d.h. sie kehren als Teilmomente höherer Kategorien wieder. Dieser Vorgang ist irreversibel. Mit dem Übergreifen verbunden ist ein Wandel der wiederkehrenden Kategorien im Sinne ihrer 'Überformung' vom Charakter der höheren Schicht. Jede Kategorie ist nicht nur Summe der Mannigfaltigkeit der in ihr wiederkehrenden niederen Kategorien, sondern enthält jeweils ein 'spezifisches Novum', d.h. ein mit ihr auftretendes neues kategoriales Moment. Hinzu kommt, daß Wiederkehr und Abwandlung von Kategorien nicht kontinuierlich, sondern in 'Sprüngen' fortschreiten. Die solcherart postulierte Schichtendistanz ist notwendige Prämisse einer Ontologie der Schichtung.

Betrachtet man nun die Schicht des Geistigen, des Bewußtseins oder, wie Gehlen vorzugsweise sagt, der höheren Handlungsvollzüge in einem Vorgriff auf die anschließend zu befragende anthropologische Konstantenlehre als ausschließlich im Menschen realisiert, so ergibt die Anwendung der aufgeführten Schichtungsgesetze das folgende Bild:

Die Kategorien des Organischen gehen u.a. als morphologisch-physiologische Struktur, gekennzeichnet durch die Unspezialisiertheit der Organe (mit der entscheidenden Ausnahme der Gehirnspezialisierung) als Teilmoment in die höhere Schicht des Seelisch-Geisti-

1) S. Der Aufbau ..., a.a.O., S. 512; Neue Wege ..., a.a.O., S. 93.
2) S. Hartmann, N., Neue Wege ..., a.a.O., S. 61 ff.; Der Aufbau ..., a.a.O., S. 472 ff.

gen [1] ein, wo sie von der Weltoffenheit als kategorialem Novum im Sinne der Entlastung überformt werden. Anders gewendet: Das Handeln, das als menschliches Verhalten schon immer von primären biologischen Bedürfnissen weitgehend entlastet ist, tritt als Konkretion ('concretum') der geistigen Schicht auf. Das gilt jedoch nur, weil eben die durch die niederen Kategorien repräsentierten concreta, wie z. B. die organischen Unspezialisiertheiten, auf die geistige Schicht übergreifen. Handlung ist ja, ebenso lapidar wie überspitzt ausgedrückt, instinktresidual und somit rational determiniert.

Unter Berücksichtigung des Gesetzes des Novums, durch das ja erst das Moment der kategorialen Selbständigkeit der höheren Schicht gegen die niedere konstituiert wird [2], muß die prinzipielle anthropologische Weltoffenheit als neues Element der geistigen Schicht kategorial autonom und d. h. unabhängig von niederen Kategorien sein. Geht man wie Gehlen von der These der durchgehenden Unspezialisiertheit des Menschen aus, dann ist es berechtigt, daraus die Weltoffenheit folgen zu lassen. In diesem Falle würde die Kategorie der Weltoffenheit den Charakter eines Novums verlieren. Außerdem wäre damit das Gesetz der Schichtendistanz in Frage gestellt. Die Weltoffenheit als Folge von morphologischen Unspezialisiertheiten betrachtet, zerstört den Rahmen der Schichtungsgesetzlichkeit. Betont man dagegen wie der Verfasser den Tatbestand der partiellen hohen organischen Spezialisierung, wie sie in der Gehirnentwicklung des Menschen zum Ausdruck kommt, als prävalent, so erweist sich das Phänomen der Weltoffenheit als

---

1) Die Zusammenfassung beider Bereiche erklärt sich daraus, daß eine Trennung terminologisch wohl möglich, jedoch anthropobiologisch nicht sinnvoll begründbar ist. Zumindest unter dem Gesichtspunkt der Handlung läßt sich das Trilemma von Organismus, Seele und Geist vermeiden, wenn auch andererseits durch Einbeziehung der Schichtungsanalyse das dualistische Dilemma Leib - Seele/Geist angegangen werden muß.

2) S. Hartmann, N., Der Aufbau ..., a. a. O., S. 504.

nicht mehr aus niederen Kategorien ableitbar, es tritt vielmehr als echtes Novum der geistigen Schicht auf. Denn Organspezialisierung, so ist noch einmal mit Gehlen zu folgern, ist prinzipiell Bedingung der Umweltanpassung.

Die Aussage, daß jedoch der Gegenbegriff zur menschlichen Physis die prinzipielle Weltoffenheit ist, darf den Rang eines empirischen Allsatzes beanspruchen. Die Weltoffenheit als Novum der geistigen Schicht ist somit nicht auf andere Schichten zurückführbar. Ihre kategoriale Stellung ist vielmehr schichtspezifisch und somit auch primär im schichtinternen kategorialen Kontext zu deuten [1].

Als vorläufiges Ergebnis der Analyse der Schichtungsgesetze bleibt festzuhalten: Gehlens These von der anthropologischen Sondergesetzlichkeit bleibt weiterhin unangetastet, was sich noch zusätzlich bei der folgenden Erörterung sog. anthropologischer Konstanten erweisen wird. Die Dominanz der Fundamentalkategorien, bes. der Kategorie der Entlastung [2], wird nicht in Frage gestellt.

---

1) Vergl. dazu S. 104 ff. u. ö.
2) Hier ist ein terminologischer Hinweis nötig, der beiläufig auch zeigt, daß Gehlen bei der Übernahme Hartmannscher Begriffe gelegentlich recht eigenwillig verfährt. Divergente semantische Besetzungen werden kommentarlos vorgenommen. So bedeutet bei Gehlen eine Fundamentalkategorie, wie z. B. die der Entlastung einen anthropologisch zentralen Begriff als Ausdruck einer elementaren anthropospezifischen Eigenschaft, bei Hartmann dagegen zeichnen sich die sog. Fundamental- oder Elementarkategorien gerade dadurch aus, daß sie, wie z. B. die der Zeit oder der Kausalität mehrere Seinsschichten durchdringen und somit anthropologisch bestenfalls sekundär sind.

II. A. 3. Varianten-Invarianten. Relation und Anthropogenese

Mehrfach wurde auf die Möglichkeit der Konzipierung anthropologischer Konstanten hingewiesen. Rechnet man auch nur damit, eine einzige menschliche Eigenschaft als anthropospezifische Konstante bzw. Invariante, d. h. wie es künftig mit Landmann [1] heißen soll, als 'Anthropinon' nachweisen zu können, so hat man die Sonderstellung des Menschen in Abhebung vom Tier (logisch, nicht genetisch) hinreichend begründet und auch die Grenze von der 'Merkmalsanthropologie' zur 'Wesensanthropologie' virtuell überschritten [2]. Für Gehlen ist das entscheidende Anthropinon, auf das sich alle anderen Eigenschaften des Menschen schließlich reduzieren lassen, mit der Bestimmung zum Handeln, d. h. mit der Charakterisierung des Menschen als ein 'primär handelndes Wesen' gegeben. In 'erster Annäherung' soll 'Handeln' dabei "die auf Veränderung der Natur zum Zwecke des Menschen gerichtete Tätigkeit heißen" [3]. Es ist dann relativ unerheblich, ob die einzelnen konstituierenden Kategorien der Handlung, wie die der Entlastung, des Daseinswertes, der Verselbständigung u. a. [4] ihrerseits als Anthropina gedeutet werden, da sie erst unter Berücksichtigung ihrer Interdependenz den Begriff der Handlung konstituieren. In diesem Sinne läßt sich auch das Phänomen der Weltoffenheit (kategoriales Novum des Geistigen) ebenso als Anthropinon auffassen, wie auch unter dem Handlungsbegriff als concretum subsumieren.

Immerhin setzt sich Gehlens 'anthropologische Invariantenlehre' nicht selten heftiger Kritik aus. Hervorgehoben sei hier stellver-

---

1) Landmann, M., Philosophische Anthropologie, a. a. O., S. 159.
2) Zu diesem Doppelbegriff von Anthropologie vergl. Landsberg, P. L., Einführung in die philosophische Anthropologie, Frankf./ Main 1934, S. 15 ff., 29.
3) Gehlen, A., Anthropologische Forschung, a. a. O., S. 17.
4) Zu diesen an dieser Stelle lediglich zur Demonstration erwähnten Kategorien der Handlung s. Gehlen, A., Urmensch und Spätkultur, Bonn 1956, S. 100 ff.

tretend für mehrere ähnlich lautende Einwände die Kritik von Habermas, der nicht zu Unrecht hervorhebt, daß eine Anthropologie, die wie die von Gehlen 'daran festhält', immer "nur das Wiederkehrende, das Immergleiche, das Zugrundeliegende an Mensch und Menschenwerk zum Gegenstand zu machen", 'unkritisch' und dogmatisch werde [1]. Dieser Einwand wiegt schwer. Deshalb ist auch die Besinnung notwendig, daß der Ermittlung und Analyse anthropologischer Invarianten, die die Sonderstellung des Menschen gegenüber den übrigen Organismen dokumentieren sollen, die Einsicht beizugeben ist, daß sich die im Mensch-Tier-Vergleich eruierten Invarianten innerhalb des Menschenreiches zu Variablen auflösen. Die Relativität bzw. Relationalität der Anthropina auf verschiedene Phänomene besonders sprachlicher, historischer und gesellschaftlicher Observanz muß nachdrücklich betont werden. Andererseits sind Sprachlichkeit, Soziabilität und Geschichtlichkeit ihrerseits als Eigenschaften - und nicht im zuvor intendierten Sinne von Erscheinungen - ein Komplex interdependenter Merkmale des Menschseins. Am Beispiel der Sprache läßt sich die Ambivalenz der Problemstellung besonders eindrucksvoll aufzeigen. Einerseits ist die Sprachlichkeit, d. h. die diffuse dispositionelle Sprachanlage [2] ausgezeichnetes Anthropinon und steht insoweit in indifferenter positiver Korrelation zum Prinzip der Weltoffenheit. Die jeweilige Sprache, d. h. die einzelsprachliche Konkretion der allgemeinen Sprachfähigkeit reduziert demgegenüber als konstituierender Faktor des individuellen wie kollektiven Weltbildes die prinzipielle Weltoffenheit auf eine sprachspezifische Stellung zur Welt im Sinne des soziolinguistischen Relativitätsprinzips. Die Weltoffenheit erschließt,

---

1) Habermas, J., Art. 'Anthropologie' in: Fischer Lexikon Philosophie, a. a. O., S. 32 f.

2) Ontogenetisch kommt das in der Fähigkeit des Kleinkindes zum Ausdruck, jede beliebige Sprache (auch mehrere Sprachen gleichzeitig) 'spielend' zu erlernen; d. h. die Sprachdisposition ist universal.

um ein Bild zu gebrauchen, kein Panorama, sondern nur einen Sektor von Welt.

Obwohl bereits ein Gemeinplatz, muß doch noch einmal festgestellt werden, daß es 'den' Menschen nicht gibt [1]. Das Problem liegt ja nicht so sehr darin, daß man das nicht wüßte, sondern vielmehr darin, daß die Reflexion allzu häufig bei dieser Konstatierung stehen bleibt, wo doch diese Aussage ihren eigentlichen Sinn und ihren heuristischen Wert erst dadurch erweist, daß sie auf ihre Voraussetzungen und vor allem auf ihre Implikationen, d.h. ihre spezifischen Relativierungen hin untersucht wird. Das Auffinden anthropobiologischer Konstanten erhält m.a.W. erst dann einen über die bloße Faktivitätsrelevanz hinausgehenden Sinn, wenn daraus in szientifisch verbindlicher Weise menschliches Verhalten ableitbar ist. Die Ableitung menschlichen Verhaltens, das abgesehen von irrelevanten autistischen Ausnahmen soziales Verhalten ist, aus anthropologischen Invarianten unter hinreichender Berücksichtigung variabler Faktoren, oder anders ausgedrückt, eine soziologische Verhaltenslehre auf der Basis einer anthropobiologischen Invariantenlehre, ist die Forderung, die das Streben nach Selbstverständigung und d.h. Standortbestimmung des Menschen aufstellt, wobei auch noch die Einschränkung zu beachten ist, daß das 'Invariant-Konstante' nicht einfach Ausdruck eines biologischen Grundbestandes ist, sondern, wie M. Thiel [2] deutlich macht, als 'Substraktionsergebnis' aus den historisch-empirisch faßlichen Varianzen bestenfalls als 'pseudobiologisch' anzusehen ist.

---

1) Gehlen trägt dieser Feststellung zumindest formal auch Rechnung, indem er ebenfalls 'den' Menschen in Anführungsstriche setzt. (S. Der Mensch (1966), S. 14.); Andererseits geht es ihm in seinem anthropobiologischen Hauptwerk expressis verbis um die Natur der Gattung Mensch. Implizit, das mag an dieser Stelle bereits hinzugefügt werden, gilt das für sein Gesamtwerk.

2) S. Thiel, M., Das Problem einer fundamentalen Anthropologie, in: Konkrete Vernunft. Festschrift für Erich Rothacker, Bonn 1958, S. 166 f.

Die entscheidende Prämisse für die Erfüllung dieser Forderung besteht jedoch in der Beschaffung von Erkenntnissen "der Transformation anthropologischer Faktoren in gesellschaftliche Strukturzusammenhänge" [1]. Erst wenn ernsthaft der Versuch unternommen wird ein solches Konzept zu erarbeiten, kann der von Habermas vor mehr als einer Dekade beklagte Zustand, daß, wie er damals feststellte, "mit der Verbindung von Anthropologie und Theorie der Gesellschaft noch kaum begonnen" [2] sei, als endgültig überwunden betrachtet werden. Allerdings gibt es neuere und neueste Ansätze, u. a. auch von Habermas selbst [3], die die Begründungsproblematik der Gesellschaftstheorie - außer von der Wissenschaftstheorie - auch von der Anthropologie her zu erhellen versuchen, wenn auch meist nicht als zentrales Anliegen. Habermas seinerseits unternimmt in diesem Zusammenhang Schritte auf dem Wege zu einer "Theorie des kommunikativen Handelns" [4]. Ich darf daran erinnern, daß meine in dieser Abhandlung dominierenden Intentionen einen vergleichbaren Versuch zumindest in Andeutungen enthalten.

---

1) So ganz richtig: Lepenies, W. in: Drs. u. H. Nolte, Kritik der Anthropologie, München 1971, S. 93, s. a. S. 78 f.
2) Habermas, J., Art. 'Anthropologie', a. a. O., S. 35; erschienen 1958.
3) Vergl. Habermas, J., Erkenntnis und Interesse, Frankf./Main 1968; aber auch: Kofler, L., Der asketische Eros. Industriekultur und Ideologie, Wien 1967; Claessens, D., Instinkt, Psyche, Geltung, Köln und Opladen (2. überarb. Aufl.) 1970; Sonnemann, U., Negative Anthropologie, Hamburg 1969; aber auch schon früher v. a. bei Wein, H., Philosophische Anthropologie, Hannover 1965 und bei Haubner, H., Anthropologische Grundlegung der Soziologie. Diss. phil., Darmstadt 1960. Nicht zuletzt auch Gehlen in seiner Institutionenlehre, v. a. in 'Urmensch und Spätkultur', Bonn 1956. Auf die wichtigsten Gedankengänge der genannten Werke komme ich im III. Kapitel zu sprechen.
4) Vergl. seinen Hinweis im Vorwort (S. 7) zu 'Zur Logik der Sozialwissenschaften. Materialien, Frankf./Main 1970. Die Fortsetzung dieser Anschauungen findet sich in: Habermas, J., Luhmann, N., Theorie der Gesellschaft oder Sozialtechnologie, Frankf./Main 1971.

Die Analyse des Verhältnisses von anthropologischen Konstanten zu Variablen verweist auf das mögliche Verhältnis von Anthropologie und Soziologie bzw. von Anthropologie und Institutionenlehre. Die (biologische d. V.) 'Anthropologie' ist mit einer zwar perspektivischen, jedoch prägnanten Definition L. Koflers "die Wissenschaft von den unveränderlichen Voraussetzungen menschlicher Veränderlichkeit" [1]. Die philosophische Anthropologie, der auch die biologische Anthropologie zugeordnet ist, handelt in ihrer sozio-kulturellen Dimension von der menschlichen Veränderlichkeit; auch von der des menschlichen Bewußtseins.

Die Suche nach der gemeinsamen anthropobiologischen Basis anthropospezifischer Konstanten und Varianten, sowie nach der Wurzel ihrer spezifischen Relation und Differentiation lenkt die Überlegung noch einmal zurück zu den Hauptfragen der Anthropogenese. Beschäftigt man sich mit Gehlens Stellungnahme zu Hypothesen der menschlichen Abstammung, und besonders mit seiner Auseinandersetzung mit B. Rensch [2] in dieser Frage, so drängt sich vordergründig der Eindruck auf, man habe es bei diesen beiden Autoren mit zwei Exponenten völlig unvereinbarer entwicklungsgeschichtlicher Grundpositionen zu tun. Gehlen hält Rensch ganz allgemein vor, daß er auf dem Boden der Mutations- und Selektionshypothesen stehe, insbesondere jedoch, daß er die Retardation als durch Auslesefaktoren konstituiert annehme [3], was von Gehlen im Anschluß an Bolk-Dubois-Versluys für ausgeschlossen gehalten wird.

---

1) Kofler, L., Der asketische Eros. Industriekultur und Ideologie, Wien 1967, S. 28.

2) Die Äußerungen B. Renschs zur Phylogenese des Menschen werden aus zwei Gründen bevorzugt herangezogen: Einmal wegen Gehlens Kritik an seiner Bewertung der Evolutionsfaktoren; zum anderen aber weil mir Rensch den derzeitigen Stand der Evolutionsforschung am eindrücklichsten wiederzugeben scheint.

3) S. Gehlen, A., Der Mensch (1966), S. 124. Gehlen bezieht sich dabei auf die Ausführungen von Rensch in dessen älteren Werk: Neuere Probleme der Abstammungslehre, 2. Aufl., Stuttgart 1954.

Er spricht dagegen etwas mißverständlich vom Zustandekommen durch "autonome evolutive Kräfte" [1], wobei 'autonom' offensichtlich nur unabhängig von Ausleseprozessen heißen soll. Konkret sind im Zusammenhang mit der Retardation hormonale Bedingungen, d.h. Veränderungen der Hormonproduktion [2] im Sinne einer Herausbildung 'hormonaler Hemmungssysteme' [3] mit der Folge der phylogenetischen Primitivisierung und der ontogenetischen Embryonalisierung anzunehmen. Die Beschaffenheit des endokrinen Systems und damit die Hormonproduktion verändern sich laut Gehlen ihrerseits mit dem Vorgang einer (für die menschliche Entwicklung typischen) hohen Kephalisation, die ihrerseits, das gesteht auch Gehlen zu, nur mutativ erklärt werden kann [4]. Letzter noch bestimmbarer Faktor in der Reihe der Bedingungen der menschlichen Unspezialisiertheiten, die unmittelbar durch die Retardation bedingt sind, wäre somit der Evolutionsfaktor 'Mutation'. Damit deckt sich auch Hofstätters Feststellung, daß die artspezifische Reifungsgeschwindigkeit dem Kephalisationskoeffizienten 'umgekehrt proportional' ist und somit die menschliche Retardation eine 'Funktion' von 'K' [5]. Hinter dieser Funktionsbedingung steht genetisch wiederum der Evolutionsfaktor Mutation. Die eminente Bedeutung dieses Evolutionsfaktors auch für die Menschwerdung wird von Gehlen also gar nicht ernsthaft in Zweifel gezogen. Wogegen er sich auch gerade im Falle des oben angeführten Vorwurfs gegen Rensch wendet, ist vielmehr die Rolle, die in der Verbindung oder auch nur im Nebeneinander von Mutation und Selektion angeblich dem letzteren Faktor zugeschrieben wird. Nun ist es allerdings richtig, daß Rensch die Entstehung des Menschen als durch die "gleichen Entwicklungsfaktoren und Evo-

---

1) Der Mensch (1966), S. 124.
2) a.a.O., S. 114.
3) Gehlen, A., Anthropologische Forschung, a.a.O., S. 105.
4) Der Mensch (1966), S. 114.
5) Vergl. dazu: Hofstätter, P.R., Die Psychologie und das Leben, Wien-Stuttgart 1951, S. 163 f.

lutionsregeln bestimmt" sieht wie die der Tierwelt, u. d.h. vor allem durch 'spontane Mutation' und Auslesevorgänge [1]. Auch Rensch erkennt den beiden Tatbeständen der hochgradigen Unspezialisiertheit zahlreicher Merkmale und der Retardation den Voraussetzungscharakter für die Menschwerdung nicht ab [2]. Der Unterschied der Auffassungen liegt also ausschließlich in der Einschätzung selektiver Prozesse.

Ebenso wie das Beispiel der Retardation zeigt auch der Phänomenbereich von Sprache und Denken besonders deutlich, wie problematisch das Operieren mit der Selektionshypothese im Falle spezifisch menschlicher Erscheinungen ist. So gibt Gehlen immerhin zu überlegen, ob die Entwicklung von Sprache und Denken und die verlängerte schutzbedürftige Kindheit als ontogenetischer Ausdruck der Retardation überhaupt einen Selektionsvorteil ausmachen [3]. Konfrontiert man allerdings in dieser Weise einzelne Momente (Merkmale oder Fähigkeiten) isoliert mit dem evolutiven Selektionsfaktor, so erscheint Gehlens Vorbehalt berechtigt. Es ist jedoch daran festzuhalten, daß nur ein Merkmals- oder Funktionskomplex insgesamt angemessen auf seine selektiven Implikationen hin sondiert werden kann [4]. Erst unter methodischer Rücksicht auf die psychophysische Totalität des Organismus kann der selektionstheoretische Ansatz fruchtbar werden. Aber selbst unter dem methodisch geforderten Aspekt der Totalität bleiben doch noch erhebliche Zweifel an der uneingeschränkten Gültigkeit der Selektionshypothese zur Erklärung eines der Evolutionsfaktoren (neben Mutation, Genkombination, Genfluß) der menschlichen Phylogenese. Das hat seine Bewandtnis darin, daß der Auslesevorteil bei sämtlichen bereits ausführlich dargestellten menschlichen Sondermerkmalen, wie sie aus

---

1) S. Rensch, B., Homo Sapiens, a.a.O., S. 53.
2) Vergl. a.a.O., S. 30, 38 f., 52 u.ö.
3) S. Der Mensch (1966), S. 125.
4) Vergl. dazu auch B. Rensch, Homo Sapiens, a.a.O., S. 27, 143, der darauf hinweist, daß "das der Auslese unterliegende einzelne Merkmal dem korrelativen Gefüge des Gesamtkörpers einbezogen ist" a.a.O., S. 27.

dem Vergleich mit den Anthropoiden eruiert wurden, gegenüber den letzteren in der 'Konkurrenz' um das Überleben in der Umwelt nicht ohne weiteres einzusehen ist. Aber mit dem Umweltbegriff bzw. seinem oppositionellen Korrelat, d.h. dem Begriff der Weltoffenheit fällt eben jenes Stichwort, mit dessen Hilfe doch noch ein Ausweg aus der Aporie des Überlebens des wegen seiner Konstitution im Grunde - trotz gegenteiliger Annahmen der Evolutionstheorie - nicht überlebensfähigen Hominiden gewiesen werden kann.

Mit dem Abstreifen der Umweltfesselung und der Öffnung zur Welt bis hin zur kognitiven Rückwendung auf sich selbst als Ausdruck eines kategorialen Novums entsteht stammesgeschichtlich eine neue Qualität, ein qualitativer Sprung, dessen genetische Basis in der ebenfalls sprunghaften Zunahme des Großhirns besteht [1]. Damit soll keineswegs die Außerkraftsetzung der Selektionshypothese für einen bestimmten Bereich der Evolution behauptet werden. Im Gegenteil, das Prinzip der natürlichen Auslese gilt weiterhin als ebenso empirisch gesetzmäßig wie die übrigen Evolutionsfaktoren. Und so nimmt streng genommen auch nicht das Selektionsprinzip selbst eine andere Qualität an, sondern das dem Ausleseprozeß überantwortete individuelle wie kollektive Subjekt, das als kommunizierendes, handelndes, voraussehendes, also menschliches Wesen im Zuge der Entlastung die virtuelle Reihe der Selektionsfaktoren sukzessive bewältigt, bis es die interspezifische Selektion bis auf weiteres paralysiert [2].

---

1) Vergl. dazu auch: Kainz, F., Psychologie der Sprache, Bd. I, Stuttgart 1940, S. 313 ff.; Dubois, E., Die phylogenetische Großhirnzunahme in: Biologia generalis 6/1930.

2) Definitiv läßt sich aus zwei Gründen nichts sagen: Niemand weiß genau, wie lange sich die Menschheit unter dem Druck der gegenwärtigen Bevölkerungsexplosion noch ernähren kann, und die Gefahr der atomaren Vernichtung des größten Teils der Menschheit (vielleicht auch der gesamten Menschheit - overkill) im Sinne einer makabren artifiziellen Selektion wird die Menschheit wahrscheinlich in jedem Falle bis an ihr Ende begleiten.

Der Gesetzescharakter der Selektion bleibt unangetastet. Die natürliche Auslese verläuft jedoch im Falle des Menschen größtenteils leer, d. h. sie findet kaum Angriffspunkte, da der Mensch eigentätig den einzelnen Selektionsfaktoren die gegen ihn gerichtete Spitze abbricht. Man darf dabei allerdings nicht übersehen, daß auch hier schließlich der gesamte Komplex der Evolutionsfaktoren einzukalkulieren ist. Unter der immerhin wahrscheinlichen Voraussetzung einer relativ hohen Rate schädlicher Mutanten [1] könnte das Selektionsprinzip künftig erneut ein Gewicht erhalten, wie es während der gesamten menschlichen Evolution kaum der Fall war.

Ist die Entlastung von interspezifischen Selektionsmechanismen im Verlaufe der stammesgeschichtlichen Entwicklung zumindest vorläufig größtenteils gelungen, so wird andererseits infraspezifisch die von Epoche zu Epoche perfektionierter gehandhabte Vernichtungsmaschinerie eingesetzt, um gleichsam kompensatorisch den nicht mehr fixierbaren artfremden Widersacher zu vernichten. Unter der Herrschaft des Nationalsozialismus kulminierte die pseudobiologische Entwicklung schließlich im Verbrechertum derer, die selbst bemerkenswerten historischen Vorbildern spottend, als selbsternannte Herren einer willkürlichen infraspezifischen Selektion auftraten, die ihre Opfer nach der Menge des für ihre Ausrottung erforderlichen Gases bemaß.

Die Mutation als Primärfaktor der Evolution bewahrt dem Menschen gegenüber ihre Autonomie. Die Selektion, demgegenüber logisch wie biologisch sekundär, jedoch nicht abgeleitet, wird mit dem Auftreten des Menschen im Gange der Evolution sukzessive in ihrer Effektivität zurückgedrängt und bis zum heutigen Tage auf einen vorläufig nur noch unbedeutenden Faktor reduziert. Mit der rasch zunehmenden, in ihrer Gefahr zwar häufig beschworenen, von interessierten Kreisen dagegen eher verharmlosten, bisher

---

1) Vgl. dazu: Rensch, B.: Homo Sapiens, a. a. O., S. 204 f.

jedenfalls nicht ernsthaft bekämpften Verschmutzung bzw. Verseuchung der Umwelt hat vor geraumer Zeit ein gegenläufiger Trend eingesetzt, dessen selektive Bedeutung sehr bald signifikant werden kann.

Die spezifische Relation der beiden Prinzipien Mutation und Selektion im Hinblick auf die Entwicklungsgeschichte des Menschen ist einigermaßen deutlich hervorgetreten. Es bleibt somit noch die Frage nach dem Ursprung, nach den eigentlichen Ursachen der Entstehung des Menschen unbeantwortet. Man kann diese Fragestellung allerdings auch dahingehend erweitern, daß man gleich auf die Problematik der Entstehung des Lebens zurückgeht.

Es scheint mir, daß im Hinblick auf das Problem der Menschwerdung mit Plessner die Einsicht in das 'Prinzip der Unergründlichkeit' des Menschen geboten ist [1]. Analog verhält es sich mit der Sprachursprungsfrage. Hier besteht die Aporie außerdem darin, daß mit Hilfe der Sprache hinter die Sprache, d.h. die vorsprachlichen Bedingungen ihrer Entstehung zurückgefragt werden muß [2]. Hinzu kommt noch, daß der Begriff der Entstehung ähnlich problematisch wie der der Entwicklung ist [3].

Eingedenk dieser prinzipiellen Schwierigkeiten soll trotzdem versucht werden, die Ursprungsproblematik von Sprache und Bewußtsein und ihr eigentümliches Verhältnis zur Kategorie der Weltoffenheit wenigstens in groben Zügen anzudeuten.

---

1) S. Plessner, H., Macht und menschliche Natur. Ein Versuch zur Anthropologie der geschichtlichen Weltansicht, in: Philosophie und Gesellschaft, Bern 1953, S. 257.

2) Die Möglichkeit, die Bedingungen der Sprachentstehung zu hinterfragen, wird z.B. von Liebrucks mit Verve bestritten; S. Liebrucks, B., Sprache und Bewußtsein, Bd. I, Frankf./Main 1964, S. 51.

3) Das führt H. Ammann, Vom Ursprung der Sprache, Lahr (Baden) 1929, S. 6 ff. recht eindrucksvoll vor.

"Schon als Thier hat der Mensch Sprache" heißt es in einer rätselhaften Formulierung Herders [1]. Verständlich wird diese Aussage als Plädoyer für den natürlichen Ursprung der Sprache [2]; u. zw. als ausdrückliche Replik auf Süßmilchs These vom göttlichen Ursprung der Sprache. Im übrigen zielt die Feststellung vom tierischen Ursprung nur auf den Lautcharakter, nicht auf den Logoscharakter von Sprache [3]. Der Logoscharakter der Sprache, d. h. Sprache in ihrer übertierischen Funktion der Darstellung (Bühler [4]) bzw. als Symbolsystem (Cassirer [5]), ist für Herder an den "Zustand der Besonnenheit" geknüpft, die dem Menschen "charakteristisch eigen und seiner Gattung wesentlich" ist [6]. In der Gleichung Besonnenheit - Vernunft - Reflexion liegt nach Herder der 'Keim zum Ersatze' der 'Lücken und Mängel' seiner organischen Natur [7] und zum Zwecke dieser Mängelkompensation erfand der Mensch sich notwendig Sprache [8]. Von besonderem Interesse ist in diesem Kontext die Beziehung von Sprache und Denken, genauer von Sprechen [9] und Denken, wobei Denken in dieser noch recht allgemein

---

1) Herder, J. G., Über den Ursprung der Sprache, in: Herders ausgewählte Werke, Hrsg. von A. Stern, III. Bd., Leipzig, Reklam 1880, S. 611.
2) So auch Liebrucks, B., Sprache und Bewußtsein, a. a. O., S. 55.
3) Ebenso Schmidt, G., Der Begriff des Menschen in der Geschichts- und Sprachphilosophie Herders, in: Zeitschr. f. philosophische Forschg., Bd. VIII 1954, S. 523; S. a. Herder a. a. O., S. 611 ff.
4) Vergl. dazu Bühler, K., Sprachtheorie, Jena 1934, bes. S. 2, 28 f.
5) S. dazu Cassirer, E., Was ist der Mensch? Stuttgart 1960, S. 47.
6) Herder, J. G., Über den Ursprung ..., a. a. O., S. 629; Zum Begriff der Besonnenheit bei Herder s. Schmidt, G., Der Begriff des Menschen ..., a. a. O., S. 531 ff.
7) Herder, J. G., a. a. O., S. 624.
8) a. a. O., S. 631, 633.
9) Der Primat liegt beim Sprechen (parole). Demgegenüber sind die Sprachen (langues, Erga (Humboldt)) als abgeleitet zu betrachten. Streng genommen kann nur das Sprechen verursacht sein. Vergl. die damit übereinstimmenden Ansichten R. Hönigswalds, Philosophie und Sprache, Basel 1937, 22 f.

gehaltenen Erörterung simplifizierend als Oberbegriff für so unterschiedliche Notionen wie Verstand, Vernunft, Erkennen, d.h. für die Gesamtheit der kognitiven Funktionen stehen soll.

Nun ist, wie auch Herder hervorhebt, Sprache nicht ohne Vernunft, Vernunft nicht ohne Sprache: "ratio et oratio" [1]. Die Einheit von Sprechen und Denken verweigert sich zwar der Identifizierung, verweist aber auf Gleichursprünglichkeit. Die Einheit von Denken und Sprechen als kognitiven Akten ist jedoch nicht primär, sondern abgeleitet, u. zw. von den gleichen Bedingungen, wie die Menschwerdung. Hominisation und die Entstehung von Denken und Sprechen bilden die unaufhebbare entwicklungsgeschichtliche triadische Einheit, deren konstitutive Voraussetzungen und Bedingungen sich aus mindestens zwei einander nicht ausschließenden Perspektiven, i.e., aus der genetischen und aus der kategorialen Sicht darstellen lassen. Sprechen und Denken werden ganz in Übereinstimmung mit Gehlen als eigentlich menschliche Leistungen verstanden, weshalb allein die begriffliche Konstruktion eines 'homo alalus' (Häckel) eine contradictio in adiecto bedeutet. So fällt denn auch für Gehlen die Frage nach dem Sprachursprung mit der Frage nach dem Ursprung des Menschen zusammen und aus der von Gehlen zu Recht konstatierten Tatsache, daß wir über die Entstehung des Menschen "aus irgendeiner tertiären Primatenspezies so gut wie nichts wissen" [2], folgt zwanglos seine pointiert agnostische Stellung auch zur Sprachursprungsfrage im engeren, d.h. im kausaldeterministischen Sinne. Gehlen hebt jedoch noch einen weiteren Aspekt des Ursprungsproblems hervor, wenn er nach der Bedingungskonstellation fragt, die der entwicklungsgeschichtlichen Einheit von homo loquens et cogitans zu grunde liegt, wobei er den Sprachwurzeln eine besondere Bedeutung beimißt [3].

---

1) Herder, J.G., Über den Ursprung der Sprache, a.a.O., S. 632.
2) Gehlen, A., Der Mensch (1966), S. 267.
3) a.a.O., S. 270.

Es gilt nunmehr, die Sprachursprungsfrage und das Problem der Entstehung des Denkens im zweistufigen Vorgehen zu entwickeln.

Der erste Schritt der Untersuchung befaßt sich mit den empirischen Voraussetzungen und Bedingungen der Hominisation. In der zweiten Etappe folgt auf die Analyse der Realfaktoren die Konfrontation mit dem quasi-ontologischen Ansatz, in dem die Komplementärbetrachtung des kategorialen Komplexes vorgenommen wird.

Das Bewußtsein "mit allen seinen Dimensionen - einschließlich der Sprache -" soll, so lautet Gehlens entscheidendes Postulat, bereits mit der Instinktreduktion 'eingeplant' sein [1], wobei sich das Verhältnis von Instinkt und Bewußtsein so gestaltet, "daß die Höherentwicklung der einen Instanz die der anderen ausschließt", wie Gehlen unter Berufung auf Herder und Bergson betont [2]. Eine solche Reziprozität evolutiver Prozesse war ja verschiedentlich auch aus der analogen Gegenläufigkeit der beiden Instanzen Instinkt und Weltoffenheit geschlossen worden, was zugleich auf die kategoriale Affinität der geistigen Funktionen, besonders von Sprechen und Denken, mit der Weltoffenheit hindeutet. Mit dem Tatbestand der Reduktion der menschlichen Instinkte "zu plastischen, erst über das Verhalten orientierbaren Antrieben" [3] und den damit in enger Beziehung stehenden Erscheinungen der Retardation und der weitgehenden organischen Unspezialisiertheit sind einige der von Gehlen explizit hervorgehobenen Voraussetzungen der Hominisation angesprochen. Zwei der drei von Lorenz zu 'Voraussetzungen der Menschwerdung' erklärten Merkmalen sind damit aufgeführt, u. zw. die 'partielle Neotenie' [4] und "das Freiwerden von starren Instinkten"

---

1) Urmensch und Spätkultur. Philosophische Ergebnisse und Aussagen, Bonn 1956, S. 103; Künftig zitiert: Urmensch.
2) Anthropologische Forschung, S. 104 f.
3) Gehlen, A., Urmensch, S. 103.
4) Die 'partielle Neotenie', gekennzeichnet als 'Persistenz körperlicher Jugendmerkmale der Wildform' (K. Lorenz, Psychologie und Stammesgeschichte, a. a. O., S. 80) entspricht etwa der Retardation Bolks.

einerseits und zum zweiten die erwähnte Unspezialisiertheit im engsten Zusammenhang mit dem 'aktiv explorierenden Neugierverhalten' [1]. Die dritte von Lorenz behauptete Voraussetzung besteht in der "zentralen Repräsentation des Raumes", die als Folge des Kletterns mit der Greifhand betrachtet wird und die Grundlage der menschlichen Raumvorstellung bildet [2].

Es zeigt sich bei vergleichender Betrachtung der Thesen von Lorenz und Gehlen, daß neben bedeutsamen Kongruenzen besonders im Hinblick auf den Voraussetzungscharakter von Instinktreduktion, Retardation und Unspezialisiertheit auch weitreichende Unterschiede in den Auffassungen zu diesen und weiteren Voraussetzungen der Hominisation bestehen. Tiefgreifende Konsequenzen für die Theorie der Hominisation und damit für die Ansicht über die Stellung des Menschen in der Natur ergeben sich aus der jeweiligen Auffassung über die spezifische Relation von menschlicher Selbstdomestikation und Retardation bzw. Neotenie. Lorenz sieht hier ein einseitiges Abhängigkeitsverhältnis derart, daß die Selbstdomestikation des Menschen zu einer partiellen Neotenie führte und außerdem "durch den Abbau starrer Instinkte neue Freiheitsgrade des Handelns" ermöglichte [3]. Die Weltoffenheit beruht also nach Lorenz letztlich auf der Selbstdomestikation [4]. Der von Lorenz behauptete Kausalzusammenhang von Domestikation und Retardation wird von Gehlen in Abrede gestellt. Um die Kontroverse nicht unnötig zu protrahieren, mag nur das bestechendste Gegenargument Gehlens, das er von Portmann übernimmt, vorgeführt werden. Das wesentliche Merkmal der Domestikation, "das Gleichbleiben oder gar Abnehmen der Gehirnausbildung" trifft auf den Menschen gerade nicht zu. Aus dieser und anderen Feststellungen kann man folgern, daß Retardation (Neo-

---

1) Lorenz, K., Psychologie und Stammesgeschichte, a.a.O., S. 86 f.
2) a.a.O., S. 87.
3) a.a.O., S. 88.
4) Vergl. a.a.O., S. 81 ff.

tenie) und Domestikation 'heterogene Vorgänge' sind [1]. In den Problemkreis, der die Neotenie-Erscheinung umgreift, fällt auch die nächste Meinungsverschiedenheit, denn im Zusammenhang mit der partiellen menschlichen Neotenie soll nach Lorenzscher Auskunft die Dollo'sche Regel der Orthogenese, d.h. der Irreversibilität der Spezialisierung, einer Ausnahme unterliegen [2]. Damit ist die Möglichkeit der Abstammung des Menschen vom Pongiden [3], und d.h. von einem höherspezialisierten Wesen als es der Mensch ist - wenn auch weniger hoch spezialisiert als der rezente Schimpanse - wieder im Gespräch. Dieser jüngste gemeinsame Ahne von Schimpanse und Mensch muß nach der Aussage von Lorenz spezialisierter gewesen sein als der Mensch, weil, und damit ist zugleich die dritte von Lorenz postulierte Voraussetzung der Menschwerdung erneut ins Spiel gebracht, "die Greifhand und die mit ihr korrelierte zentrale Repräsentation des Raumes sich nur im Baumleben entwickeln konnten" [4]. Demzufolge liege beim Menschen eine 'Entspezialisation' vor. Der funktionelle wie embryologische Vergleich des menschlichen Fußes und der Hand mit denen spezialisierter Anthropomorpher macht jedoch die Annahme von morphologischen Rückbildungen (Entspezialisierungen) unwahrscheinlich [5]. Die von Lorenz in ihrer Bedeutung als Hominisationsprämisse hervorgehobene Raumrepräsentation läßt sich - als Resultat der vorgeführten Überlegungen - durchaus einem menschlichen Prototyp zuschreiben,

---

1) Gehlen, A., Der Mensch (1966), S. 121 f.
2) Lorenz, K., Psychologie ..., a.a.O., S. 81; Von beiden Autoren (Gehlen a.a.O., S. 109, Lorenz a.a.O., S. 82) wird der kiemenatmende Lurch Axolotl als Beweis für die jeweils vertretene Hypothese herangezogen.
3) Menschenaffen: Schimpanse, Gorilla, Orang-Utan, Gibbon und Dryopithecinae (ausgestorben) s. Rensch, B., a,a.O., S. 55.
4) Lorenz, K., Psychologie ..., a.a.O., S. 82.
5) Vergl. dazu die hier wegen ihrer Ausführlichkeit nicht zu referierenden Auslassungen Gehlens, der sich auf verschiedene Autoren beruft: Der Mensch (1966), S. 94 f., 97 ff., 100 f.

der abgesehen von der Enzephalisationskonstante und der 'Cytoarchitektonik', auch in anderen Merkmalen nicht spezialisierter war als der rezente Hominide. Die solcherart vermutete hominide Ausgangsform wäre, um sowohl die Forderung nach Erfüllung der Voraussetzung der zentralen Repräsentation des Raumes (Greifhand), als auch die nach ausnahmsloser Fortgeltung der Dollo'schen Regel (gegen Lorenz) zu berücksichtigen, als 'neutral', d.h. als 'boden- wie baumlebend' [1] anzunehmen.

Der zunächst an Gehlen orientierte, durch die z.T. damit konfligierenden Anschauungen von Lorenz modifizierte Katalog der Minimalvoraussetzungen der Menschwerdung hat die folgenden anthropospezifischen Merkmale zu enthalten:

Der Komplex der Erscheinungen der Neotenie bzw. Retardation, der relativen morphologischen Unspezialisiertheit bei gleichzeitiger Höherspezialisierung des Gehirns [2] und der Instinktreduktion in seinem bereits dargestellten Zusammenhang wird ergänzt durch die "aus dem Klettern mit der Greifhand erwachsene zentrale Repräsentation des Raumes" [3], wobei es sich nicht um eine Erklärung im anspruchsvollen Sinne handelt, sondern nur um eine möglichst aussagefähige Aufzählung von wahrscheinlichen Realfaktoren der Hominisation. Die Frage nach den Ursachen stellen heißt jedoch den Komplex der Realfaktoren biologisch kausal zu erforschen. Mehr als der Hinweis auf die Verursachung durch die Evolutionsfaktoren, v.a. die Mutation läßt sich vorderhand nicht geben. Dabei sei zugestanden,

---

1) So H.F. Osborn in: Gehlen, A., Der Mensch (1966), S. 99.
2) Die Fragen der Gehirnphysiologie sind natürlich viel komplexer, als es hier erscheint. Eine differenziertere Betrachtung berücksichtigt neben quantitativen Befunden (Zellvermehrung) auch solche qualitativer (Kortikalisierung: Verlagerung nervöser Steuerungsfunktionen) und funktionaler (bes. Verzögerungsspannen) Art. S. dazu: Hofstätter, P.R., Die Psychologie ..., a.a.O., S. 160 ff. und drs., Einführung in die Sozialpsychologie, a.a.O., S. 237 ff.
3) Lorenz, K., Psychologie und Stammesgeschichte, a.a.O., S. 86.

daß diese Reduzierung des Ursachenkomplexes der Hominisation auf die Evolutionsfaktoren und dabei vornehmlich auf den Faktor Mutation die Kausalitätsproblematik in keiner Weise löst, sondern vielmehr eher Ausdruck eines asylum ignorantiae ist, indem die gesamte Problematik auf das Mutationsprinzip verschoben wird, was insofern einen agnostischen Rückzug darstellt, als über den Primärfaktor der Evolution wenig bekannt ist.

Die aufgeführten Voraussetzungen der Menschwerdung sind, das ist zu ergänzen, zugleich Voraussetzungen der menschlichen Sprachfähigkeit. Sie konstituieren den 'Zerebralisationsaspekt' der Sprachentstehung, der Gegenstand des 'ersten Ursprungstheorems' ist [1]. Die Herausbildung des 'Sprachvermögens', der Sprachfähigkeit, d.h. der phylogenetischen, interlingual invarianten dispositionellen Anlage zum Sprechen ist analytisch und konditional vom Auftreten der ersten (historischen) Sprechakte als dem 'Soziabilitätsaspekt' des Spracherwerbs zu trennen, d.h. dem ersten Ursprungstheorem (Ausbildung der Sprachfähigkeit) kommt die 'logische Prärogative' vor der Sprechtätigkeit zu, was die 'genetische Koinzidenz' beider Aspekte de facto nicht ausschließt, sondern sogar wahrscheinlich macht [2]. Keineswegs soll damit einer völlig verfehlten Unterscheidung in zwei Menschentypen das Wort geredet werden, die stammesgeschichtlich womöglich aufeinander folgen und von denen der 'Vorläufer' - nur mit Sprachfähigkeit ausgestattet, die sich nicht in Sprechakten realisiert - als reduzierter Hominide dem Nachfolgenden, der bereits im aktiven Sprachbesitz ist, evolutiv unterstellt wird. Vom Menschen ist vielmehr immer erst dann die Rede, wenn homo loquens et cogitans gemeint ist.

---

1) Vergl. dazu meine ausführliche Entwicklung der Sprachursprungsfrage in meiner bereits zitierten Diplomarbeit, S. 20-30, wo ich vor allem die beiden Kategorien der Zerebralisation und der Soziabilität entwickelt habe.

2) a.a.O., S. 22.

Nachdem die Überzeugung von der Totalität des Menschen gegen mögliche Mißverständnisse abgesichert ist, kann nun noch einmal auf den analytischen Differenzierungsakt rekurriert werden. Stand bei der Entstehung der Sprachfähigkeit die enorme hominide Gehirnentwicklung mit den bekannten Begleiterscheinungen im Vordergrund, so kommt es zur Sprechtätigkeit erst durch den Soziabilitätsfaktor, d. h., daß das "Kontaktbedürfnis als erbbiologisches Merkmal des Menschen und der gemeinschaftsbildenden Tiere einerseits als notwendige Bedingung für jede Art der Kommunikation betrachtet werden muß, im Falle des mit Sprachvermögen ausgestatteten Menschen eine spezielle Kommunikationsform, i. e. das Sprechen ermöglicht" [1]. Damit ist also die Geltung der von Révész als Sprachursprungstheorie entwickelten 'Kontakttheorie' im Gegensatz zu den Intentionen ihres Verfassers nicht für die gesamte Sprachursprungsfrage, sondern nur für die Lösung des zweiten Ursprungstheorems, d. h. die Entwicklung der Sprechtätigkeit anerkannt [2].

Die Konstruktion zweier Ursprungstheoreme und die Festlegung der ihnen korrelierenden empirisch-realen Aspekte der Emanation des Logos scheint sich mir 'organisch' in das durch Gehlen aufgestellte, aber doch in einigen wichtigen Punkten modifizierte anthropologische Schema zu integrieren. Damit ist aber bereits der angekündigte zweite Schritt des Eindringens in die Ursprungsproblematik eingeleitet, d. h. es schließt sich der Einblick in die kategoriale Strukturiertheit des Hominisationsvorganges an. Dabei kann es sich nur darum handeln, die bereits in mehreren Phasen entwickelte Kategorialanalyse zu rekapitulieren und in ihrer komplementären Relevanz für die Ursprungsfrage vorzustellen. Es handelt sich also um

---

1) Soziologie und Sprache, a. a. O., S. 30.
2) a. a. O.; Zur 'Kontakttheorie' s. a. Révész, G., Ursprung und Vorgeschichte der Sprache, Bern 1946, bes. S. 110 ff., 165, 190 f., 215.

die kategorial-analytische Präzisierung des psycho-physischen Nexus. Die Merkmale (Kategorien) der 'niederen' (physischen) Schicht, wie vor allem Unspezialisiertheit und Instinktreduktion greifen auf die 'höhere' (geistige) Schicht über und konstituieren, überformt durch das irreduzible kategoriale Moment der Weltoffenheit (Mundanität), die Merkmale bzw. Kategorien der geistigen Schicht wie Denken und Sprache (Bewußtsein). Sämtliche Kategorien, Merkmale bzw. Momente sind zwar nur als Teile der Totalität des interdependenten kategorialen Bedingungskomplexes zu verstehen, ohne dessen Annahme sich Bewußtsein auch kategorial gar nicht konstituiert. Sie sind jedoch in kategorialanalytischer Betrachtung monistisch, d.h. sie sind schichtenspezifisch. Das bedeutet, daß sie entweder der physischen oder der seelisch-geistigen Schicht angehören. Ich bezeichne diese Art von Kategorien als m-Kategorien (m = monistisch). In diesem Sinne sind auch Sprechen und Denken kategorial monistisch, ebenso selbstverständlich das kategoriale Novum der Mundanität (Weltoffenheit). Im Gegensatz zum Kriterium der Weltoffenheit sind jedoch Sprechen und Denken Resultat der beiden Akte des Übergreifens und Überformens und somit Phasen der Handlung, und damit prozessual dualistisch. Durch solche d-Kategorien wie Handlung und Entlastung, die doppelt besetzt und somit psycho-physisch neutral sind, kommt nämlich die Vermittlung beider Schichten zustande, denn handelnd, d.h. aber auch sprechend und denkend existiert der Mensch aus diesem Nexus heraus. Die Kategorie der Weltoffenheit oder der Mundanität [1], wie ich wegen ihrer eingeschränkten Geltung vorziehen würde zu sagen, zeigt

1) Die Kategorie der Mundanität gewinnt im Rahmen meiner Darstellung die Dignität einer Fundamentalkategorie, die ihr, wie die Begründung gezeigt hat, auch wohl zukommt. Mir scheint dies zugleich die überzeugendste Art zu sein, der Anthropologie unter Vermeidung einer spitzfindigen Apologetik das Odium der Überbetonung der Mängelthese zu nehmen.

eine komplexe Aspektstruktur, die ich wegen ihrer Bedeutung als kategorialem Novum [1] der geistigen Schicht darstellen möchte.

Der erste Aspekt, i. e. die kategoriale Novität, wurde soeben und auch früher häufiger betont. Unter terminologischem Gesichtspunkt stellt sie einen Gegenbegriff dar, d. h. sie ist als 'außenseitiges' Moment den 'innenseitigen' Merkmalen wie Sprechen und Denken inkongruent, denen gegenüber sie außerdem den logischen, nicht jedoch zeitlichen oder genetischen Primat besitzt. Typologisch-klassifikatorisch hat sie artdifferenzierenden Charakter, d. h. sie gewährleistet die essentielle Unterscheidung von Mensch und Tier. Genetisch stellt sie sich primär mutativ dar und schließlich impliziert sie funktional die Fundamentalkategorie der Entlastung und d. h. konkret die entlastete Handlung. In diesem letzten Aspekt entbirgt sich auch das Korrelat des zweiten Ursprungstheorems: Die menschliche Soziabilität mit ihren drei Dimensionen 'Arbeit', 'Interaktion' und 'Sprache' [2]. Im Hinblick auf die Dimension der Handlung besitzt die Kategorie der Mundanität zweifellos außerdem Appellqualität. Die einfache Tatsache der weitgehenden Umweltenthebung nötigt nämlich den Menschen zur Bewältigung der vorgefundenen Aufgaben der Lebenserhaltung, aber potentiell auch der Lebenserhöhung.

Die Welt des Menschen, weit davon entfernt Umwelt zu sein, ist auch nicht mehr im eigentlichen Wortsinne Naturwelt, sondern wie

---

1) Gehlen spricht dagegen ohne nähere Begründung davon, daß in Denken und Sprache das kategoriale Novum vorliege (Der Mensch (1966), S. 270). Eine solche Umkehrung der Relation würde implizieren, daß Sprache und Denken (als Einheit) durch Überformung die Weltoffenheit mitkonstituieren würden. Denken und Sprache sind aber andererseits laut Gehlen Handlungsvollzüge, die Handlung selbst, so war nachgewiesen worden, concretum der Weltoffenheit. Damit wäre dann jedoch der Beweisfehler der petitio principii gegeben.
2) Bestimmung nach Habermas, J., Technik und Wissenschaft als Ideologie, Frankf./Main 1968, S. 32 u. ö.

Gehlen klarstellt, Kulturwelt, womit folgerichtig auch die ohnehin artifizielle und irreführende Unterscheidung zwischen Kultur und Zivilisation fortfällt [1], denn Kultur soll sein: "Der Inbegriff der vom Menschen tätig, arbeitend bewältigten, veränderten und verwerteten Naturbedingungen, einschließlich der bedingteren, entlasteten Fähigkeiten und Künste, die auf jener Basis erst möglich werden" [2].
Damit werden auch Kulturphänomene zumindest perspektivisch aus elementaranthropologischer Sicht zugänglich. 'Kultur' wird von Gehlen geradezu als 'anthropobiologischer Begriff' [3] verstanden, woraus die wichtige Einsicht folgt, daß der Mensch "von Natur ein Kulturwesen" ist [4].

Natura naturans ist die Sphäre allen Lebens mit Ausnahme des menschlichen. Für die Daseinsweise des Menschen gilt: cultura naturans, wobei der Begriffsbestandteil 'cultura' etymologisch auf die elementare Stufe der Entlastungsprozesse, in denen die ungeheure Belastung, wie sie mit der Mundanität entsteht, kompensiert wird, verweist.

Weltoffenheit nötigt, aber sie setzt auch voraus. So, wie sie den Zwang zum Handeln, zum tätigen Sichverhalten determiniert, so setzt sie erst Handlungsalternativen frei.

Das Problem der Willensfreiheit hat hier seinen Ansatzpunkt.

---

1) S. Gehlen, A., Der Mensch (1966), S. 38 f.
2) a. a. O., S. 39.
3) a. a. O., S. 80.
4) ebda.

II. B. Das Problem der Willensfreiheit

Mit zwei Fragen läßt sich die Willensfreiheitsproblematik in ihren beiden Hauptstufen umreißen. Es ist die Frage nach der Freiheit des Willens 'wovon' oder nach der kausalen Determination als Repräsentation der ontologischen, präziser: philosophisch-anthropologischen Problemstellung und in einer darauf gründenden zweiten Problementwicklungsstufe die Frage nach der Freiheit des Willens 'wozu' oder nach der anthropoklinen Teleologie als Repräsentation der ethischen Thematik, wobei zu erforschen ist, ob und inwieweit die ethische Problemstufe der anthropologischen immanent ist. In Verbindung mit der Reduktionshypothese gilt es auch einen Blick auf die dezision istische Einbruchstelle in den Objektionszusammenhang zu werfen; d. h. die Methode der erkenntnisanthropologischen Diakrise, die bisher allerdings nur äußerst rudimentär entwickelt wurde, kommt erneut zur Anwendung. Für das Selbstverständnis von philosophischer Anthropologie, die ihren kritischen Anspruch mit jeder Problemstellung erneut einlösen muß, ist es nämlich wesentlich zu erfahren, ob ihr eine Grundlagenfunktion für die Ethik eignet. Daß jedoch keine Totaldetermination ethischer Möglichkeiten von anthropologischen Realfaktoren besteht, davon überzeugt bereits die Vergewisserung der unaufhebbaren Primärerfahrung von der Willensfreiheit, deren Existenz auf naiv-phänomenologischer Stufe bereits dadurch bewiesen wird, daß man sie 'freiwillig' ebenso negieren kann, was sie somit nicht aufhebt.

Mit der Zurückweisung des formalen Determinismus kraft selbstevidenter Primärerfahrung, die ihrerseits ja schon deshalb nicht subjektivistisch mißdeutet werden kann, als sie immer schon sprachlich vermittelt sich konstituiert, und insofern Ausdruck der Zeichenrepräsentation ist [1], erreicht die anthropologische Fragestellung

1) Das entspricht der Ansicht von Peirce, der damit auch die Ablehnung der Intuition als einer von vorhergehender Erfahrung unabhängigen Erkenntnismöglichkeit verbindet, - und der Lehre der Soziolinguistik.

diejenige Stufe der Willensfreiheitsproblematik, auf der sie einen wohlverstandenen materialen Determinismus postulierend, den Komplex der determinierenden Realfaktoren, dem das Wollen und damit auch die Willenshandlung unterliegt, aufzeigen kann. Der über die negative Demonstration hinausgehende positive Beweis der Willensfreiheit könnte dann nur darin bestehen, in der Kette der den potentiellen Willensakt determinierenden Realfaktoren ein noch zu definierendes Element der Selbststeuerung aufzusuchen und anthropologisch abzusichern. Damit ist schon von vornherein geklärt, daß der Faktor 'Selbststeuerung' nicht archaisch-metaphysisch als actus purus verstanden werden darf [1]. Es ist vielmehr eine Abhängigkeit zur Kategorie der Weltoffenheit und den Relativitätsprinzipien zu erwarten.

Die Nennung des Mundanitätsprinzips macht deutlich, daß bereits die elementare Dimension der philosophischen Anthropologie, i. e. ihre biologische Stufe die Ausgangsbasis für eine positive Bestimmung des Willensfreiheitstheorems erstellt. So gehört der Wille für Gehlen gerade auch deshalb, weil er ein eigenes 'Willensvermögen' oder eine 'Willenskraft' des Menschen als metaphysische Annahme zurückweist, notwendig zur anthropologischen Konstitution, d. h. er stellt ein menschliches 'Gesamtphänomen' dar [2].

Zur anthropologischen Begründung der prinzipiellen hominalen Willensfreiheit kann, abgesehen von der Gewichtung einzelner Teile, Gehlens gesamte Theorie vom Sonderentwurf des Menschen in der Natur herangezogen werden. Das ist nicht besonders erstaunlich, inhäriert doch eine jede authentische Anthropologie zumindest implizit eine Stellungnahme zur Willensfreiheitsproblematik, ohne die

---

1) Einer indeterministischen Deutung der Willensfreiheit ist mit Nachdruck zu begegnen. Vgl. dazu: H. Pichler, Die Unverträglichkeit des Indeterminismus mit der Logik, in: Zeitschrift für philosophische Forschung, Bd. XIV, 1960, S. 620 ff. Es geht vielmehr darum, Eigen- und Fremddetermination im handlungsbestimmenden Kontext zu sehen, an dem Motivforschung ansetzt.
2) S. Der Mensch (1966), S. 362 f., 366 u. ö.

Anthropologie sich lediglich als spezielle Zoologie ausweisen würde. Insofern ist auch das II. Kapitel der vorliegenden Behandlung der Bewußtseinsproblematik, die ja unabhängig von der jeweiligen, methodisch gebotenen Perspektive der Betrachtung eines der zentralen anthropologischen Themen darstellt, zugleich als Prolegomenon zur Willensfreiheitsfrage zu lesen.

Die Kategorie der Mundanität, die in ihrer diffizilen Aspektstruktur analysiert wurde, stellt ihren Wert als heuristisches Prinzip nun auch für die Klärung der Willensfreiheitsfrage unter Beweis [1]. Denn erst wenn die Umweltgebundenheit durchbrochen ist, kann Verhalten zumindest partiell autonom und d. h. willentlich gesteuert werden.

Wenn nun plötzlich der Schwerpunkt auf den Verhaltensaspekt gelegt wird, so erklärt sich das aus folgender Überlegung: Willensfreiheit transformiert sich - erst einmal der rein akademischen Diskussion entzogen [2] - existentiell in Handlungsfreiheit, wobei allerdings die Voraussetzung gemacht werden muß, daß Handlungsfreiheit sowohl Freiheit zum Handeln, als auch zum Unterlassen indizieren kann. Das ist die primäre Alternativimplikation, die sich aus der Relation der Willens- zur Handlungskategorie erschließen läßt. Erst wenn aus der Alternative das Handlungsdefizit eliminiert ist, wenn die Entscheidung zur Handlung also getroffen ist, stellt sich das Problem der logisch konkludenten Alternativimplikation, die die erste zur Prämisse hat, selbst aber eine Wahlsituation im Sinne der Ent-

---

1) Auch die Position von W. Keller, Das Problem der Willensfreiheit, Bern 1965, ist durch die Forderung nach Grundlegung der Willensfreiheitsfrage im Rahmen 'philosophischer Anthropologie' charakterisiert (S. 47, 61), wobei Anthropologie ihrerseits in Fundamentalontologie gründen soll (S. 63), die die Existenz von 'Freiheit überhaupt' zu begründen habe (S. 46).

2) Exemplarisch dazu: H. Gomperz, Das Problem der Willensfreiheit, Jena 1907; H. Ertel, Kausalität, Teleologie und Willensfreiheit als Problemkomplex der Naturphilosophie, in: Sitz. ber. d. Dt. Ak. d. Wiss. zu Berlin, Klasse f. Mathematik u. allg. Naturwiss., Jg. 1954, Nr. 1.

scheidung zwischen alternativen positiven Handlungsvollzügen verlangt.

Die Analyse der zweiten Alternativimplikation enthüllt die Schwierigkeit, in die die Behandlung der Willensfreiheitsproblematik metaanthropologisch durch den Relationscharakter der Kategorien des Willens und der Handlung geführt wird [1]. Der entscheidungstheoretische Sachverhalt besteht darin, daß Willensfreiheit im Sinne von Handlungsfreiheit das Bestehen einer Wahlsituation zwingend fordert, daß jedoch der Handlungsvollzug sich dadurch auszeichnet, daß er ebenso zwingend die notwendig vorgegebene Wahlsituation zerstört. Indem die Handlungsmöglichkeit A realisiert wird, werden B, C usw. als Zielalternativen dieser Handlung vernichtet.

Läßt sich somit die Beziehung der beiden Kategorien abstrakt eindeutig darstellen, so verbergen sich dahinter zwei Probleme, wobei das erstere in der Annahme eines Entscheidungsgrenzfalles besteht. Der Grenzfall tritt dann auf, wenn die Alternativen einer Handlung gleichstark motiviert sind. Das ist der klassische Fall, der Buridans Esel, glaubt man seinen scholastischen Interpreten, in den Hungertod treibt. Dabei wird, abgesehen von der artifiziell konstruierten Situationslosigkeit übersehen, daß man die tierische Triebstruktur nicht auf diese Weise anthropomorph wegerklären kann. Den Zeitfaktor eingerechnet, denn der Hungertod tritt ja nicht spontan ein, würde Buridans Esel, vom Hunger getrieben und von zwei gleichwertigen Möglichkeiten gelockt ihn zu befriedigen, früher oder später eine Übersprungshandlung vollziehen, die nicht ohne motorische Folgen bliebe. Diese Bewegung müßte ihn sekundär zu seinem Triebziel führen. Denn einmal in Bewegung gesetzt ist die Idealität der

1) Wenn selbst im Zusammenhang mit positiven Handlungschancen nur von dyadischen Fällen die Rede ist, so bedeutet das lediglich eine Vereinfachung der Darstellung an sich auch möglicher dyadischer Fälle analog zur leichteren Verwendung der zweiwertigen gegenüber der komplizierteren mehrwertigen Logik.

Situation durchbrochen und die Bedürfnisbefriedigung auch logisch freigegeben.

Auch ohne die Konstruktion eines analogen anthropologischen Beispiels zeigt sich, daß das 'liberum arbitrium indifferentiae' ein Artefakt ist. Ohne Rückgriff auf die Ergebnisse der Fachwissenschaften lassen sich sinnvolle Aussagen über elementare Fragen der Triebsteuerung oder der Verhaltensautonomie nicht gewinnen. Auch die gleichstarke Motivation zweier einander Ausschließender Handlungen beim Menschen schließt ex definitione eine Entscheidung gerade deshalb nicht aus, weil im Zeitverlauf eine Situationsveränderung zwangsläufig eintritt, womit sich auch die Determinationsstärke der jeweiligen Motivation verlagert. Der Effekt der die Entscheidungskonstellation modifizierenden Situationsänderung kann dennoch darin bestehen, daß es zu einer Entscheidung für eine der Handlungsalternativen nicht kommt, obwohl inzwischen eine unterschiedliche jeweilige Motivationsstärke vorliegt. Das ist nun allerdings wieder der Fall der primären Alternativimplikation, der sich darin äußert, daß die Bereitschaft zum Handeln in allen potentiellen Alternativen inzwischen aufgegeben wurde.

Das zweite Problem, das die Darstellung der kategorialen Relation zwischen Wille und Handlung aufwirft, besteht in der Frage nach der Erzeugung von Wahlsituationen, die ja als conditiones sine quae non der Handlungsfreiheit und des Handlungsbegriffs überhaupt ausgewiesen waren. Das Tier hat keine Wahl. Für seinen Verhaltensablauf hat schon immer eine Vorwahl stattgefunden. Der Grenzfall gleichstarker, gleichzeitiger Triebziele wird nach einer Periode merklicher motorischer Unruhe durch eine Übersprungshandlung sekundär gelöst. Eine echte Wahlsituation liegt jedoch beim Tier weder in der Regel noch im Ausnahmefall vor. Sie würde ja voraussetzen, daß auch die jeweilige Alternative bewußt hätte angestrebt werden können. Wahlsituationen haben also ausschließlich anthropospezifische Relevanz. Das Codewort, das zur Bezeichnung ihres als anthropologisch erkannten Ursprungs führt, ist der Begriff des Hiatus. Im Phänomen des Hiatus zwischen Antrieben und Handlung unter ständiger Berücksichtigung der Implikationen des Mundanitätsprinzips ist also der Sachverhalt des Entstehens von Wahlsituationen aufzusuchen.

Ebendort, wo der Entstehungsgrund des Bewußtseins liegt [1], präsentiert sich alles was der Fall ist im Kontext handlungsrelevanter Wahlsituation als Weltsektor, dessen Auslöser durch den Kopf hindurch müssen, wenn Handlung geschehen soll. Der Determinismus-Indeterminismus-Komplex, erst einmal von der wenig fruchtbaren Betrachtung abgehoben, wiederholt sich in subtiler Weise auf kommunikationstheoretischer Ebene. Wie schon Windelband herausstellte, ist Wahlfreiheit in ganz konkreter Weise durch 'Wissensgrenzen' beschränkt [2]. Nichtbewußtes, Halbbewußtes wie Falschbewußtes sind auch Mächte, die handlungsrelevante situationelle Komplexität zur Farce degradieren können.

Daß die Kategorie der Handlung eine Vielfalt von Komplementärerscheinungen einbegreift, die den Komplex von Tat- und Sprechhandlung ebenso treffen, wie den von Triebreaktion und Reflexionshandlung, verdient gerade im Licht der Willensfreiheitsthematik besondere Betonung. Der Aphorismus als Verkürzung der systematischen Gedankenreihe, in der die aufgezeigten Interdependenzen erschöpfend dargestellt werden könnten, erscheint mir als das geeignete Stilelement der pointierten Andeutung. Das ungewöhnliche Erleben, das Ausnahmeerlebnis zeigt das Handlungspektrum in den Weisen der Realisierung und Verhinderung: Der Schreck, mehr noch

---

1) Das entspricht der These von der Entstehung des Bewußtseins' 'aus dem gehemmten Lebensprozeß', das sich also in der Lücke entfaltet, die "aus der Hemmung unmittelbarer Reaktionen" entsteht. Vgl. dazu: Gehlen, A.: Der Mensch (1966), S. 68 f.

2) W. Windelband, Über Willensfreiheit, 4. Aufl., Tübingen 1923, bes. S. 72.

aber der Schock, der sprachlos macht, läßt zuweilen die Hand vor den Mund schlagen.

Das Relativismusproblem als eines der Zentralthemen einer philosophischen Theorie des Bewußtseins steht gerade im Hinblick auf die damit verbundene Determinismus-Indeterminismus-Kontroverse in spezifischer Beziehung zur Willensfreiheitsfrage, die unter diesen Umständen einmal nicht 'basal', also biologisch, sondern von der Bewußtseinsebene betrachtet werden soll. Dabei lassen sich zwei Extrempositionen formulieren, die wegen ihres gleichgerichteten Ausschließungscharakters des aut-aut das et-et des 'relativen' Relativismus als Ort der Willens- und Handlungsfreiheit in ihrer Begrenzung geradezu verlangen. Radikaler Relativismus lähmt als eine Abart des Absolutismus ebenso das Handeln, wie der Absolutismus die Wahlhandlung in letzter Konsequenz aufhebt. Das Zielbild von 'Wahrheit' aber ruht auf einer Identitätsvorstellung selbst dort, wo, wie in der Fiktion des absoluten Relativismus, sich ihr Anspruch in eigener Sache kontraindiziert.

III. Die Institutionalisierung des Bewußtseins

Gehlens Werk bildet, wenn man einmal von seiner frühen absolut-idealistischen (phänomenologischen) Periode absieht, also seit seiner 'anthropologischen Wende' [1] bis heute ein Corpus von bemerkenswerter Einheitlichkeit. In einer Vielzahl von Schriften, die er den vergangenen vierzig Jahren publizierte, ist ein gewisser Systemcharakter zu erkennen, der als ein Komplex von Grundauffassungen biologischer, soziologischer und methodologischer Art unter dem Generalnenner 'philosophisch-empirische Anthropologie' firmiert [2]. Werden nun auch seine anthropologischen Untersuchungen von Anbeginn durch eine amtitiöse philosophische Kategorialanalyse begleitet, bzw. erst durch sie initiiert, so zeigt sich daneben als zweiter Aspekt der systematischen Behandlung des 'konkreten' Menschen die stufenweise Rezeption anthropologischer Dimensionen, die sich unschwer besonders anhand seiner Hauptarbeiten nachzeichnen läßt. Eine solche reine ex post facto Analyse, die die im I. Kapitel versuchte wissenschaftssystematische Lokalisierung ergänzt, gelangt in diachronischer Betrachtung zu der Feststellung, daß sich die Grundlinien von Gehlens anthropologischem Oeuvre als Trilogie darstellen, wobei sein anthropologisches Hauptwerk, 'Der Mensch' primär den Charakter einer Anthropobiologie hat [3], wogegen seine Institutionenlehre unter dem Titel 'Urmensch und Spätkultur' [4] die anthroposoziologische Weiterführung seines

---

1) Vgl. dazu die Ausführungen S. 20. Gehlen selbst nimmt zu dieser Caesur in seinem Denken verschiedentlich Stellung. Vgl. dazu: Gehlen, A.: Studien zur Anthropologie und Soziologie, Neuwied und Berlin 1963, S. 147; drs.: Theorie der Willensfreiheit und frühe philosophische Schriften, Neuwied und Berlin 1965, S. 8.

2) Siehe dazu: Zeitschrift für philosophische Forschung, 18. Jg. 1964, Die Schriften von Arnold Gehlen, S. 333 ff., Stand: Ende 1963.

3) Erstmals 1940 erschienen. Die neueste (8.) Auflage datiert aus dem Jahre 1966.

4) Mit dem Untertitel "Philosophische Ergebnisse und Aussagen"; 1. Aufl.: 1956, neueste (2. neu bearbeitete) Auflage 1964.

anthropobiologischen Grundentwurfs bringt [1]. 1969 folgt schließlich Gehlens anthropobiologisch und -soziologisch fundierte 'pluralistische Ethik' unter dem Titel 'Moral und Hypermoral' [2]. Dabei wird nicht zuletzt durch die in der Handlungskategorie zentralisierten Auffassung von der anthropospezifischen Sonderentwicklung der species homo von ersten Vorentwürfen in seiner Elementaranthropologie bis hin zu seinen neuesten gesellschaftskritischen Stellungnahmen eine bemerkenswerte Kontinuität in den Grundaussagen sichtbar. Die Handlungskategorie, von der W. Lipp geradezu als 'Handlungsinstitution' spricht [3], ist dabei unverzichtbare Voraussetzung und Bestandteil dieser über Jahrzehnte in den wesentlichen Punkten konstanten anthropologischen Grundauffassung [4].

Hatte die Präzisierung des Mundanitätsprinzips als einer anthropologischen Konstanten bereits deutlich gemacht, unter welchen prinzipiellen Einschränkungen die Weltoffenheitskategorie Geltung beanspruchen kann, so verhilft die Analyse der Institutionenlehre als Ausdruck der soziologischen Dimension der Anthropologie zu Einblicken in Mechanismen der Verhaltenssteuerung und zugleich der Bewußt-

---

1) Bereits in der 4. Aufl. von 'Der Mensch' 1950, S. 414 f. bringt Gehlen eine tiefgreifende Korrektur an. Er vollzieht nämlich die Abkehr von der in den ersten drei Auflagen vertretenen These, die 'obersten Führungssysteme' seien in direkte Beziehung zur biologischen Konstitution des Menschen zu setzen. Damit ist der entscheidende erste Schritt zur Grundlegung der Institutionenlehre getan.

2) 'Eine pluralistische Ethik'; inzwischen in der 2. (unveränderten) Aufl., 1970.

3) W. Lipp, Institution und Veranstaltung. Zur Anthropologie der sozialen Dynamik, Berlin 1968, S. 106.

4) Das schließt andererseits nicht aus, daß nach Gehlens eigener Feststellung 'manche Teile' seiner zuletzt in der 8. Aufl. von 'Der Mensch' entwickelten Konzeption "zweifellos überholt oder gar von vornherein fehlerhaft konzipiert sind". S.: drs.: Ein anthropologisches Modell, in: The Human Context, Bd. 1/1968/69, S. 4.

seinsbildung. Es sind somit in das von Gehlen schon frühzeitig verwandte Schema vom 'Handlungskreis' die Institutionen einzusetzen und auf ihre verhaltenssteuernden und kognitiven Funktionen hin zu untersuchen. Die Theorie der Institutionen wird zu einem der Ausgangspunkte eines kybernetischen Modells kollektivanthropologischer Observanz.

III. A. Der Handlungskreis

Nachdem Denken und Sprechen zweifelsfrei als Handlungsvollzüge bestimmt werden konnten, und sich somit der Begriff des Bewußtseins kategorial konturierte, wobei die Analyse des hominiden psycho-physischen Nexus auch einiges zur Erhellung der Phylogenese des Bewußtseins und damit zur stammesgeschichtlichen Ursprungsfrage des Menschen beitrug, bleibt noch der gesamte Fragenkomplex offen, der auf die Ermittlung der Determinanten der Formierung des Bewußtseins und damit der Verhaltensnormierung gerichtet ist. Der Hiatus zwischen Antrieben und Handlung bzw. zwischen Bedürfnissen und deren Erfüllung, in dem das unvermittelte Stimulus-Response-Schema [1] - außer in den Extremfällen der Direktwirkung der Instinktresiduen - zu gunsten von Wahlsituationen aufgehoben ist, schließt, wenn er nicht besetzt wird, Handlungen aus. Antriebe und Handlung werden jedoch variabel verknüpft durch die Akte des Bewußtseins, die in ihrer handlungsinitiierenden Eigen-

---

1) Die Durchbrechung des unilinearen Reiz-Reaktions-Schemas findet sich im Ansatz schon im tierischen Spiel, worauf I. Eibl-Eibesfeld, Grundriß der vergleichenden Verhaltensforschung, München 1967, S. 242 hinweist. Zumindest gilt das für höhere Säuger, vorausgesetzt, ihr Verhalten findet ein 'entspanntes Feld' vor; vgl.: G. Bally, Vom Spielraum der Freiheit, 2. überarb. u. erg. Aufl., Basel 1966, S. 29. Der entscheidende Unterschied liegt jedoch in der differierenden Antriebsstruktur, die beim Menschen 'sprachlich' ist.

schaft den Hiatus überbrücken, wobei sie den instinktresidual bedingten konstitutionellen Antriebsüberschuß unter Kontrolle nehmen und hemmen.

Bewußtsein als reflexive Instanz trifft man dabei auf zwei Ebenen an. Auf der Reflexionsebene analysiert es Handlungen vom Standpunkt der Außenbetrachtung; die Artikulation geschieht auf der Ebene der Objektsprache. Sich selbst betrachtet es im Sinne der Selbstreflexion im gleichen Medium, sofern es behaviouristisch verfährt. Auf der Aktionsebene dagegen fungiert Kognition als Initialstadium von Handlungen, indem sie Verhaltenssteuerung an Daten orientiert [1).

Handlungsinduzierende Datenqualität haben Bedürfnisse, Antriebe, Außenwelttatsachen, Verhaltensnormen und Wertmaßstäbe, der Erfahrungsspielraum und nicht zuletzt die Struktur des Bewußtseins selbst. Was bereits an mehreren Stellen zu den kognitiven Relativitätsprinzipien gesagt wurde, bildet den formalen Bezugsrahmen des Bewußtseins, der Denken und Handeln bereits im Vorwege prägt, schematisiert und stabilisiert. Das ist natürlich nicht streng genetisch, sondern eher nach dem historistischen Schema der Interdependenz gedacht, das Bewußtsein schon immer relativistisch reduziert vorfindet.

Damit sind die Hauptelemente des Handlungsbegriffs zusammengetragen, so daß der Einstieg in eine vorläufige Definition angezeigt erscheint: "Unter Handlung soll die voraussehende planende Veränderung der Wirklichkeit verstanden werden" [2). Bereits im Sinne

1) In diesem zweiten Sinne ist Bewußtsein in seiner Funktion als kognitiver Akt 'Phase der Handlung'. Bewußtsein auf der Reflexionsebene sollte man dagegen gleichberechtigt mit dem Sprechen als Handlungsform verstehen.

2) A. Gehlen, Studien zur Anthropologie und Soziologie, Neuwied und Berlin 1963, S. 20; ganz ähnlich definiert auch W. E. Mühlmann: Handlung als "bewußtes, willentliches, aktiv in die Umwelt eingreifendes (also Objektdistanzierung voraussetzendes) Tun aufgrund von Zielvorstellungen", in: drs. u. E. W. Müller (Hrsg.), Kulturanthropologie, Köln-Berlin 1966, S. 24.

dieser ersten definitorischen Annäherung, die sich gegebenenfalls gegen den Vorwurf instrumentalistischer Verkürzung zu verteidigen hat, stellt sich der Handlungsvollzug als eine 'komplexe Kreisbewegung' [1] dar; es bilden sich Assoziationen zu V. v. Weizsäckers Bild vom Gestaltkreis und zum kybernetischen Konzept des Regelkreises.

Die Analogie von Regelkreis und Handlungskreis möchte Gehlen zutreffend so verstanden wissen, daß der technische Regelkreis in Anlehnung an die Anschauung H. Schmidts als 'objektivierter Handlungskreis' begriffen wird [2]. Es besteht für Gehlen insofern Isomorphie zwischen beiden, als der 'rückgekoppelte Handlungskreis' im technischen Regelkreis nach außen verlegt, 'entsubjektiviert' wird [3]. Umgekehrt wäre es allerdings eine "echte Inversion der Beweisführung", wollte man den Menschen bzw. die Handlung als technische Regelanlage deuten [4].

Die in ihrem heuristischen Wert bereits mehrfach gewürdigte Fundamentalkategorie der Handlung bewahrt ihren bekannten Vorzug der Ausklammerung des psycho-physischen Dualismus mit ihrer Konzeptualisierung als Regelungssystem. Damit sind auch Denken und Tun (auf der Aktionsebene) zu einem 'Ganzen' verbunden [5]. Schließlich ermöglicht der kybernetische Ansatz schon in der biologischen Schicht

---

1) A. Gehlen, Anthropologische Forschung ..., a. a. O., S. 19.
2) Vgl.: A. Gehlen, Anthropologische Ansicht der Technik, in: Technik im technischen Zeitalter. Stellungnahmen zur geschichtlichen Situation, hrsg. v. H. Freyer u. a., Düsseldorf 1965, S. 107; Vgl. dazu auch H. Schmidt, in seinem Beitrag "Die Entwicklung der Technik als Phase der Wandlung des Menschen", erstmals 1954, wieder abgedruckt in: F. v. Cube, Was ist Kybernetik, 3. Aufl., München 1971, S. 278 f.
3) A. Gehlen, Anthropologische Ansicht..., a. a. O., S. 108 f.
4) Auf die Gefahr einer solchen technomorphen Umdeutung weist H. Schäfer mit Nachdruck hin; siehe: N. Wiener, Kybernetik, Hamburg 1968, Enzyklopädisches Stichwort, S. 244.
5) H. Schmidt, a. a. O., S. 278.

der Handlungsebene die Koexistenz von 'Ganzheit' und 'Kausalität' [1], wobei 'Ganzheit' die idealtypisch völlige Geschlossenheit des Regelsystems und Kausalität 'Kreiskausalität' (H. Schmidt) als geschlossene Wirkungskette meint. Primär im Falle eines sich selbst steuernden Systems, d. h. bei Vorliegen von Kreiskausalität, wird von 'Regelung' gesprochen, wobei dann die Rückkopplung den einzigen Regelungseffekt darstellt, wogegen bei Vorliegen einer offenen Wirkungskette unter Verzicht von Rückkopplung von Steuerung die Rede ist [2].

Mag auch der biologische Regler noch am ehesten nach dem Prinzip der automatischen Regelung funktionieren, da der biologische Sollwert mechanisch bestimmt ist [3], so scheint der anthropologisch-pragmatische Regelkreis, als der der Handlungskreis vorgestellt worden ist, neben dem immanenten Rückkopplungseffekt ohne zusätzliche Fremdregelung gerade deshalb nicht als ausschließlicher Regelungstypus denkbar zu sein, weil andernfalls die Handlungsmotivation - u. a. qua Bewußtsein - auf die jeweils einmalige Regelungsfunktion der Handlungsinitiierung beschränkt würde. Eine Verhaltensänderung außer durch Rückkopplungseffekte wäre damit ausgeschlossen. Handeln würde sich, einmal eingeleitet, auf streng zweckrationales Verhalten beschränken; Optimierung der Zweck-Mittel-Relation wäre der einzige verbleibende Handlungstypus, während jede Variabilität von Zielprojektionen aufgehoben würde.

Es kommt also darauf an zu sehen, daß sich das Regelkreismodell menschlichen Verhaltens in spezifischer Weise sowohl vom biologischen Regelsystem als auch vom technischen unterscheidet. Die Dif-

---

1) Dazu kommt noch die 'Spontaneität' des ZNS; vgl.: B. Hassenstein, Kybernetik in der Biologie. Möglichkeiten und Grenzen, in: F. v. Cube, a. a. O., S. 201 f.
2) Vgl. dazu: F. v. Cube, a. a. O., S. 25; s. a.: H. J. Flechtner, Grundbegriffe der Kybernetik, Stuttgart 1966, bes. S. 44.
3) S. dazu: H. Schäfer, in: N. Wiener, a. a. O., S. 244 f.

ferenz liegt unbeschadet der formalen Isomorphie einmal in der unterschiedlichen Beschaffenheit der Elemente der jeweiligen Regelkreise; im Falle der Differenzierung zwischen biologischem und pragmatischem Regelkreis insbesondere aber in der Art, in der die Führungsgröße [1] des jeweiligen Systems konzipiert wird. Während das Charakteristikum biologischer Regelkreise "die Geschlossenheit des Systems aller Regelungen" [2] ist, in denen es keine unabhängige Variable gibt, zeichnet sich jede technische Regelanlage gerade dadurch aus, daß sie trotz möglicher geschlossener Wirkungskette (automatische Regelung) den Sollwert (Führungsgröße) von aussen vorgegeben bekommt. Beide Kennzeichnungen, nämlich als geschlossenes Rückkopplungssystem bei gleichzeitiger Systemunabhängigkeit des Sollwertes gelten ebenso für den pragmatischen Regelkreis. Schließlich weisen beide Regelkreismodelle eine weitere Gemeinsamkeit auf, die sie ebenfalls vom biologischen Regelkreis unterscheidet. Die Abläufe innerhalb des Systems sind zwar ebenso wie beim biologischen Regelkreis kausal zu beschreiben, die Führungsgröße sowohl des technischen als auch des pragmatischen Modells besitzen jedoch teleologische Qualität [3].

Die dreifache Äquivalenz beider Systeme kann jedoch nicht darüber hinwegtäuschen, daß es noch ein Unterscheidungsmerkmal gibt, durch das letztinstanzlich die menschliche Handlung irreduzibler Faktor auch für die Möglichkeit technischer Regelanlagen bleibt. Die Vorstellung des technischen Modells bleibt immer auf den Dualismus zweier Aktzentren, nämlich des technischen Regelkreises und der letztinstanzlich menschlich konzipierten Führungsgröße als Sollwert angewiesen. Ausschließlich im menschlichen Aktzentrum, d.h. nicht einmal in dem höherer Säuger, sind Teleologie und Kausalität mit-

1) Vgl. zu diesem und weiteren kybernetischen Termini: Wörterbuch der Kybernetik, Hrsg. G. Klaus, 2 Bde., Frankfurt/Main 1971.
2) H. Schäfer, in: N. Wiener, a.a.O., S. 244.
3) Siehe: H. Schäfer, a.a.O., S. 244.

einander korreliert.

Wie die Relation der polaren Determinationsprinzipien zu begreifen ist, hat N. Hartmann in seiner subtilen 'Kategorialanalyse des Finalnexus' entwickelt, worin er unter Zugrundelegung der Schichtungsprinzipien [1] in einer Sequenz von drei Stufen den Prozeß der Handlungskonkretisierung beschreibt. Zwecksetzung und darauf folgende Mittelselektion sind die beiden die extramentale Zweckrealisierung (kausaler Realprozeß) initiierenden Bewußtseins - (Final) - Akte [2]. Eine weitere Formulierung Hartmanns mag das anthropospezifische Faktum der Verknüpfung von Kausalität und Finalität aus dem Blickwinkel der Hominisation noch einmal abschließend beleuchten: "Von der biologischen Zweckmäßigkeit des Bewußtseins zum Bewußtsein der Zweckmäßigkeit führt der geradlinige Weg phylogenetischer Aszendenz" [3].

Der kybernetische Vorblick auf die Handlungskategorie als Systembegriff hat die Handlungskreisproblematik in ausreichender Deutlichkeit aufgeworfen, um die Notion des Handlungskreises bei Gehlen und bei H. Schmidt, auf dessen diesbezügliche Ansätze sich Gehlen ausdrücklich beruft, vorzustellen, zu interpretieren und im Hinblick auf kybernetische Relevanz zu überprüfen.

Gehlen definiert den Handlungskreis als "die plastische, gesteuerte, am rückempfundenen Erfolg oder Mißerfolg korrigierte und schließlich gewohnheitsmäßig automatisierte Bewegung" [4]. Die genannten Bewegungsphasen bedürfen noch detaillierter Explikation, wobei auch

---

1) Auf deren kurze Darstellung und Rezeption bin ich auf den Seiten 92 ff. eingegangen.
2) Siehe: N. Hartmann, Teleologisches Denken, Berlin 1951, bes. S. 69 ff.
3) N. Hartmann, Philosophische Grundfragen der Biologie, Göttingen 1912, S. 165.
4) Das ist die einzige explizite und zugleich relativ umfassende Definition dieses Begriffs bei Gehlen, in: Die Seele im technischen Zeitalter. Sozialpsychologische Probleme in der industriellen Gesellschaft, Hamburg 1954 (zitierte Aufl. 1964), S. 17.

die Bedingungen zu untersuchen sein werden, unter denen der hohe Abstraktionsgrad eines isolierten geschlossenen Rückkopplungssystems, wie es das Modell eines einfachen Handlungskreises darstellt, zu gunsten eines komplexeren Handlungskreismodells sukzessiv reduziert werden kann. Zunächst sind jedoch die Bewegungsattribute als Komplex von Systemelementen zu betrachten, so daß sich der Handlungskreis unter Verwendung der üblichen kybernetischen Terminologie wie folgt darstellen läßt:

Vom Gehirn als menschlichem Aktzentrum (Regler) - immateriell ausgedrückt: Bewußtsein - verläuft nach Maßgabe des Sollwertes (vorgegebene Funktion), der als zu erreichendes Handlungsziel vorgegeben wird, die Motorik (Stellgröße) über das zu verändernde Objekt (Regelstrecke) weiter über die Sensorik (Regelgröße) zurück zum Gehirn. Dieser Prozeß ist erst in dem Moment beendet, "wenn sich Ist- und Sollzustand decken" [1], wenn also das Handlungsziel verwirklicht ist [2].

Die Kategorie der Handlung hat sich in mehreren einander ergänzenden Betrachtungen als anthropospezifische Fundamentalkategorie erwiesen: Ihrer Operationalisierung als Regelvorgang im Sinne eines pragmatischen Regelkreises liegt die Einsicht zugrunde, daß der Handlungskreis die "universelle Form der sinnvollen Äußerung der Menschen" [3] ist, so daß sich alle drei Aspekte der Handlung, i. e. die Tathandlung, das theoretische Tun (Denken) und die Sprechhandlung als geschlossene Kreisprozesse modellieren lassen. Sprachkompetenz bildet dabei die essentielle Klammer zwischen den Handlungsaspekten: Die Sprachmäßigkeit von theoretischer wie praktischer

---

1) H. Schmidt, a. a. O., S. 278.
2) Der im Handlungskreis implizierte Rückkopplungsvorgang ist, besonders unter physiologischen Gesichtspunkt, natürlich viel komplexer und bisher kaum durchschaut; vgl.: N. Wiener, Kybernetik, a. a. O., S. 138 ff., S. 144 ff.
3) H. Schmidt, a. a. O., S. 278. Diese Passage wird von Gehlen zustimmend zitiert: Die Seele ..., a. a. O., S. 17.

Handlung findet ihren Ausdruck in der notwendigen Vermittlung beider.

In die Konzeption des kybernetischen Handlungskreises geht die Sprachmäßigkeit aller Vollzüge als konstitutionelles Datum des Reglers ein. Die durchgehende Sprachmäßigkeit des Antriebslebens eröffnet zugleich den Blick auf eine weitere Fundamentalkategorie, die an anderer Stelle bereits als die wichtigste dualistische Kategorie der Verbindung der physischen mit der psychisch-geistigen Schicht im Menschen präsentiert wurde [1], nämlich die Kategorie der Entlastung.

Unterstellt man vorläufig einmal hypothetisch den eminent bewußtseins- und verhaltenssteuernden Effekt der Institutionen, so mag sich hinsichtlich der diesbezüglichen Bedeutung der Sprache der Hinweis anschließen, daß es sich bei ihr um eine 'Meta-Institution' [2], ja geradezu um eine Proto-Institution handelt, denn sie geht allen übrigen Institutionen logisch voraus; ihr Entlastungspotential ist radikal im Wortsinne.

III. A. 1. Das Entlastungsgesetz

Um die Beziehung von Handlung und Entlastung im Sinne der prinzipiell entlasteten Handlung anthropobiologisch und soziologisch konstitutiv zu erfassen, sind die vier Elemente des Handlungskreises kategorial zu entfalten. Die als Handlungskreis charakterisierte Bewegung wird von Gehlen zunächst als 'plastisch' beschrieben. Mit der 'Plastizität der Antriebe' ist ein erster Hinweis auf die spezifisch menschliche, instinktresiduale Organisation des Antriebs-

---

1) Siehe v. a. S. 84 ff. u. 89 ff. dieser Untersuchung.
2) So K.-O. Apel, Arnold Gehlens Philosophie der Institutionen, a. a. O., S. 18. Im gleichen Sinne spricht von der Sprache auch als Fundamental-Institution, a. a. O., S. 6 f.

lebens gegeben, die sich in gedrängter Formulierung so darstellt: Die Dichotomie von konstitutionellem Antriebsüberschuß und Hemmbarkeit der Antriebe (Hiatusbildung) kennzeichnet exakt den die Plastizität und Variabilität der Antriebe einsetzenden, in der Handlung kulminierenden 'Formierungszwang' [1]. Die Plastizität der menschlichen Antriebe zeigt viele Aspekte, die zu nennen schon deshalb lohnt, weil von dort die Brücke zur Charakterisierung des zweiten kategorialen Elements, nämlich der Verhaltenssteuerung geschlagen wird. Es handelt sich um die folgenden Bestimmungen: Instinktreduktion, Entwicklungsfähigkeit der Antriebe, ihre Weltoffenheit, ihre Hemmbarkeit, ihre Fähigkeit zur Sublimierung und endliche ihre Regenerationsbereitschaft [2]. Beide, die Plastizität des menschlichen Antriebslebens und ihr Pendant, der Zwang zu seiner Formierung stehen unter dem Diktat 'biologischer Notwendigkeit' [3].

Die Steuerung der Bewegung im Handlungskreis ist synonym zu dem zu verstehen, was man in der Regel als Komplex von Motivation und Auslösung bezeichnet. Steuerung meint also zunächst ganz simpel die Einzelfallaufhebung von Plastizität und Variabilität im konkreten Handlungsfall. Vorzubeugen ist einem möglichen Mißverständnis, das durch die Verwendung des Begriffs der Steuerung zur Kennzeichnung eines Regelkreiselements entstehen könnte. Über die Willkürlichkeit einer Abstraktion, die zum Zwecke der Konstruktion eines Modells des Handlungskreises als einfachem Regelkreis, bei dem als einzige externe Größe der Sollwert vorgegeben ist, vorgenommen wird, wird noch zu urteilen sein. Geht man jedoch zunächst einmal von einem derartigen Modell aus, dann bedeutet Steuerung tatsächlich nicht mehr, als systemimmanente Auslösung des Prozesses und damit

---

1) Im einzelnen sei dazu auf die eingehende Erörterung der Struktur des menschlichen Antriebslebens verwiesen; vgl. v. a. Der Mensch (1966), Kap. 6-8, S. 39-43 und besonders S. 53 ff., 333 ff.
2) Vgl.: Der Mensch (1966), S. 351.
3) Siehe: a. a. O., S. 35 und 361 f.

gerade die Ausschließung des kybernetischen Begriffs der Steuerung, dessen Geltung das entscheidende Charakteristikum des Regelsystems beseitigt, nämlich das Phänomen der Rückkopplung [1]. Der Begriff der Rückkopplung ist es zugleich, der vom motivationstheoretischen Ansatz, der für die Frage der Verhaltenssteuerung grundlegend ist, zur lerntheoretischen Dimension als Ausdruck des dritten Elementes, i. e. der durch trial and error korrigierten Bewegungsphase überleitet.

Am Phänomen der Rückkopplung bzw. Rückmeldung offenbart sich die besondere Problematik des Handlungskreises als Regelkreis. Gelegentlich wird nämlich postuliert, nur im Falle unbewußt, also willkürlich verlaufender Kreisbewegungen, wie z. B. bei der Regelung der Körpertemperatur eines beliebigen Organismus, könne von Rückkopplung die Rede sein, bei zielgerichtetem Verhalten liege dagegen 'Fremdregelung' vor [2]. Diesem Einwand hält F. v. Cube zu Recht entgegen, daß er nur unter der Voraussetzung aufrecht zu erhalten sei, daß von der Existenz zweier "eindeutig voneinander trennbarer Systeme", nämlich dem psycho-physischen Dualismus ausgegangen werden könne [3]. Das Dilemma, das zu Kontroversen der genannten Art führt, ist jedoch nur begrifflicher Natur. Der kybernetische Verhaltensbegriff ist formal [4], und somit muß der Handlungsbegriff,

---

1) Besteht zwar bei isolierter Betrachtung der Gehlenschen Handlungskreisdefinition die Gefahr der Mißdeutung des Begriffs der Steuerung, so kann andererseits jedoch kein Zweifel Platz greifen, daß Gehlen die gängige Unterscheidung zwischen Steuerung und Regelung im kybernetischen Sprachgebrauch in eindeutiger Weise vornimmt. Vgl. dazu: Die Seele ..., a. a. O., S. 20. Etwas verwirrend ist allerdings, daß an anderer Stelle die Rede in etwas irreführender Weise auf 'rückläufige Steuerungsprozesse' gebracht wird; Siehe: Anthropologische Forschung, a. a. O., S. 19.
2) So z. B. H. Rohracher in: F. v. Cube, a. a. O., S. 132.
3) F. v. Cube, a. a. O., S. 133.
4) Im 'Wörterbuch der Kybernetik' a. a. O., heißt es unter 'Verhalten' ('Verhaltensweise'): "Menge der z. B. durch äußere Einwirkungen hervorgerufenen zeitlich aufeinander folgenden Zustände eines dynamischen selbstregulierenden Systems".

wenn er kybernetisch operationalisiert werden soll, ebenfalls formalisiert werden. Die ad hoc-Schwierigkeit besteht darin, daß das potenzierte Auftreten des Verhaltensbegriffs einfachem Verstehen entgegensteht. Ein System zeigt ein bestimmtes Verhalten; und dieses Verhalten ist im Falle des Handlungskreises menschliches Verhalten. Handeln wird also systemtheoretisch objiziert und damit auf den kybernetischen Verhaltensbegriff gebracht, ohne damit das ihm eigene teleologische Moment einzubüßen. Das wäre erst der Fall, wenn die Führungsgröße nicht korrekt eingesetzt würde.

Schließlich ist noch das vierte Element des Handlungskreises, die Automatisierung der Bewegung als Ausfluß von Gewohnheit anzusprechen. Das gewohnheitsmäßig habitualisierte Verhalten kann man als Funktion des Lernerfolges betrachten. Dabei kann das Bewußtsein weitgehend abgeschaltet sein. Die Erfolgskontrolle kann auf ein Minimum reduziert werden, im Extremfall sich wohl infinitesimal dem Nullwert nähern. Damit ist dann die Möglichkeit 'reiner' Reflexion gegeben, zu der gewohnheitsmäßig orientierte oder auch desorientierte Begleithandlungen ablaufen können.

Am Phänomen der automatisierten Handlungsvollzüge zeigt sich der Entlastungseffekt besonders augenfällig. Es kommt beim Probierverhalten und besonders bei der gewohnheitsmäßigen Stabilisierung geradezu zur "Wiederherstellung des fundamentalen Verhältnisses von Instinkt und Auslöser" auf humaner Ebene [1]. Der Entlastungswert habitualisierten Verhaltens kann gar nicht hoch genug eingeschätzt werden, fallen doch der "Motivations- und Kontrollaufwand, die Korrekturbemühung und die Affektbesetzung" weg [2]. Damit wird das automatisierte Verhalten zugleich "stabilisiert, es wird kritikfest und einwandsimmun" und somit zusätzlich die 'Basis' für ein

1) Vgl.: A. Gehlen, Urmensch ..., a.a.O., S. 29.
2) Drs., Der Mensch (1966), S. 65.

"höheres, auf ihm erwachsendes variables Verhalten [1]. Hier setzt aber auch die Interpretation ein, die Jonas der Entlastungskategorie gibt.

Sie sei eine 'doppeldeutige Kategorie', als wohl "höhere Probleme kultiviert werden können", woraus jedoch ebenso eine "gefährliche Wendung ins Subjektive" folgen könne [2]. Diese Folgerung, als Gefahr bewertet und in die anthropologische Elementaraussagenebene zurückprojiziert, mag zu der, wenn auch aus anderen Überlegungen resultierenden Sequenz berechtigen, die W. Lepenies formuliert, wenn er bemerkt, Gehlen habe "aus einer flexiblen Anthropologie eine rigide Institutionentheorie entwickelt" [3]. Spezifiziert man diese kritische Wendung, dann zielt sie auf die bereits beiläufig reflektierte, jedoch noch nicht ausdiskutierte Infragestellung der Gehlenschen These von der Natürlichkeit der Institutionen.

Die Untersuchung institutioneller Entlastungseffekte, die sich ja paradigmatisch aus einem Wechsel der Perspektive vom bereits erörterten habitualisierten Verhalten auf internalisiertes Verhalten im Sinne der Erweiterung der Handlungskategorie auf soziales Handeln orientieren könnte, verlangt die Transzendierung des bisher ausschließlich unterstellten einfachen Handlungskreismodells in Richtung

---

1) a. a. O.; Die Affinität der Bewußtseinsbegriffe Gehlens und Deweys zeigte sich in der übereinstimmenden Ansicht beider Autoren, Bewußtsein als 'Handlungsphase' zu begreifen (vgl. S. 55 f.). Außerdem findet sich auch bei Dewey eine im Ansatz als kybernetisch deutbare Betrachtung von Handlungsvollzügen nach Art von Handlungskreisen, deren Hauptkomponenten 'Subjekt' und 'Umwelt' ausmachen. Die eigentliche Differenz liegt dagegen in der engen instrumentalen Auffassung des Bewußtseins bei Dewey, der der Reflexion, deren Freisetzung nach ihm ausschließlich durch Störungen des Handlungsablaufs geschieht, die nur 'episodische' Funktion der Wiederaufhebung jener Störungen zuschreibt. Vgl. dazu: E. Baumgarten, Der Pragmatismus, Frankfurt/Main 1938, S. 242 ff., 270 f. u. A. Gehlen, Der Mensch (1966), S. 144.

2) F. Jonas, Die Institutionenlehre Arnold Gehlens ..., a. a. O., S. 41.

3) W. Lepenies in: drs. u. H. Nolte, Kritik der Anthropologie, München 1971, S. 95.

auf das Konzept komplexer pragmatischer Regelkreise. Die Entlastungstendenz läßt sich dabei durchgehend verfolgen, in allen vitalen Schichten vom bedingten Reflex über die reflexionsbegleitete Handlung bis hin zur Gewohnheit [1] ebenso wie vom einfachen 'kleinen' Handlungskreis ('eigentliche Werkpraxis') bis hin zum 'großen' Handlungskreis der Magie [2] bzw. den Handlungskreisen steigender Komplexität.

Die Entwicklung der Aspektstruktur des Bewußtseins auf der Aktionsebene erscheint als Einstieg in die Problemstellung insofern besonders geeignet, da das Bewußtsein als immaterieller Bestandteil mit dem Gehirn als materiellem Korrelat das die Regelkreise verschränkende Aktzentrum darstellt. Einerseits begleitet das Bewußtsein (Denken) die Handlung in jedem Stadium des Vollzuges außer in den angedeuteten Fällen hochgradig automatisierter Vollzüge, wo das Denken heteroklin ablaufen kann, womit aber bereits die Grenze zur Reflexion überschritten ist. In der begleitenden Funktion sind die Bewußtseinsakte in Form von Bedürfnis, Antrieb oder Motivüberlegung "als v o l l z o g e n e Impulse oder Akte (nicht als gedachte)" ... "schon Initialstadien des Handelns selbst" [3]. Erklärtes Ziel dieser Zuordnung ist es, die Motivation und Auslösung der Handlungskette aus der möglicherweise fruchtlosen Kausalanalyse herauszuhalten. Das Schema unilinearer Kausalität, gegen das sich Gehlen in jedem Zusammenhang verwahrt, würde tatsächlich nur einen Kompromiß signalisieren, mit dem die 'populäre Rede' vom Motiv als Ursache der Handlung zu sprechen gewohnt ist [4].

Demgegenüber bietet sich jedoch die Möglichkeit, den Motivationsbegriff als Funktion eines zweiten, in den ersten eingeschachtelten Regelkreises aufzuschließen. Das führt zum Überblick über die

---

1) Vgl. dazu: Der Mensch (1966), S. 67.
2) Siehe dazu: A. Gehlen, Die Seele ..., a. a. O., S. 18.
3) A. Gehlen, Urmensch, S. 31.
4) a. a. O.

Varianzbreite der Regelkreisthematik auf anthropologischer Basis, wobei zugleich die grundlegenden Wechselbeziehungen zwischen Individuum und Gesellschaft skizziert werden.

Die Beschreibung des Handlungskreises gemäß Gehlens Definition in kybernetischer Terminologie ergab, daß es sich dabei um das Modell eines individualisierten pragmatischen Regelkreises mit Festwertregelung handelt, wobei das Bewußtsein (Gehirn) als Regler fungiert. Im Falle des einfachen Regelkreises mit Festwertregelung kann über den Sollwert ex definitione nicht mehr ausgesagt werden, als daß er konstant ist. Seine Determination kann nur systemextern gesucht werden. Dazu ist nun die Wirkungsweise des Reglers eines weiteren Regelkreises notwendig, dessen Objekt (Regelstrecke) der Regler des einfachen Handlungskreises, i. e. das Bewußtsein ist. Das heißt jedoch nicht etwa, daß die Führungsgröße (Sollwert) des ersten Regelkreises variabel würde. Die Aufhebung der Konstanz des Handlungszieles (Sollwert) könnte ja auf zwei Arten zustande kommen. Entweder der Sollwert wird per Rückkopplung modifiziert, was allerdings zum Konflikt mit der Definition des Handlungskreismodells führen würde. Die Modifikation des Sollwertes könnte andererseits als Konstitutionsfaktor eines neuen Handlungskreises mit konstanter Führungsgröße aufgefaßt werden.

Diese Version der Relationierung von Führungsgröße und Handlungskreis scheint mir insofern folgerichtiger, als somit der Rückkopplungseffekt im eineindeutigen Sinne der Sollwerterreichung begriffen wird. Ist nun auch der Sollwert eine dem einfachen pragmatischen Regelkreis vorgegebene konstante Funktion, so wird er seinerseits jedoch durch die Wirkungsweise des zweiten Regelkreises determiniert.

Den solcherart mit dem Handlungskreis vermaschten weiteren Regelkreis, der die Beziehung zwischen Welt und Bewußtsein herstellt, bezeichne ich als 'konstitutiven Regelkreis erster Stufe'. Damit ist ein komplexer Regelkreis in das anthropologische Schema eingeführt, der das individuelle Aktzentrum im Sinne der Verhaltensstabilisierung und der Bewußtseinskonditionierung prägt. Der Begriff der 'Sozialisation' mag diesen Sachverhalt schlagwortartig beleuchten. Aber auch die Motivbildung gehört in diesen Kontext.

Man hat sich nun den zweiten Regelkreis nicht etwa als Verdoppelung des Handlungskreises vorzustellen, denn zwischen Bewußtsein (Regler des Handlungskreises) und Objekt (Regelstrecke) besteht im 'Steuerungsbereich' nur eine Verbindung, während die Rückkopplungsstrecke des Handlungskreises durch eine Parallelverbindung zwischen dem Regler des konstitutiven Regelkreises erster Ordnung und dem Bewußtsein ergänzt wird, so daß es also einerseits über die Rückkopplung aus dem Handlungskreis einzelfallbeeinflußt wird, während es durch den Regler des zweiten Regelkreises sowohl generell determiniert, als auch bei der Motivbildung zu einer einzelnen Handlung bestimmt wird.

Daß auf der Gegenhälfte des Modells nur eine Strecke vorliegt, ist darin begründet, daß ein Individuum nur einlinig auf seine Umgebung wirken kann, gleichgültig, ob es sich um ein bestimmtes Objekt (Gegenstand, Sachverhalt oder Person), oder um 'Welt' insgesamt handelt. Aus der Handlungsdefinition ließ sich ja unschwer ableiten, daß es um eine jeweils auf ein einziges Ziel gerichtete Bewegung einer einzelnen Person geht, die also in dem Sinne als isoliert zu betrachten ist, daß sie eine in sich geschlossene Kreisbewegung darstellt, die mit der Zielerreichung zu Ende geht [1].

---

1) Objekt und Welt sind dabei im Verhältnis von Ganzem und Teil zu denken, so daß also der spezielle Objektbereich als ein zum übergeordneten System geöffnetes Subsystem erscheint, womit der Möglichkeit der beim Handlungsvollzug auftretenden Nebenwirkungen auf das System Rechnung getragen wird. Dieser Sachverhalt läßt sich an einem alltäglichen Beispiel demonstrieren: Ein Autofahrer weicht einem plötzlich auf die Fahrbahn gesprungenen Kind aus und rammt mit der Erreichung seines Handlungszieles, nämlich das Kind nicht zu überfahren, einen anderen Wagen. Hier auch von Zielerreichung zu sprechen, würde zweierlei voraussetzen: Einmal den Besitz eines stark wertgeminderten Fahrzeugs und außerdem die Absicht zum Versicherungsbetrug.

Anthropologische Regelkreise

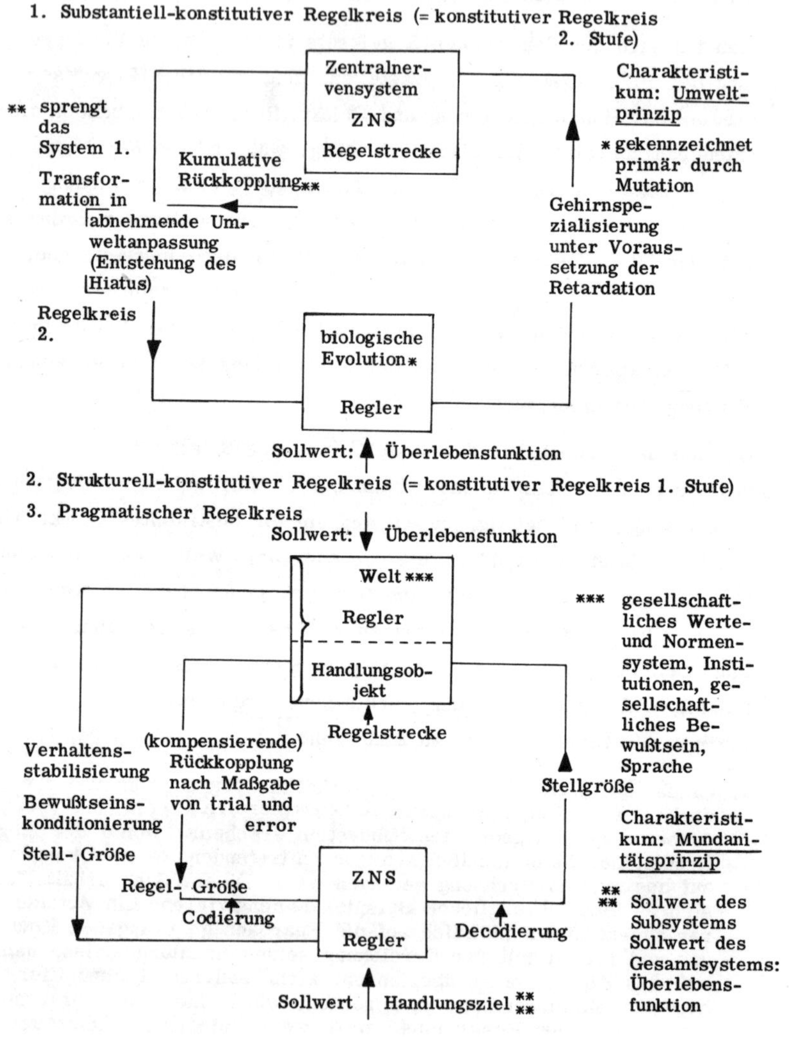

Bei der bisherigen Darstellung der Regelkreisthematik, zu deren leichterer Anschauung auf das auf der Vorseite entworfene Diagramm verwiesen sei, wurde mit einer stillschweigenden Voraussetzung gearbeitet, die noch kurz zu explizieren ist. Dazu möchte ich mich einleitend einer Definition bedienen, die trotz ihrer Einfachheit kaum zu unterschätzen ist, wenn man die zahllosen Implikationen der Bewußtseinskategorie, von denen im Verlauf der gesamten Untersuchung eine Fülle behandelt wurde, gegebenenfalls begleitend mitreflektiert. Der 'Bewußtseinsvorgang', so heißt es bei G. H. Mead, "liegt in der Beziehung des Organismus zur Situation, so wie sie durch Ketten von Symbolen vermittelt wird" [1]. Damit ist der Hinweis auf die Prozesse der 'Codierung' und 'Decodierung' gegeben, die in beiden Systemen dem Bewußtsein vor- bzw. nachgeordnet sind. D. h.: "Der Übergang von materiellen Gegebenheiten zu Bewußtseinsvorgängen verlangt jedesmal einen qualitativen Umschlag: von materiellen Reizen in Bewußtseinstatsachen und umgekehrt von Bewußtseinstatsachen in materielle Wirkungen auf die Umwelt" [2].

Die Analyse des einfachen Handlungskreises hatte das individuelle Bewußtsein (Gehirn) als Regler erkennen lassen. Als Regler des konstitutiven Regelkreises erster Stufe fungiert dagegen die 'Welt' im Sinne der Kategorie der Weltoffenheit (Mundanität). Beide Regler zeichnen sich durch die Fähigkeit zur 'Selbstorganisation' [3] vor allem im Sinne der Fähigkeit zur Strukturverbesserung, zur Eigenstabilisierung und zur Selbstentwicklung aus.

Sobald man das semantische Feld, das mit dem Begriff 'Welt', wodurch ja der Regler des zweiten Regelkreises charakterisiert

---

1) G. H. Mead, Sozialpsychologie, Neuwied und Berlin 1969, S. 243. Bei Mead als einem 'differenzierten' Behavioristen bzw. Pragmatisten spielt überhaupt die Kategorie der Handlung eine vergleichbar große Rolle wie bei Gehlen.
2) Wörterbuch der Kybernetik, a. a. O., S. 96.
3) Zum Begriff der Selbstorganisation vgl.: a. a. O., S. 556 f. und 99.

wurde, bezeichnet ist, spezifiziert, wo trifft man auf so vertraute Überbauphänomene wie Normen- und Wertsysteme und gesellschaftliches Bewußtsein; also das, was Gehlen in Abweichung von der gängigen soziologischen Terminologie Institutionen nennt. Auf dieser Ebene ließen sich weitere Regekreise konstruieren, vor allem wenn man an die Konditionierung des gesellschaftlichen Bewußtseins durch die Protoinstitution Sprache als Regler denkt. Aber damit ist selbstverständlich noch nicht viel über die Entstehung und Entwicklung der Institutionen gesagt. Es ist außerdem ganz offensichtlich, daß die Analyse der in den beiden bisher besprochenen Regelkreisen ablaufenden Prozesse in dieser Hinsicht wenig ergiebig sein muß. Das ist auch nicht anders zu erwarten, da der Institutionenkomplex lediglich als Regler in das System eingeführt ist und vom individuellen Bewußtsein als Regler im allgemeinen keine signifikanten Wirkungen auf die Institutionen ausgehen [1]. Um also etwas über die Entstehung und Entwicklung von Institutionen aussagen zu können, muß auf das Modell eines dritten Regelkreises zurückgegriffen werden.

Ich nenne dieses dynamische System, das solche Kategorien wie Organspezialisiertheit, Weltoffenheit, Handeln, Selbstdomestikation, die an anderer Stelle bereits erläutert wurden, verknüpft, den 'konstitutiven Regelkreis zweiter Stufe'. Es sei gleich vorweg bemerkt, daß unter der Ägide der beiden konstitutiven Regelkreise die Handlungskategorie nicht mehr im Hinblick auf einzelne Handlungskreise, sondern im Sinne der Totalität der Handlungskreise sowohl zu einem bestimmten Zeitpunkt als auch unter Einbeziehung der Zeitdimension betrachtet wird. Im zu erläuternden dritten Regelkreis auf

1) Die Geschichte und selbst die Gegenwart bieten allerdings manchmal Gelegenheit, sich vom Gegenteil zu überzeugen. Das mag ein erster Hinweis auf die Möglichkeit der kybernetischen Klassifizierung von Gesellschaftssystemen hinsichtlich der Machtverteilung sein.

anthropologischer Basis erweist sich die Handlungskategorie vielmehr selbst als Systemelement.

Herder-Dorneich hat einen bemerkenswerten Versuch unternommen, die Sondergesetzlichkeit der hominiden Entwicklung mit all ihren Komponenten, wie sie von Gehlen in immer neuen Ansätzen verbalisiert wird, nach Art des Regelkreismodells zu konzipieren [1]. Dabei tritt der biologische Mangel als externes Datum auf und setzt den Prozeß in Bewegung [2]. In kybernetischer Terminologie hieße das, daß die Kompensation organischer Mängel als Sollwert des Regelkreises der Hominisation fungiert. Der Regelmechanismus, wie er sich für Herder-Dorneich aufbauend auf der 'Hypothesenkette' Gehlens darstellt, läßt sich in einer Kurzfassung wiedergeben, zumal die einzelnen Elemente hinreichend aus der Kategorialanalyse bekannt sind.

Die mangelnde organische Anpassung führt zur Weltoffenheit und damit einerseits über die Plastizität des Verhaltens - konkretisiert im Antriebsüberschuß - und andererseits über die konstitutionelle Riskiertheit mit der damit verbundenen Notwendigkeit der Antriebshemmungen hin zum Handeln, worin Antriebsüberschuß und Antriebshemmungen, die zugleich den Ort der 'Bewußtheit' signalisieren, konvergieren. Produkt des Handelns ist die Kultur mit ihren unterschiedlichsten Bereichen.

An diesem Punkt der Kreisanalyse möchte ich zunächst einhalten, um festzustellen, daß soweit völlige Übereinstimmung mit den Ergebnissen der Analyse des pragmatischen Regelkreises besteht, vorausgesetzt, man betrachtet den Handlungskreis nicht als isoliertes Phänomen, was allerdings auf der Stufe der Elementaranalyse zunächst unumgänglich war, sondern unter der Perspektive der Tota-

---

1) Vgl.: Ph. Herder-Dorneich, Anthropologie des pluralistischen Zeitalters, in: Soziale Verantwortung. Festschrift für Goetz Briefs, Berlin 1968, v.a. S. 38 f.
2) a.a.O., S. 38.

lität, d. h. unter dem Gesichtspunkt der Gesamtheit wirklichkeitsverändernden Handelns. Demgegenüber bildet der letzte Kreisabschnitt die eigentlich kritische Phase des Systems. Denn zwischen der Kultur als dem Produkt der Gesamtheit des Handelns (Sprache, Arbeit, Interaktion) und der folgenden Station des Regelkreises, die zugleich die Initialphase darstellt, d. h. der Organunspezialisiertheit soll nach Aussage Herder-Dorneichs die "innere Dynamik" deutlich werden: "Mangel wird durch Kultur behoben; aber aus der Kultur erwächst wieder neuer Mangel, der wieder zu neuer Kulturleistung drängt" [1]; und weiter: "Diese innere Dynamik treibt den Handlungskreis von Runde zu Runde weiter an und schraubt ihn zu immer höherem Kulturniveau empor" [2].

Die letztere Formulierung erweist sich als Kristallisationspunkt der Kritik aus kybernetischer und elementaranthropologischer Sicht. Irreführend ist zunächst die Gleichsetzung von konstitutivem Regelkreis und Handlungskreis mit der erwähnten Konsequenz, daß der kybernetische Ansatz in der Anthropologie seinen heuristischen Wert einbüßt. Zweitens ergeben sich Probleme bei der Bestimmung eines bestimmten Bestandteils des Systems als Regler. Das wiederum hängt mit der dritten Schwierigkeit zusammen, die in der Vorstellung von der Höherentwicklung zum Ausdruck kommt. In dieser Fragestellung trifft sich die systemtheoretische, formale mit der elementaranthropologischen, substantiellen Sicht. Herder-Dorneich behauptet nämlich, im Einklang mit K. Lorenz [3], gegen Gehlen, daß 'Kultur' im Zuge der Selbstdomestikation zu fortgesetzter Verstärkung des Mangels führe [4].

Die Kontroverse Gehlen-Lorenz einschließlich ihrer Lösung hatte an

---

1) Herder-Dorneich, a. a. O., S. 39.
2) a. a. O.
3) Vgl.: K. Lorenz, Psychologie und Stammesgeschichte, in: drs. Vom Weltbild, a. a. O., S. 80 ff.
4) Ph. Herder-Dorneich, a. a. O., S. 38.

anderer Stelle bereits gezeigt, daß die Hypothese Herder-Dorneichs nur vertretbar ist, wenn für die prähominide Entwicklung eine Ausnahme von der Dollo'schen Regel von der Irreversibilität von Organspezialisierungen unterstellt werden kann. Wie gezeigt werden konnte, ist das gerade nicht der Fall [1]. Wohl ließe sich das Reinforcement-Argument mit der Rückkopplung als Funktionsprinzip des Regelkreises als seinem Träger verbinden. Tatsächlich kann jedoch von einer Mängelverstärkung nicht die Rede sein, wohl aber von der Notwendigkeit der ständigen Mängelkompensation. Damit ist eine vielschichtige Dynamik des Handelns impliziert, die über reine Homöostase hinausreicht und den Gedanken an ein dynamisches Gleichgewicht unter Einschluß von Evolution nahelegt. Die fortschrittsgläubige Rede vom 'höheren Kulturniveau' als ständiger automatischer Folge der Dynamik des Funktionskreises geht allerdings willkürlich über diesen Sachverhalt hinaus.

Schließlich soll noch kurz zu Herder-Dorneichs These Stellung genommen werden, bei Gehlen fehle die Unterscheidung zwischen 'objektivem' (biologischen) Mangel' und 'subjektivem Mangel (Mängelbewußtsein)' [2], wodurch die wichtige Tatsache nicht deutlich werde, daß das Mängelbewußtsein als Kulturleistung zum Impetus in der Dynamik des Funktionskreises avanciere. Nun ist es zweifellos richtig, daß Gehlen die genannte Unterscheidung nirgends explizit vornimmt. Dennoch stößt die Kritik ins Leere, denn Mängelkompensation geschieht notwendig handelnd; und die Trias von Handeln, Sprache und Bewußtsein als konstitutive Einheit bedarf keiner weiteren Explikation. Im übrigen ist der phylogenetische Appell an das Mängelbewußtsein als Entwicklungsfaktor nicht unproblematisch, wenn man berücksichtigt, daß gerade die Mängelthese, die ja ohne Mängelbewußtsein nicht vertreten werden kann, von den meisten Biologen, Verhaltensforschern und Philosophen rigoros abgelehnt

---

1) Vgl. meine Ausführungen S. 69 ff., 111 ff.
2) P. Herder-Dorneich, a.a.O., S. 40.

wird. Die Umstrittenheit der Mängelthese ist also symptomatisch.

Der Entwurf der Hominisation im Modell des konstitutiven Regelkreises zweiter Stufe, in dem es um die Aufhellung der diachronischen Perspektive der Anthropologie geht, soweit die Frage nach der hominiden Phylogenese gestellt ist [1], enthält ebenfalls den Reinforcement-Faktor als Systemelement, wenn auch auf anderer Grundlage als bei Herder-Dorneich. Der Regler des prähominiden Funktionskreises ist die primär durch Mutation gekennzeichnete biologische Evolution. Wenn man in diesem Zusammenhang überhaupt von einem Sollwert sprechen will, so kann es sich dabei nur um das 'Überleben' handeln.

Der Prozeßverlauf sieht nun so aus, daß im Zuge der Evolution eines hier bereits in seiner Existenz vorausgesetzten speziellen Primatenzweiges aufgrund von Mutationen, deren Folge vor allem die Retardation ist, eine bestimmte Organspezialisierung, i. e. die Höherentwicklung des Gehirns - Zunahme des Gehirngewichts und Differenzierung seiner Struktur - verursacht wird, als deren Folge der Hiatus zwischen Bedürfnissen und deren Erfüllung aufgerissen und ständig erweitert wird, was wiederum einer abnehmenden Umweltanpassung entspricht. Entscheidend ist nun, daß dieser Vorgang in einem Funktionskreis, der wie der vorliegende prähominide durch den Umweltbegriff charakterisiert wird, Ausdruck des Funktionsprinzips der kumulativen Rückkopplung ist [2]. Wenn man nun davon ausgeht, daß ein Regelprozeß dazu dient, die Stabilität eines Systems

---

1) Damit ist die auf Seite 26 angekündigte Untersuchung der Entstehung des Bewußtseins in einem weiteren, die kategoriale Analyse ergänzenden kybernetischen Ansatz abgeschlossen. Dem zweiten Aspekt der diachronischen Betrachtung, nämlich der Untersuchung der historischen Entwicklung und der panchronischen Erörterung liegt dagegen das komplexe dynamische System, bestehend aus dem Handlungskreis und dem konstitutiven Regelkreis erster Stufe zugrunde.

2) Zum Begriff der 'kumulativen Rückkopplung' vgl.: Wörterbuch der Kybernetik, a. a. O.

aufrecht zu erhalten oder ein Ziel zu erreichen [1], so ist unter den gegebenen Bedingungen die Zielerreichung, d. h. die Arterhaltung des besagten Primatenzweiges nur unter der Voraussetzung der qualitativen Änderung des Systems möglich.

Die Systemtheorie bietet jedoch noch eine Alternative zur Deskription des Hominisationsprozesses, die jedoch zu einer gewissen Komplizierung führt. Das Prinzip der Rückkopplung könnte in Verbindung mit dem Prinzip der Stufenfunktion auftreten, wodurch das vorgegebene System nicht mehr aufgelöst, sondern vielmehr zusätzlich stabilisiert würde. "Stufenfunktionen repräsentieren das Korrelat der Anpassung, verknüpft mit einem weiteren, komplizierten Prinzip: dem des Wahlvermögens oder der Spontaneität [2]. Mit der Ultrastabilität wäre dann zugleich der qualitative Sprung zur 'Mundanität' gegeben.

Nimmt man dagegen die Gedankenführung der durch die Anwendung des Prinzips der kumulativen Rückkopplung bestimmten Alternative wieder auf, so stellt sich heraus, daß das durch den Umweltbegriff definierte System unter der Wirkung der kumulativen Rückkopplung dem durch das Mundanitätsprinzip charakterisierten System weicht, dessen materielles 'Produkt' das spezifisch menschliche Gehirn ist.

Insofern könnte man den dargestellten Funktionskreis auch als 'substantiell-konstitutiven Regelkreis' bezeichnen, während das mit dem Auftreten des Mundanitätsprinzips konstituierte dynamische System als 'strukturell-konstitutiv', d. h. bewußtseins- und verhaltensformierend charakterisiert werden kann. Als Sollwert des substantiell-konstitutiven Regelkreises war das Phänomen der biologischen Selbsterhaltung unterstellt. Infolge der Systemtransformation geht der Sollwert unverändert auf das Folgesystem über.

---

1) Vgl.: F. v. Cube, a. a. O., S. 135.
2) F. v. Cube, a. a. O., S. 193.

Ob das allerdings das letzte Wort der Beurteilung bleibt, muß die Exploration der Sinnkategorie zeigen.

III. A. 2. Motivation - Hypertelie - Homöostase

Die Vermaschung des pragmatischen Regelkreises mit dem strukturell-konstitutiven Regelkreis unter Aufhebung des substantiell-konstitutiven Regelkreises zum panchronischen anthropologischen Funktionskreissystem konnte nur unter der impliziten Voraussetzung vorgenommen werden, eine erweiterte Fassung des Handlungsbegriffes einzuführen, als sie noch dem Modell des einfachen Handlungskreises zugrunde liegt. Die zum Zwecke der kybernetischen Darstellung fingierte Auffassung vom Handlungskreis als einem isolierten, rein individuellen Vollzug öffnet sich der Einsicht in die Totalität des Handlungsbegriffs als Realtypus unter Einbeziehung der soziologischen Dimension und des Zeitfaktors. In diesem Sinne werden individuelle Handlungskreise zur Kette von Handlungsvollzügen multipliziert und unter Berücksichtigung des Interaktionsmoments pluralisiert. Daß eine adäquate Übersetzung sozialer Interaktionsnetze in kybernetische Regelsysteme möglich ist, kann zwar nicht ausgeschlossen, aber auch nicht weiter verfolgt werden [1].

Eine weitere, bereits vorgeführte Merkmalsdifferenzierung des Handlungsbegriffs muß in diesem Zusammenhang noch gewürdigt werden; i.e. die Typisierung von Handlungen in Tat-, Sprech- und Reflexionshandlungen, wodurch sich die Struktur sozialer Interaktionssysteme weiter kompliziert. Die Gesamtheit der Kulturobjektivationen ist jedenfalls, soweit die eigentlich triviale Feststellung, Korrelat des totalen Handlungsbegriffs. Andererseits ist u.a. auch aus

---

1) Vgl. dazu den in seiner Aussage allerdings nicht sehr ermutigenden Beitrag "Kybernetik in Soziologie und Soziometrie" in: F.v. Cube, a.a.O., S. 235 ff.

der Umkehrung der Relation von Kultur und Handlung im Sinne der Verhaltenssteuerung ersichtlich, daß Handeln überwiegend 'soziales Handeln' meint, wobei die soziale Komponente konstitutiv in den jeweiligen Motivationskomplex eingeht.

Die Motivation menschlichen Verhaltens unter dem Aspekt der Kategorie des sozialen Handelns betrachtet, war von Max Weber als zentrales Erkenntnisobjekt der Soziologie benannt worden, wobei er unter sozialem Handeln jenes Verhalten verstanden wissen wollte, welches "seinem von dem oder den Handelnden gemeinten Sinn nach auf das Verstehen anderer bezogen wird und daran in seinem Ablauf orientiert ist" [1]. Aus dem Bedingungsverhältnis zwischen 'Handlungsentwurf' und 'Handlungsrealisierung', die erst zusammen die 'Einheit der Handlung' herstellen, kann H. Girndt [2] dann speziell für den Begriff des 'sozialen Handelns' eine Alternativimplikation ableiten. Entweder bezieht der Handelnde das präsumptive Verhalten anderer in seinen Handlungsentwurf ein, oder er zielt durch die Handlungsrealisierung auf eine Veränderung des Verhaltens anderer. Erst in der möglichen Kombination beider Bedeutungsvarianten wird auch die Ambivalenz von sozialaktiver und sozialreflexiver Funktion der Weberschen Definition des Begriffs des sozialen Handelns deutlich.

Streicht man aus dem Begriff des sozialen Handelns das Attribut 'sozial', so bleibt als Restkategorie jenes Verhalten übrig, von dem als 'Handeln' die Rede sein soll, wenn "der oder die Handelnden mit ihm einen subjektiven Sinn verbinden" [3].

Die anthropologisch ermittelte Fundamentalkategorie der Handlung

---

1) M. Weber, Wirtschaft und Gesellschaft. Studienausgabe. Hrsg. J. Winckelmann, Köln-Berlin 1964, S. 3. 'anderer' ist bei Weber kursiv gedruckt.

2) H. Girndt, Das soziale Handeln als Grundkategorie erfahrungswissenschaftlicher Soziologie, Tübingen 1967, S. 30 f., 44.

3) M. Weber, a.a.O., S. 3; das Wort 'Sinn' findet sich bei Weber in Kursivdruck.

trifft selbstredend die engere und die weitere Bedeutung des Handlungsbegriffs. Diese Feststellung hat jedoch nur formalen Charakter. Zur Überprüfung der Leistungsfähigkeit einer philosophischen Anthropologie als Fundament einer Handlungstheorie im allgemeinen und psychologischer bzw. soziologischer Handlungstheorien im besonderen, käme es jedoch darauf an auszumachen, welchen prinzipiellen Beitrag sie zum Verstehen menschlichen Verhaltens erbringen kann. Dazu ist der Umkreis der Kategorien von Sinn, Zweck und Motiv auf der Suche nach der Präzisierung des Handlungsthemas abzuschreiten. Webers inzwischen klassische Auseinandersetzung mit dem Handlungsbegriff erlaubt einen informativen Einstieg in das gesamte Spektrum der Handlungskategorie.

Webers Menschenbild ist durch die Gleichsetzung menschlichen Verhaltens mit sinnhaftem Verhalten gekennzeichnet [1]; d.h. die Kategorie des Sinnes bildet für ihn die Klammer zwischen individuellem und sozialem Handeln. Überhaupt hat der Begriff des 'sinnvollen Handelns', wie R. Bendix unterstreicht, die Funktion eines semantischen 'Kontinuums', das sich von der Berührung, die trotzdem immer einen sozialen Hintergrund besitzt, bis zur Konformität erstreckt, die noch immer eine individuelle Dimension besitzt" [2]. 'Sinnhaftes Handeln' wird in seinen beiden Erscheinungsformen, d.h. als rationales und irrationales Handeln von einem bloß 'reaktiven' Verhalten unterschieden, wobei nur das erstere als verstehbares Handeln, das 'deutende Erfahrung' ermöglicht, gilt [3]. Methodisch ist nun der Hinweis wichtig, daß trotz der Einsicht in die Grenzfallproblematik des Vollbewußtseins sinnhaften Handelns von Weber so vorgegangen wird, "als ob das Handeln tatsächlich bewußt sinnorientiert verliefe" [4].

---

1) S.a.: H. Girndt, a.a.O., S. 23.
2) R. Bendix, Max Weber, Das Werk, München 1964, S. 352.
3) M. Weber, a.a.O., S. 4 ff.
4) drs., a.a.O., S. 15; vgl. dazu auch H. Becker, Soziologie als Wissenschaft vom sozialen Handeln, Würzburg o.J., S. 59 f. (Anm. 21)

Verstehen als Vorläufer für das Erklären sinnhaften Handelns bedeutet Motivverstehen: denn 'Motiv' heißt nach Weber "ein Sinnzusammenhang, welcher dem Handelnden selbst oder dem Beobachtenden als sinnhafter 'Grund' eines Verhaltens erscheint" [1]. Nun ist der Motivbegriff vorwiegend als Konstrukt der psychologischen Forschung und besonders des Behaviorismus in Gebrauch. Seine Problematik liegt vor allem in seiner semantischen Vielfalt und Diffusität, was nicht zuletzt auf eine allgemeine Unsicherheit gegenüber der Möglichkeit der Feststellung anthropologischer Grundlagen der Verhaltenssteuerung schließen läßt. Tatsächlich bedeutet ja die Kennzeichnung des 'Motivs' als Verhaltensgrund lediglich eine logische Reduktion, die die Mehrdimensionalität des Motivbegriffs nicht aufhebt, sondern in den 'Grund' hineinverlegt.

In der Motivationspsychologie ist die Rede von Motivformen und Motivarten; vor allem aber auch von 'basalen' Funktionen der Motivation. Die funktionalistische Betrachtungsweise des modernen Behaviorismus weist die Motivation als 'intervenierende Variable' aus, die die dynamische Vermittlung der 'Stimulus-Reaktions-Beziehungen' im Sinne eines 'hypothetischen Konstrukts' leistet [2]. In Anlehnung an Gehlens Terminologie könnte man den intendierten Sachverhalt wie folgt ausdrücken: Motivation ist dort anzutreffen, wo auch das Handeln entspringt, nämlich im Leerraum zwischen Bedürfnissen und Erfüllungen: dem Hiatus.

In Fortsetzung der behavioristischen Anschauung werden zwei 'basale' Funktionen der Motivation unterschieden; u. zw. eine 'energisierende', d. h. die Handlung in Gang setzende, und eine 'regulative', d. h. eine "direktive, zielorientierte und damit das Verhalten

---

1) M. Weber, a. a. O., S. 8.
2) Vgl. dazu: O. W. Haseloff, Probleme der Motivation in der kybernetischen Verhaltenssimulation, in: Information über Information. Probleme der Kybernetik. Hrsg.: H. v. Ditfurth, Frankfurt/Main 1971, S. 83 ff.

situations- und aufgabengerecht organisierende Funktion" [1]. Gegen diese Funktionskennzeichnung des Motivationsbegriffs sind jedoch Zweifel anzumelden, da sie von anthropologisch irrigen Grundannahmen ausgeht. So hat G. A. Kelly deutlich gesehen, daß die These von der handlungsverursachenden Funktion der Motivation irreführend ist, weil sie mit der falschen Voraussetzung von "statischen Eigenschaften der menschlichen Natur" arbeitet. Demgegenüber vertritt Kelly die Ansicht, daß die 'Aktivität' des Menschen bzw. die Nötigung zum Handeln, wie man mit einem Seitenblick auf die Ergebnisse der Elementaranthropologie etwa synonym formulieren könnte, "eine wesentliche Eigenschaft seiner Existenz ist" [2]. Der Beweggrund liegt also in der vitalen Basis des handlungsfähigen Wesens. Aus philosophisch-anthropologischer Sicht zumal ist somit dem Konzept von der energ(et)isierenden Funktion der Motivation der Boden entzogen, es sei denn, man würde diesen Aspekt des Motivationsbegriffs als Ausdruck des Antriebsüberschusses oder der Plastizität des Verhaltens auffassen, was dann allerdings seine Verwendung erübrigte.

Kelly geht nun allerdings noch einen Schritt weiter zu völligen Eliminierung des Motivationskonzepts. Er hält nämlich den Motivationsbegriff für 'unnötig' zur Erklärung der regulativen Funktion, die die Verhaltensrichtung bestimmt. Die Begriffe der 'Antizipation' und des 'persönlichen Konstrukts' werden zur Herstellung eines Begründungszusammenhanges koordiniert, in dem Verhaltensorientierung ohne Motivationsbegriff gedacht werden kann. Der Tatbestand, "daß der Mensch in der Antizipation lebt" sei, so Kelly, gewichtiger Grund für den Verzicht auf den Motivationsbegriff als eines 'psychologischen Terminus' [3].

---

1) a. a. O., S. 84 f.
2) G. A. Kelly, Der Motivationsbegriff als irreführendes Konstrukt, in: Die Motivation menschlichen Handelns. Hrsg.: H. Thomae, 3. Aufl., Köln-Berlin 1966, S. 499.
3) a. a. O., S. 508.

Ein gewisses Paradoxon scheint mir nun dadurch zu entstehen, daß das Moment der 'Gerichtetheit', der 'Antizipation', das Kelly einen Teil der Begründung für die Ablehnung des Motivationskonzepts liefert, andererseits gerade das Kennzeichen des 'Gemeinsamen' der Vorgänge darstellt, "welche ein bestimmtes Verhalten begründen und in eine bestimmte Richtung lenken" [1], also der Motivationsproblematik im gängigen Sinne des Verständnisses zugrunde liegt. Es kommt also primär darauf an, das antizipatorische Moment kategorial adäquat zu erfassen, um es als hypothetisches Konstrukt zur Konzeption von Modellen individuellen und sozialen Handelns zu operationalisieren. Versteht man die Bedeutung des Motivationsbegriffs in diesem eingeschränkten Sinne, indem man seine energisierende Funktion, in deren Verfolg Motivationen als 'aktivierende Agentien' begriffen werden, als anthropologisch untragbar verwirft, so ist gegen seine Weiterverwendung wenig vorzubringen; zumal, wenn in einem kybernetischen Ansatz versucht werden soll, 'offene Systeme', zu denen vor allem auch die menschlichen Individuen gehören, im Verhaltensmodell zu erfassen. Denn sie "realisieren sich in einem dauernden Wechselspiel von Motivation, Wahrnehmung, Denken, Lernen und Handlung" [2].

Einige weitere Implikationen der Motivationsproblematik, die mit den Termini Motivarten und Motivformen bereits angedeutet wurden, verlangen noch eine Erörterung, bevor das handlungstheoretisch zentrale Thema der Zeitdimensionen aufgenommen werden kann.

Motivformen, wie z. B. Gefühl und Affekt, Drang, Interesse und Wille können nach unterschiedlichsten Gesichtspunkten differenziert werden. Exemplarisch seien die mehr oder minder große 'Voluminösität' der Gerichtetheit oder der Grad der energetischen Akzentuierung genannt [3]. Da die Motivformen ihr Korrelat in spezifischen

1) Siehe die Einführung zu: Die Motivation menschlichen Handelns, a. a. O., S. 17 f.
2) O.W. Haseloff, a. a. O., S. 85.
3) Die Motivation ..., a. a. O., S. 19 ff.

Handlungsarten haben, sollen sie im Zusammenhang damit betrachtet werden, zumal sie nur von den Aspekten der Handlungskategorie aus angemessen zu erfassen sind. Nur soviel sei angemerkt: Nimmt man einmal hypothetisch die Kategorien Gefühl und Wille als Extreme auf der Skala der Motivformen an, dann entspricht ihnen auf analytischer Ebene das Gegensatzpaar Kausalität und Finalität in der Weise, daß es dem empirischen Kontinuum zwischen leibnahen und kognitiven Handlungen als methodisches Kontinuum korreliert.

Die Frage nach den Motivarten, d.h. nach der Anzahl der als irreduzibel geltenden Grundmotive bzw. Triebe läßt sich nach Lersch[1] auf drei typische Weisen beantworten. An früherer Stelle war bereits darauf aufmerksam gemacht worden, daß Gehlen jede 'polythematische' Lösung ablehnt [2], so daß für ihn nur eine der beiden verbleibenden Antworten, d.h. die 'monothematische' oder die 'athematische' Lösung des Problems infrage kommt. Lersch kennzeichnet Gehlens Standpunkt zunächst als 'athematisch', da er ja sämtliche Trieblehren ablehne und sich vor allem dagegen wende, die "Antriebsthematik als bleibende Eigenschaft" anzusehen [3]. Kurz darauf gelangt Lersch in einer gezielt anthropologischen Fragestellung zu der Überzeugung, Gehlen sei aufgrund seiner Mängeltheorie als Verfechter der 'monothematischen Triebtheorie' einzuordnen. Der Widerspruch der doppelten sich eigentlich ausschließenden Zuordnung wird dadurch aufgehoben, daß man im Falle Gehlens von einem 'Übergang' zwischen beiden Auffassungen spricht und die athematische Gruppe von Antworten als 'Variante' der monothematischen ausweist, da ja von Gehlen wegen der Mängelthese so etwas wie ein 'Selbstbehauptungstrieb' angenommen werden müsse [4].

---

1) S. Ph. Lersch, Das Problem der Spezifizierung und Gliederung, in: Die Motivation ..., a.a.O., S. 170.
2) Vgl. S. 108 und alle Ausführungen über die 'Instinktreduktion'.
3) Ph. Lersch, a.a.O., S. 172.
4) Die Motivation ..., Einführung, S. 25.

Die Subsumption ist jedoch nur zulässig, wenn man sie im Rahmen der allgemeinen biologischen Evolutionstheorie vornimmt, aus deren Sicht das Axiom der Lebenserhaltung für die gesamte organische Natur gilt, also biologisches Apriori ist.

Aus der spezielleren Perspektive der Anthropologie kann man unter den Voraussetzungen der allgemeinen Geltung des monothematischen Theorems und der These vom anthropologischen Sonderentwurf die athematisch formulierte Aussage, die aus der Kategorie der Weltoffenheit ihre Berechtigung herleitet, als verbindlich ansehen. Von einem anthropospezifischen Grundtrieb oder einer Elementarmotivation kann also keine Rede sein; wohl aber davon, daß man in der gesamten belebten Natur das Phänomen der Selbsterhaltung vorfindet, was im übrigen eine rein tautologische Aussage darstellt, da 'Selbsterhaltung' ein synonymer Ausdruck für nichts anderes als das Leben ist. Ob sich aber Leben in allen Formen seiner Realisierung auf das Prinzip der Selbsterhaltung reduzieren läßt, ist eine Frage, deren Beantwortung Theorie nur unter der Bedingung beitragen kann, daß sie sich der unaufhebbaren Distanz zur Praxis als dem Ort der virtuellen Entscheidung der Problemstellung bewußt bleibt; denn Reflexion macht Leben zum Objekt ihrer eigenen Anstrengung, ohne ihren vitalistischen Subjektscharakter auch nur methodisch leugnen zu können. Von einer 'konstruktivistischen' Wissenschaftshaltung ist auf dieser empiriedistanzierten Ebene des Fragens kein adäquater Lösungsvorschlag zu erwarten, stellt sie doch ihre Objektbeziehungen auf der Handlungsstufe her, wo sie allerdings in bedeutsamer Affinität zu den Grundlagen der pragmatistischen Wahrheitstheorie zum Tragen kommt. Unhintergehbar bleibt, daß Praxis im Akt der Reflexion zum begrifflich schematisierten Objekt wird, aus dem apophantisch herausklingt, was sprachliche Reflexion ihm insinuiert. Theorie gelangt nicht entscheidend über Meinung hinaus, wofür Metaphysik ein anderes Wort ist. Kausalität kann nicht eigentlich gedacht, sondern nur bezeichnet werden; Finalität wird gerade noch als Hilfskonstruktion, der Reflexion sich gleichwohl als unentbehrliches Instrument bedient, um Handlung wenigstens auf den verdinglichten Begriff zu bringen, durchschaut. Ein optimistisches Menschenbild sieht in Praxis Poiesis, eine pessimistische Attitüde dagegen die Negation der Negation, nämlich des Mangels, was eine optimistische Grundhaltung wiederum als Poiesis deuten mag, usw. ad infinitum.

Dabei überwiegt die Verbindung der Rezeption des Selbststeigerungspostulats mit der Ablehnung der Mängelthese, was jedoch eine positive Korrelation derart, daß eine Verknüpfung der These von der Mängelkompensation mit der von der Selbststeigerung vorgestellt wird, nicht ausschließt, was Gehlens Beispiel ebenso zeigt wie das eigene. Das Urteil scheint jedenfalls arbiträr; bestenfalls Funktion dessen, was wissenssoziologische Zurechnung und psychologische Konstitutionslehre als Substrat vindizieren.

Praxis als anthropologisch primär relevanter Ausschnitt aus der Realität vollzieht sich im Medium von Handlungen, deren Sprachmäßigkeit Bedingung und Grenze des potentiellen Verstehens markiert. Der Bereich des Handelns als Prozeß - nur sekundär in seinen Kulturobjektivationen - inhäriert das Sinnkriterium, dessen sich Reflexion als Begriff vergewissern muß, wenn sie das Phänomen des Lebens mit einiger Aussicht auf methodische Überwindung der Beliebigkeit der Antwort anthropologisieren will, ohne es doch ausschließlich zu anthropomorphisieren.

Ob allerdings der Gedanke den Sinn, wenn auch sprachlich vermittelt, wirklich erreicht, wird einmal von der Beschaffenheit des Sinnkriteriums selbst, zum anderen vom zugrunde gelegten Wahrheitsbegriff abhängen. Der bisher entwickelte Wahrheitsbegriff kann nach Maßgabe der Auseinandersetzung mit der Peirce'schen Wahrheitstheorie und eingedenk der Relativismusproblematik im wesentlichen nur negativ sein, indem auf die Einbruchstelle in das Kontinuum der Objektion verwiesen wird, jenseits derer sich der Dezisionismus etabliert. Die Wahrheit des Dezisionismus besteht darin, der Teil der Wahrheit zu sein, dessen sich Wahrheit sonst nur durch Spekulation versichern kann.

Die Kategorie des Sinnes, besonders auch als Sinnkriterium wird bewußt in ihrer semantischen Eigenschaft der Mehrdeutigkeit eingeführt. Dabei steht wechselseitig einmal ihre wahrheitstheoretische Bedeutung, zum anderen ihre biologische bzw. metabiologische Akzentuierung, oder schließlich ihre Vorstellung als Verhalten, u. zw. als menschliches, d. h. sinnhaftes Verhalten im Vordergrund der Aufmerksamkeit. Alle drei Aspekte lassen sich aufeinander beziehen, und es liegt eine gewisse Konsequenz in der Möglichkeit der Verwendung des Terminus 'Transzendenz' in allen drei Gedankenreihen. Im Hinblick auf die biologische Sinnproblematik, in der von Transzendenz als Jenseits (Glaube statt Erkenntnis) und d. h. nicht Mehr-Leben, sondern Mehr-als-Leben die Rede ist, wird ein transzendent-pragmatischer Akt notwendig. In einer solchen Volte kann Weltoffenheit dann völlig legitim als 'Gottoffenheit' begriffen werden, wie das bei Pannenberg unter Berücksichtigung der Einsichten der zeitgenössischen Anthropologie, besonders aber in der Auseinandersetzung mit den einschlägigen Gedanken Schelers, Plessners, Gehlens und anderer geschieht [1].

Das über die bloße Selbsterhaltung hinausgehende Prinzip kann auf der Basis philosophischer Anthropologie als empirisch-analytischer Wissenschaft nicht Mehr-als-Leben, sondern nur Mehr-Leben, d. h. Lebenssteigerung, was immer man zunächst darunter verstehen mag, bedeuten. Das läßt sich auch durch folgende Überlegungen in Form eines Gedankenexperiments veranschaulichen, das die Grenze der Rationalität eben dadurch deutlich macht, daß es die Sprachlosigkeit signalisiert, die die hypothetische Grenzüberschreitung in den Blick kommen läßt. Man könnte daher auch von einem heuristischen Sprach-

---

1) Vgl.: W. Pannenberg, Was ist der Mensch? Die Anthropologie der Gegenwart im Lichte der Theologie, 3. Aufl., Göttingen 1968, bes. S. 5, 9 ff.

spiel reden, in dem drei Wirklichkeitsbereiche, deren einziges gemeinsames Kennzeichen ihre Existenz für das Bewußtsein, d.h. ihre Denkmöglichkeit ist, benannt werden.

Als erster Bereich sei die anorganische Natur, als zweiter die organische Natur, deren Subjekt und Objekt auch das Bewußtsein ist, angeführt. Den zweiten Bereich kann man ebensogut als Bereich des Lebens einschließlich seiner differenziertesten Realisationsformen bezeichnen. Das bloße Denken eines Prinzips jenseits des Lebens, eines Prinzips also, das mit der Vorstellung von toter oder lebender Materie nichts gemein hat, verlangt vom Bewußtsein einen Akt der Extrapolation, durch den ein dritter Bereich in logischer Abhängigkeit von der Möglichkeit eines Mehr-als-Leben-Prinzips gesetzt wird, worüber Bewußtsein nichts ausmachen kann. Das Dilemma, in dem Erkenntnis sich hier befindet, läßt sich etwa nach Analogie dessen beschreiben, was dem Bewußtsein widerfährt, wenn es eine kosmologische Anschauung des Relativitätsprinzips der Physik gewinnen will, wobei es sich schon bevor es noch Anschauung erreicht, der Mathematizität des Relativitätsprinzips als Mythos ebenso ergibt [1], wie im Falle der heuristischen Extrapolation eines Schichtenbildes, die einen Bereich jenseits des Lebens ansetzt, der Fiktion von objizierbarer Transzendenz [2]. Im Gegenzug zu diesen Feststellungen darf man andererseits auch nicht übersehen, daß zahlreiche Vorgänge, u.zw. auch solche, die man als höhere intellektuelle Vollzüge kennzeichnen kann, eine mittelbar oder gar unmittelbar lebenserhaltende Funktion ausüben. Man denke an das Gebiet biologischer und spezieller: anthropologischer Prozesse, das durch den Begriff der Homöostase nur unzureichend charakterisiert ist;

---

1) Zur Korrumpierung des Bewußtseins durch den Mythos vgl.: R. Barthes, Mythen des Alltags, Frankfurt/Main 1964, passim; bes.: S. 117 f.

2) Hier drängt sich die Frage auf, ob es verwertbare Anzeichen für die Erwartung gibt, Automaten könnten jemals Okkupanten jenes undefinierbaren Bereiches werden.

dessen Bedeutungsumfang aus dem Blickwinkel einer anthropobiologischen Fragestellung eine Erweiterung findet, die der empirischen psycho-somatischen Einheit Rechnung trägt und vor allem auch nicht die immense Rolle der Sozialstruktur in der problematischen Wechselbeziehung von Anpassung und Identität unterschlägt.

Philosophische Anthropologie als interdisziplinäre Forschung am Menschen bedient sich des Begriffs der Homöostase als Konstrukt zur Ermittlung eines möglichen Konstanzphänomens. Das homöostatische Argument, anthropologisch zentriert und zunächst ohne nähere Bestimmung einfach im Sinne der Selbsterhaltung operationalisiert, bezielt das gesamte Spektrum von der Hominisation als dem phylogenetischen Aspekt über das individuelle oranismische Gleichgewicht mit Merkmalen wie Blutdruck, Blutzuckerspiegel, Körpertemperatur (Homöostase im engeren Sinne) bis hin zum 'psychischen Regelkreis', der von Rohracher als "Einrichtung zur Kompensation der Selbstwertminderung" beschrieben wird [1].

Die Frustrations-Aggressions-Hypothese oder die Konstitutionselemente des Vorurteils sind Niederschlag und Ausdruck einer sozialpsychologischen Betrachtung, ebenso wie Paretos sekundäre Rationalisierungen oder Festingers Konzept von der kognitiven Dissonanz. Von größter Bedeutung für eine Würdigung dieser und anderer auf der gleichen Ebene liegenden Phänomene unter homöostatischer Perspektive ist der weitgehende und unter Umständen völlige 'Automatismus' solcher Vollzüge, deren Entlastungswert hoch zu veranschlagen ist. Jedoch geschieht eine solche Entlastung auf Kosten der Emanzipation des Bewußtseins. Die Konsequenz besteht in der Homöostase des 'psychischen Regelkreises' korreliert mit der Heterostase [2] der Rationalität, repräsentiert durch das jeweilige Maß an

---

1) Vgl. dazu: H. Rohracher, Psychische Regelkreise, in: F. v. Cube, a. a. O., S. 205.

2) Zum Begriffspaar 'Homöostase' und 'Heterostase' siehe: R. C. Davis, Die Domäne der Homöostase, in: Die Motivation ..., a. a. O., S. 479 ff.

Unmündigkeit.

Das funktionale Pendant zur anthropobiologisch elementaren Verwurzelung des Verhaltensautomatismus liegt in der zum Normensystem verfestigten Moral, die als Moral der Herrschenden auch insofern ein Doppelantlitz trägt, als das Eingeständnis des eigenen individuellen Versagens zugleich ein Versagen in der zweiten Bedeutung des Begriffs impliziert; nämlich den Verzicht auf ein minimales, zur Vermeidung des Identitätsverlustes notwendiges Moment der Anerkennung - auch Sozialprestige genannt.

Ein sehr deutliches Indiz für den Institutionalisierungsgrad gesellschaftlichen Bewußtseins kann man darin sehen, daß es automatisiertes Verhalten hoffiert, auf jede Regung emanzipatorischen Bewußtseins, sobald es aus der bloß akademischen Diskussion heraustritt und einstellungs- und verhaltensregulierend wirkt, empfindlich reagiert. Dieser Sachverhalt weist auf einen gemeinsamen Zug aller Gesellschaftsformationen hin, an dem die besonders durch die Totalitarismusforschung erarbeiteten Kriterien zur Unterscheidung von Demokratie und Totalitarismus zu überprüfen sind. Er äußert sich empirisch in der Resistenz jener in der Rigidität ihrer politischen Praxis höchst divergenten Staats- und Gesellschaftsformen gegen mehr als bloß kommunikative emanzipatorische Praxis. Vor diesen Hintergrund ist die unterschiedliche Toleranz gegenüber systemkritischer Theorie zu bewerten.

Im psychischen Regelkreis hat man wohl eine der subtilsten und sublimiertesten Varianten des Selbsterhaltungstriebes zu sehen. Auf der homöostatisch so relevanten Aggressionsskala figuriert im Extrem der Ausweglosigkeit, weshalb auch in diesem Falle von Utopie die Rede sein kann, der Selbstmord als eschatologische Probe auf die Wiederherstellung der Homöostase, deren Antizipation den Gedanken zur Erwartung stilisiert. Dieses Beispiel macht ohne die Notwendigkeit weiterer Begründung deutlich, was für den Menschen als handelndes Wesen überhaupt gilt: Der homöostatische Regelungsprozeß beschränkt sich nicht auf die Herstellung des status quo ante des Organismus [1]. Das wäre pure Homöostase im Sinne von Anpassung nach rückwärts unter Außerachtlassung der Dynamik der Bedingungs- und Zielkonstellation. Es gilt also den Begriff der Homöostase nicht einseitig als 'konservatives Prinzip' (Thomae) zu interpretieren. Er erweist sich vielmehr als 'ergänzungsbedürftig' durch ein Prinzip, das man als das der 'Selbstverwirklichung' ansprechen könnte [2].

Die Verwendung des Prinzips der Homöostase auf anthropologischem Feld als dynamische Kategorie, d.h. unter Beachtung des teleologischen Moments der Selbstverwirklichung, und als Verlaufstypus, wodurch den Rückwirkungen veränderter Bedingungen zwischen zwei Zuständen Rechnung getragen wird, mündet in die potentielle Überwindung der Einseitigkeit jenes Zirkels, in dem sich "mechanistische Deutung der Lebensgestaltung und utilitaristische Auffassung des menschlichen Daseins gegenseitig stützen" [3]; eine Überwindung, die Ziel einer Anthropologie ist, die die Sonderhypothese im Sinne des Mundanitätsprinzips vertritt. Das darf jedoch nicht darüber hinwegtäuschen, daß die Sinnfrage nur im Umkreis der menschlichen Existenz selbst so gestellt werden kann, daß jedweder Rückzug auf Ontologie abgeschnitten bleibt.

Schließlich ist jedoch noch einem praktischen Einwand gegen die immanente Sinndeutung, zu begegnen, der L. Landgrebe in ausdrücklicher Auseinandersetzung mit Gehlens Anthropologie vorhält, durch ihre "Bereitschaft, das Leben in seinem Drange nach Selbsterhaltung und Selbststeigerung als eine letzte, nicht mehr befragbare Tat-

---

1) Es ist R.C. Davis in diesem Punkt zuzustimmen. Er berücksichtigt jedoch nicht, daß es gerade darauf ankommt, das Ziel des status quo ante als dogmatisch, da statisch fallen zu lassen; Vgl.: R.C. Davis, Die Domäne ..., a.a.O., bes. S. 486.
2) So v.a.: H. Thomae, in: Die Motivation ..., a.a.O., S. 428.
3) A. Portmann, Biologie und Geist, Zürich 1956, S. 300.

sache hinzunehmen" [1], erscheine "in der Praxis jede Brutalität des Kampfes um die nackte Selbsterhaltung, sei es des einzelnen, sei es eines Volkes oder Staates, gerechtfertigt" [2]. Damit ist ein höchst bedeutsames ideologiekritisches Moment eingefangen, das man sich hüten sollte positivistisch wegzudeuten.

Eine Anthropologie, aus deren basalen Prämissen die immanente Verortung des Sinnkriteriums logisch folgt, übersieht ihrerseits nicht, daß die inhaltliche Besetzung des Sinnbegriffs auf der Grundlage der Prinzipien von Selbsterhaltung und Selbstverwirklichung von empirisch-analytischer Wissenschaft nicht letztinstanzlich geleistet werden kann. Die wissenschaftslogisch zwingende Folgerung der Möglichkeit des Dezisionismus bietet jedoch zumindest die Chance, in einem transzendent-pragmatischen Akt die Sinnfrage durch die Relativierung auf die humane Funktion, d.h. nicht nur immanent als das Überleben aller Menschen, sondern transzendent als würdiges und d.h. herrschaftsfreies oder doch wenigstens herrschaftsreduziertes Überleben der Menschheit zu lösen.

Zur Überschätzung der Kraft des Normativen gibt allerdings der dezisionistische Ansatz ebensowenig Anlaß wie der metaphysische.

III. A. 3. Zeitschemata und Sinnkategorie

Das 'Plus' der Selbststeigerung gegenüber der bloßen Selbsterhaltung liegt (anthropo)biologisch in der Möglichkeit und dem Grad bzw. der Qualität luxurierenden Verhaltens - anthropologisch: luxurierender Handlungen einschließlich der Bewußtseinsaspekte. Etwa diesen Tatbestand meint Portmann, wenn er schon im Hinblick auf Tiere von 'Strukturen und Leistungen' spricht, "die 'hypertelisch' genannt

---

1) L. Landgrebe, Philosophie der Gegenwart, Frankfurt/Main, Berlin 1961, S. 27.
2) L. Landgrebe, Philosophie ..., a.a.O., S. 27.

werden oder auch 'funktionslos', wenn das Ziel lediglich die Erhaltung, wenn als Funktion nur die elementare Bewahrung des Lebens gilt" [1]. Portmann kritisiert die Auffassung 'unadressierter' Erscheinungen als Nebenresultate von Erhaltungsvorgängen und überhaupt den Rückzug auf die Position, die neben 'Erhaltungsprozessen' nicht auch noch das Phänomen der 'Selbstdarstellung' (gelegentlich auch 'Innerlichkeit' genannt) anerkennt, als 'technisches Verstehen' - Technomorphismus, wie Topitsch sagen würde [2]. In diesem Sinne dient, um zwei besonders markante Beispiele heranzuziehen, der Gesang der Vögel ebenso wie die menschliche Sprache sowohl der Selbsterhaltung als auch der Selbstdarstellung [3]. Andererseits bestreitet auch Portmann nicht den Voraussetzungscharakter der Erhaltungsfunktion [4] und es spricht einiges dafür, der Darstellungsfunktion ihren ursprünglichen Charakter abzusprechen und sie doch auf den Elementarvorgang der Erhaltung zurückzuführen, um ihr dann sekundär ihren vor allem entwicklungsgeschichtlich bedeutsamen Eigenwert zu bescheinigen, wenn auch die Festschreibung der Mutation als Elementarfaktor und damit auf die Kategorie des Zufalls nicht ohne agnostischen Rückzug abgeht.

Was nun Gehlens Position angeht, so ist vielleicht der Hinweis nützlich, daß er - entgegen dem möglicherweise im Zusammenhang mit der Zuordnung zur mono- bzw. athematischen Lösung entstandenen Eindruck - mit der impliziten Ablehnung der These von der transzendenten Hypertelie keinesfalls auch die von der immanenten Hypertelie im Sinne von Selbststeigerung und Selbstverwirklichung des Menschen verwirft. Allerdings möchte ich mit einigen kursorischen Bemerkungen diesem Sachverhalt nachgehen. Zu denken ist hier vor

---

1) A. Portmann, Biologie und Geist ..., a.a.O., S. 298.
2) S.a.: A. Portmann, Neue Wege der Biologie, München 1965, S. 214 ff., 225 f.; ders.: Grenzen der Biologie, in: Grenzen der Erkenntnis, Freiburg, Basel, Wien 1969, S. 53 ff.
3) drs.: Neue Wege ..., a.a.O., S. 216.
4) drs.: Biologie und Geist ..., a.a.O., S. 305 f.

allem an das Phänomen der 'Hintergrundserfüllung', das hypertelisches Potential dadurch freilegt, daß es 'Daseinssicherheit' durch das Zurückdrängen der Primärbedürfnisse "aus dem Vordergrunde der Affektivität" [1] ermöglicht, was allerdings der institutionellen Stabilisierung bedarf. Auf dieser Basis kann dann die wichtige Kategorie der 'unbestimmten Verpflichtung' zum Tragen kommen, die in ihrer abstraktesten Fassung die Einsicht widerspiegelt, "daß der Mensch sich selbst noch Aufgabe ist" [2].

Das ist die ins Positive gewendete Mängelkompensation, die Nietzsche auch meint, wenn er vom 'Nichtfestgestelltsein' als Merkmal der menschlichen Natur spricht. Die unbestimmte Verpflichtung vermag - und nichts bezeugt besser die Funktionslosigkeit im Sinne des Lebensnotwendigen - unter weitgehendem Verzicht auf die eigene Bedürfnisbefriedigung in die Entscheidung "zum Selbstwert im Dasein von Etwas" [3] einzumünden; ja im Extremfall in "Selbstwert im absoluten Sinne", was im Grenzfall "mit der Aufgabe des eigenen Lebenswillens" zusammengeht [4]. Die Weltoffenheit schließlich ist Ausdruck der "Überschußleistungen des Bewußtseins, das auf biologisch Nützliches nicht eingegrenzt ist" [5].

Es ist auffallend, daß die Tendenz zum Ästhetizismus, der seine Impulse besonders aus dem Formgefühl und dem Gestalterleben bezieht, sowohl zu einer übertrieben funktionalen Deutung im Sinne des von Portmann kritisierten technischen Verstehens führen kann, als auch zu einer Überdehnung des Prinzips der Selbstdarstellung und der 'Innerlichkeit', wozu Portmann seinerseits neigt [6]. Es

---

1) A. Gehlen, Urmensch, S. 56 ff.
2) drs.: Der Mensch (1966), S. 71 f., 324; auch öfter in: Urmensch.
3) Urmensch, S. 19.
4) a. a. O.
5) A. Gehlen, Ein anthropologisches Modell ..., a. a. O., S. 7.
6) Dazu wurde Portmann nicht zuletzt aufgrund eingehender Analysen der Bildung tierischer Hautmuster (Schmetterlinge, Schlangenhautzeichnung, Vogelfedern) veranlaßt; Vgl. dazu: Neue Wege ..., a. a. O., S. 118-172.

ist nicht ausgeschlossen, daß ein derartiger ästhetizistischer Zug parallel zu der perfektionistischen Sehnsucht nach der Geschlossenheit des Weltbildes zu der gegenwärtig weithin zu beobachtenden eigentümlichen Faszination führt, die offenbar von der Kybernetik ausgeht, die zwar kritischer Reflexion das Scheitern der Restitution der 'großen Philosophie' verdeutlicht, gleichwohl einen beachtenswerten Ersatz für sie anzubieten scheint.

Luxurierende Handlungen als Ausdruck der die bloße Selbsterhaltung übersteigenden Selbstverwirklichung konkretisieren sich im Zeit-Haben als der Grundbefindlichkeit des Menschen und der höher organisierten Tiere gegenüber einem bloßen In-der-Zeit-Sein, dessen Kennzeichen das permanent 'gespannte Feld' ist. Erst in der Phänomenologie des 'entspannten Feldes' - anthropologisch in der Hintergrundserfüllung - manifestiert sich der Sinn der Entgegensetzung der Kategorien Selbsterhaltung und Selbststeigerung. Mit dem Wort 'Spiel' ist der Sachverhalt von Selbstdarstellung recht gut bezeichnet.

Eine thematisch gebotene Verkürzung der Perspektive auf das Problem der Zeitlichkeit unter anthropologischen Prämissen impliziert die Einführung einer weiteren Bestimmung des Zeitbegriffs; i. e. des antizipatorischen Moments auf der Zeitstrecke. Mit der Erörterung der Zeitkomponente nähere ich mich sukzessiv auch der Wiederaufnahme einer vertieften Behandlung des Motivationsproblems, deren Fortsetzung vom Durchgang durch das Thema der Zeitlichkeit abhängig gemacht werden mußte.

Die Momente der Verfügbarkeit und der Antizipation fungieren als Kriterien eines Zeitbegriffs, der durch die doppelte Revision des Prinzips der objektiven Zeit im Durchgang durch die Konstitution des Begriffs der 'biologischen Zeit' als erster Revisionsstufe schließlich als dessen Spezifizierung in der Konzipierung eines Prinzips der anthropologischen Zeit durch ein komplementäres Methodenkonzept aus Induktion und Deduktion gewonnen wird, weshalb der

Begriff der anthropologischen Zeit auch enger als der Begriff der 'biologischen' Zeit, jedoch weiter als der Begriff der physikalischen Zeit ist. Um gleich eine zentrale Aussage V. v. Weizsäckers, in dessen Kategorialanalyse von 'Gestalt und Zeit' [1] das äußerst fruchtbare Prinzip der 'biologischen Zeit' entwickelt wird, pointiert voranzustellen, sei ein entscheidendes Ergebnis seiner Untersuchung angeführt: 'Gestalt' entsteht oder besteht nicht 'in der Zeit', sondern 'Zeit in der Gestalt' [2]. Ausgehend von diesem Resultat der Kategorialanalyse möchte ich die Problematik der 'biologischen Zeit' bei Weizsäcker und ihre Implikationen in den Grundzügen darstellen.

Im Verlauf der Erörterung des Komplementarismus von kausalanalytischer und teleologischer Betrachtungsweise in der Biologie hatte ich unter Berücksichtigung der Organismustheorie und des ihr zugrunde liegenden Begriffs der Ganzheit einer "methodischen Ausblendung des Zeitfaktors" das Wort geredet [3]. Dabei handelte es sich um den Begriff der objektiven Zeit, wofür das eingeschlagene Verfahren ein Optimum an methodischer Stringenz bot. Demgegenüber geht es jedoch im Wiederaufnahmeverfahren darum, den gängigen Zeitbegriff für die Zwecke biologischer und anthropologischer Forschung zu modifizieren, um ihn dann in seiner neuen Qualität methodisch zu nutzen. Die 'biologische' Zeit ist weder "objektives homogenes Kontinuum" noch "aufbewahrte Zeit im Gedächtnis" als Zeit der Geschichte, sondern 'Gegenwartszeit', u. zw. als 'zeitüberbrückende Gegenwart' [4]; ein Vorgang, den Weizsäcker 'Prolepsis' nennt [5]. Damit aber ist entgegen jeder teleologischen Deu-

---

1) V. v. Weizsäcker, Gestalt und Zeit, 2. Aufl., Göttingen 1960 (Die erste Aufl. erschien Halle/Saale 1942).
2) a. a. O., S. 42; 'in' in: 'in der Zeit' und 'Zeit' in: 'Zeit in der Gestalt' sind bei v. Weizsäcker kursiv ausgedruckt.
3) Vgl. dazu: S. 45 ff., S. 48 ff.
4) V. v. Weizsäcker, a. a. O., S. 23.
5) a. a. O., S. 16.

tung [1] nichts anderes gemeint, als daß die 'biologische Zeit' eine Struktur aufweist, in der Vergangenes und Zukünftiges - 'ekstatisch' zur 'sukzessiven' mechanischen Zeit - zur 'Aktualität' gebunden wird [2]. Dabei wird nicht verhehlt, daß der Begriff der Überbrückung selbst 'an sich leer' ist, und daß erst die 'Beobachtung' seine Bedeutung verstehen läßt, wie Weizsäcker exemplarisch an der Phänomenologie 'intendierter Bewegungen' zeigt [3], deren Vollzug in bestimmten Fällen "gesetzmäßig von der Intention" abweicht, "insofern die Intention anders lautet als das Vollzogene" [4]. Sowohl aus der Beobachtung als auch aus der Beobachtbarkeit ergeben sich bedeutsame Konsequenzen. Es ergibt sich zunächst die zwingende Annahme eines 'methodischen Indeterminismus' in der Biologie, der Indeterminismus und Determinismus in spezifischer Weise zusammenfügt [5] und auf diese Weise den 'Komplementarismus' von Gesetzlichkeit und Entwicklung in der Biologie einsehbar macht [6]. Denn, was "in der (objektiven) Zeit verläuft, ist in einer Gegenwart zur einen Hälfte nicht mehr und zur anderen Hälfte noch nicht realisiert" [7]. Auf das Bewegungsbeispiel unter Berücksichtigung der Komplementarität von Indeterminismus Determinismus angewandt, ergibt sich folgender Sachverhalt: "Die Indeterminiertheit wird vom Nachblick zur Notwendigkeit ergänzt, die Unabänderlichkeit vom Vorblick zur freien Bestimmbarkeit ergänzt"; und d.h. verallgemeinert: "Die Unbestimmtheit ergänzt sich mit der Unabhänderlichkeit zur Lebenswirklichkeit" [8]. Ähnlich argumentiert bereits H. Plessner,

---

1) a.a.O., S. 16 f., vgl. auch: S. 5; dort stellt v. Weizsäcker ausdrücklich fest: "Der Vitalismus bleibt ein Fremdling in der Naturforschung, der Holismus ein methodischer Kurzschluß".
2) a.a.O., S. 23.
3) a.a.O., S. 26.
4) a.a.O.,
5) a.a.O., S. 22.
6) a.a.O., S. 23.
7) a.a.O., S. 54.
8) a.a.O., S. 26.

wenn er zur Zeithaftigkeit des Organismus u. a. ausführt: "Erst dem lebendigen Sein ist Zeit in ihren Modis wesenhaft, denn es konstituiert sich vermittels der Zeit, insofern es ein Sein bedeutet, das ihm selbst vorweg ist" [1]. Die organismische Einheit 'instantaner Existenz' entsteht also durch die gegenseitige Durchdringung von 'Aktualität' und 'Potentialität' [2].

Totaler Determinismus, der allerdings selbst von der transklassischen Atomphysik nicht mehr unterstellt wird [3], würde jede Entwicklung aufheben; völliger Indeterminismus demgegenüber die Forderung der Gesetzlichkeit. Wenn beides dennoch möglich sein soll, dann doch nur unter der Bedingung, daß die "Form des Ganzen auch schon in seinem Anfang entsteht und insofern enthalten ist". Genau das soll der Begriff der 'Prolepsis' besagen [4].

Die beschriebene Beziehung von Gestalt und Zeit, wie sie sich als Bedingung und Ausdruck aller Organismen und somit auch des Menschen darstellen soll, und die somit allgemeinbiologische Geltung unter Einschluß anthropologischer Relevanz beansprucht, erweist sich darüber hinaus als konstitutiv für die Wahrnehmung als Akt bzw. Stufe des Bewußtseins [5]. Damit hängt die Feststellung zusammen, daß Wahrnehmungsgestalten, u. zw. sowohl als ruhende als auch als bewegte Erscheinungen 'auch Zeitgestalt' besitzen [6]. Das bedeutet, daß Wahrnehmung von Bewegung impliziert, daß "bloß sukzessiv existiert Habendes in seiner Erinnerung synchronisierend" aufbewahrt

---

1) H. Plessner, Die Stufen des Organischen und der Mensch, Berlin, Leipzig 1928, S. 179.
2) H. Plessner, a. a. O., S. 175.
3) So betont Heisenberg, daß die Vorstellung des Determinismus inzwischen nur noch in mehrfacher Einschränkung aufrechterhalten wird; W. Heisenberg, Das Naturbild der heutigen Physik, Hamburg 1968, S. 34 f.; Der von Bohr in die Quantenmechanik eingeführte Begriff der Komplementarität zeigt exemplarisch den terminologischen Niederschlag dieses Sachverhalts.
4) V. v. Weizsäcker, a. a. O., S. 17.
5) a. a. O., S. 29, 50.
6) Vgl.: a. a. O., S. 48.

werden muß, was Aufgabe des Gedächtnisses als einer biologischen Qualität ist [1]. Andererseits ist ebenso die Richtung der Bewegung ein "Wesensmerkmal alles Figur-Wahrnehmens" [2]. Aus der Synthese beider Feststellungen folgt: "Wahrnehmungsgestalt ist also eine anamnestisch-proleptische Vergegenwärtigung ihres Gegenstandes [3]. In der anamnestisch-proleptischen Qualität des Bewußtseins in seinem Wahrnehmungsaspekt kommt also die Fortsetzung des durch die biologische Zeit charakterisierten Lebens auf der Reflexionsebene zum Ausdruck, denn Wahrnehmung oder Sinnlichkeit bilden ja nur eine Seite des ebenso durch den Verstand gekennzeichneten einen Bewußtseins, das andererseits ebenso eine Vorstellung von der mechanischen Zeit zu entwickeln und zu begründen vermag.

Wenn nun die 'biologische' Zeit als die Zeitstruktur der Wahrnehmung [4] ausgewiesen wird, andererseits die Sonderstellung des Menschen mit seiner Handlungsfähigkeit zu begründen ist, was ja die Berücksichtigung aller Aspekte seiner psycho-physischen Existenz, insbesondere aber auch der unterschiedlichen Bewußtseinsaspekte von der Wahrnehmung bis zum Denken verlangt, dann ergibt sich die Notwendigkeit, zur Erfassung der Gesamtheit dieser Aspekte einen eigenen anthropologischen Zeitbegriff einzuführen, der vom biologischen Zeitbegriff nur insofern abweicht, als der Begriff der 'Prolepsis' durch die Vorstellung von der Zielantizipation im Sinne der Handlungskreisthematik auf die potentiell kognitive Ebene gehoben wird [5]. Für tierisches Verhalten wie für menschliches Handeln gilt übereinstimmend, was Weizsäcker zur Kennzeichnung von Gestalten sagt. Sie "fordern Synchronismus von objektiv

1) a. a. O., S. 49.
2) a. a. O., S. 50.
3) a. a. O.
4) Vgl. V. v. Weizsäcker, a. a. O., S. 54.
5) Vgl. zu diesem Komplex auch: F. J. J. Buytendijk, Mensch und Tier, Hamburg 1970, S. 47 ff. im Kapitel 'Zeit und Zeitlichkeit': Die 'zeitüberbrückende Gegenwart' des Biologischen präzisiert sich beim Menschen zur Antizipation: "Der Mensch kennt Zeit und existiert zeitlich in einer zeitlichen Welt", S. 50.

nicht mehr Seiendem mit objektiv noch nicht Seiendem in einer Gegenwart" [1].

Anthropologisch spezifiziert heißt das: In Handlung als Gegenwartsbewegung konvergieren Zielerreichung (Determinismus im Rückblick) und Zielsetzung (Indeterminismus im Vorblick), wobei die eigentliche Problematik in der Zielsetzung als Antizipation im Sinne des Mundanitätsprinzips anzutreffen ist. Der biologische Zeitbegriff mit seiner speziellen anthropologischen Variante wirft eine Reihe von Problemen vorwiegend erkenntnistheoretischer Art auf, deren Entschlüsselung den schmalen Grat zwischen Subjektivismus und Ontologie - kantisch: zwischen Skeptizismus und Dogmatismus - bis hin zum dezisionistischen Wendepunkt begehbar macht.

Im Zentrum des Interesses steht die Frage, wie es sich mit der Gültigkeit der kantischen These von der Apriorität der Anschauung und besonders des allgemeinen Schemas der Zeit verhält. Die entscheidende Passage in der 'Transzendentalen Ästhetik', die auf die unbestreitbare Feststellung folgt, daß die Zeit eine 'notwendige Vorstellung' ist, "die allen Anschauungen zum Grunde liegt", lautet: "Die Zeit ist also a priori gegeben. In ihr allein ist alle Wirklichkeit der Erscheinungen möglich. Diese können insgesamt wegfallen, aber sie selbst (als die allgemeine Bedingung ihrer Möglichkeit) kann nicht aufgehoben werden [2]. Somit bestehe die Zeit also weder für sich selbst, d.h. sie besitze keine 'absolute Realität' [3], was ja dem Verfechter des biologischen Zeitbegriffs selbstverständliche Voraussetzung ist, noch aber komme sie den Dingen als 'objektive Bestimmung' [4] zu, wozu aus der Sicht des biologi-

1) V. v. Weizsäcker, a. a. O., S. 54.
2) I. Kant, Kritik der reinen Vernunft, B 47; zitiert nach der 'Theorie-Werkausgabe' Suhrkamp.
3) a. a. O., B 52.
4) a. a. O., B 49; demgegenüber soll vom Raumschema als notwendiger Vorstellung a priori, die allen äußeren Anschauungen zugrunde liege, nur die Rede sein, wenn es sich bei der Erörterung des Problems der Erfahrungskonstitution gar nicht umgehen läßt.

schen Zeitbegriffs eine differenzierte Stellungnahme erforderlich ist, die jedoch solange steril bleiben muß, als sie den kantischen Erfahrungsbegriff mit seinen Symmetrieannahmen von Sinnlichkeit und Verstand, apriorischer und aposteriorischer Erkenntnis, Phainomena und Noumena usw. unbefragt hinnimmt. Daß nämlich die Zeit, wie in Fortsetzung der Ablehnung der These von ihrem Eigenschaftscharakter behauptet wird, "lediglich eine subjektive Bedingung unserer (menschlichen) Anschauung (.....) und an sich, außer dem Subjekte, nichts" [1] sei, ist doch nur unter der Bedingung plausibel, daß biologischer Entwicklung, gerade auch in ihren paläontologischen Phasen, lediglich in der retrospektiven Objizierung ihrer Erscheinung eine Zeitqualität im Sinne 'empirischer Realität' vorgesetzt wird, die ihr als einem Naturprozeß - dessen Ablauf bis zur Menschwerdung absolut und seitdem immerhin noch in einem breiten Strom protoanthropologisch wiederum Voraussetzungscharakter hat für die Bildung eines sich besonders in seiner Funktion der Erkenntnis auf die Anfänge zurückwendenden Organs, auch menschliches Bewußtsein genannt - abgesprochen werden soll.

Im Verlauf der stammesgeschichtlichen Entwicklung einer bestimmten Primatenspezies kommt es in der mehrfach beschriebenen Weise zur Hominisation qua exorbitanter Gehirnentwicklung, wobei Menschwerdung als Erhebung zur Weltoffenheit gedeutet wurde. Die Berücksichtigung der allgemeinen Entwicklungslinien der hominiden Stammesgeschichte nötigt nun zu der Einsicht, die K. Lorenz die 'biologische Hypothese' aufstellen läßt, daß das Apriori - insbesondere auch die reinen Formen der sinnlichen Anschauung - als 'Funktion' des menschlichen Gehirns zu begreifen ist [2].

Sinnlichkeit, Verstand, Vernunft, oder wie immer man die Bewußt-

---

1) I. Kant, a.a.O., B 52.
2) S. K. Lorenz, Kants Lehre vom Apriorischen im Lichte der gegenwärtigen Biologie, in: Blätter für deutsche Philosophie, Bd. 15, 1941/42, S. 95, 98.

seinsaspekte benennen will [1], werden phylogenetisch und historisch in der Auseinandersetzung mit der Wirklichkeit strukturiert, wobei sich vor allem auch Anschauungen von der Zeit bilden. Es ist wohl nicht übertrieben dem Strukturierungsprozeß Gesetzescharakter zuzuschreiben, so daß sich eine spezielle, auf die sogenannten reinen Anschauungsformen bezogene und eine weitere, auf die gesamte Kategorialapparatur gehende anthropologische Regel formulieren läßt; i. e. das Gesetz von der phylogenetisch-historischen Realkonkomitanz des Apriorischen, sowie allgemein: Das Gesetz von der phylogenetisch-historischen Realkonkomitanz der Wahrnehmungs-, Denk- und Erkenntnisformen. Der Begriff 'Realkonkomitanz' soll dabei auf die die onto- und phylogenetische Entwicklung des Menschen begleitende Auseinandersetzung mit der Realität verweisen, wobei die Attribute 'phylogenetisch' und 'historisch' die biologische Primär- und die kulturrelativistische Sekundärstufe unter der Bedingung ihrer mit der Menschwerdung gesetzten Gleichursprünglichkeit andeuten.

Wenn man so will, kommt in der kollektiven Bewußtseinsstrukturierung ein biologisches und soziales Apriori der Art zum Ausdruck, daß in der jeweiligen Sprache ein Formierungspotential schon vor jeder individuellen Erfahrung besteht, das jedoch seinerseits gleichwohl kollektives Produkt aus Kommunikation, Interaktion und Arbeit ist, also selber eine Erfahrungsbasis besitzt. Der Reduktionsversuch verweist auf die Rolle der Sprache im Zusammenhang mit der Erfahrungskonstitution apriorischer Anschauungen, wobei sich zeigt, daß Zeitvorstellungen sprachsystemabhängig sind.

Unterstellt man vorläufig noch einmal hypothetisch mit Kant, die

1) Es kann tatsächlich nur von Benennungen die Rede sein und nicht von unterschiedlichen Vermögen, ist doch die Trennung der Bewußtseinsaspekte nur 'nomenklatorisch' sinnvoll, wie Hofstätter analog für 'Denken', 'Fühlen' und 'Wollen' als 'Akte des Bewußtseins' geltend macht; s. P.R. Hofstätter, Die Psychologie und das Leben, a.a.O., S. 171.

Zeitvorstellung sei als reine Anschauung eine Bedingung der Möglichkeit von Erfahrung, von der nicht abgehoben werden könne, so fragt sich doch andererseits, wie Erfahrung wohl ohne die Existenz von Gegenständen - man könnte auch 'Gestalten' sagen - konstituiert werden könne. Wie, so muß man doch fragen, kann Zeit wahrgenommen werden, wenn nicht gleichursprünglich Gegenstände als Bedingung der Möglichkeit von Erfahrung angenommen werden? Es läßt sich doch zeigen, daß der Begriff der Veränderung bzw. Bewegung, den Kant ausdrücklich zur Demonstration seines Zeitbegriffs heranzieht, die 'empirische Realität' des Objekts, an dem nach Kant die Möglichkeit von Bewegung als Folge der Zeitvorstellung konstituiert wird, geradezu als Bedingung ihres Gebrauchs fordert. Betrachtet man mit Kant Veränderung "als Verbindung kontradiktorisch entgegengesetzter Prädikate", z.B. in der Weise, daß man "das Sein an einem Orte und das Nichtsein eben desselben Dinges an demselben Orte" [1] annimmt, so bleibt ein solcher Tatbestand ohne Zeitfaktor unverständlich. Wie jedoch von Bewegung die Rede sein soll, wenn andererseits vom Objekt abstrahiert wird, bleibt ebenso unklar. Daraus folgt aber, daß erst die Anschauung der Einheit von Objekt und Zeit Erfahrung zu konstituieren vermag. Der Wechsel von Tag und Nacht wird sich nur derjenigen Erfahrung erschließen, der auch die Objekte vorgegeben sind, u. zw. sowohl das sich bewegende als auch das (in diesem Zusammenhang) ruhende, gleichviel, ob ein heliozentrisches oder ein geozentrisches Weltbild zugrunde liegt.

Mit der bisher nur implizit sprachanalytischen Erörterung der Erfahrungskonstitution hinsichtlich ihrer Bedingungen soll nun nicht etwa ein Plädoyer für die Möglichkeit reiner Anschauungen a priori, womöglich unter Ausdehnung auf den Objektbegriff, gehalten werden. Im Gegenteil: Die These von der Apriorität der Anschauungen ist

---

1) B 48.

als das zu würdigen, was zugleich für Kant und gegen ihn festgehalten werden muß, nämlich als Produkt eines 'Bildungsprozesses' des Bewußtseins, wie Habermas hinsichtlich der nur scheinbaren Voraussetzungslosigkeit aller Erkenntniskritik betont [1]. Topitsch hat in seiner Entlarvung des naturrechtlich-spekulativen Kerns von Wissenschaft die 'kopernikanische Wende Kants' als 'Ausweichmanöver' charakterisiert. Der Einfluß der 'intentionalen Weltauffassung', den Topitsch in seiner Ideologiekritik außer auf Kants Lehre neben anderen auch auf die Hegels und Marxens konstatiert, äußert sich in Kants Philosophie folgendermaßen: "Die Funktion der Stiftung einer allgemeinen und notwendigen Gesetzesordnung, die bisher der kosmische Logos ausgeübt hatte, wurde nun einem nie ganz präzis faßbaren überindividuellen 'Verstande' oder einem 'Bewußtsein überhaupt' zugeschrieben, also Instanzen, deren Herkunft von den älteren Formen geistiger Gesetzgebungsmächte offenkundig ist" [2].

Wenn nun unter den beschriebenen Umständen die kantische Frage nach der Möglichkeit synthetischer Urteile a priori [3] erneut gestellt wird, so bieten sich zwei Antworten an: Möglich sind sie als Folge des Bildungsprozesses des Bewußtseins. Es ist jedoch damit keinesfalls auch schon ihre Geltung konstituiert, sondern eben nur die Möglichkeit ihrer Bildung. Es ist ja nicht nur für die Kontrapositionen des Rationalismus und des Empirismus die 'Verschmelzung' der Gewinnungs- und Geltungsproblematik mit der damit verbundenen Vorstellung der Geltungsrelevanz der jeweiligen Erkenntnisquelle charak-

---

1) J. Habermas, Erkenntnis und Interesse ..., a.a.O., S. 27; Die biologische Bedingtheit (und Relativität) der Anschauungen hat im übrigen vor Lorenz R.H. Francé, Bios. Die Gesetze der Welt, Kröner-Taschenausgabe, Leipzig 1925, S. 266 f. zum Ausdruck gebracht.

2) E. Topitsch, Vom Ursprung und Ende der Metaphysik, München 1972 (erstmals 1958), S. 304.

3) Diese Frage wird heute selbst für die Mathematik, die Kant ja als Inbegriff einer apriorisch-synthetischen Wissenschaft galt, bestritten; s. dazu: G. Frey, Philosophie und Wissenschaft, Stuttgart 1970, S. 81.

teristisch, wie Albert meint [1], sondern lediglich in differenzierterer Weise auch für den Kritizismus Kants, für den die 'Vernunft' als eigene Instanz neben 'Verstand' und 'Sinnlichkeit' partialrationalistisch die Erkenntnisprinzipien a priori bereitstellt; d.h. Vernunft ist "das Vermögen der Einheit der Verstandesregeln unter Prinzipien" [2].

Die Gesamtheit der Einwände scheint nun allerdings dem Skeptizismus nicht nur gegenüber dem Rationalismus, sondern auch gegenüber dem Kritizismus Kants zum Sieg zu verhelfen. Es wird sich jedoch zeigen, daß ein Rückzug auf den Empirismus Humes dennoch nicht in Frage kommt, wenngleich auch der Erfahrungsbegriff vor mancher kantischen Einschnürung bewahrt werden muß.

Eine ganz andere, nicht minder wichtige Seite der Problemstellung zeigt sich, wenn man das Stichwort 'Sprache', das sporadisch auftauchte, methodisch beim Wort nimmt. Die Aussage C.F.v. Weizsäckers; "Das physische, das psychische, das transzendentale und das existentielle Ich sind nicht vier verschiedene Dinge, sondern nur die Erkennungsmarken für vier Wege, die ich zu mir selbst habe; sie sind dasselbe Ich" [3], die also die individuelle Einheit betont, hat den Stellenwert einer notwendigen Erinnerung und entspricht sprachphilosophischen Überlegungen, die bis auf einen Zeitgenossen Kants, nämlich J.G. Hamann zurückgehen. Es ist auch Hamann, der die Historizität des Bewußtseins in der Bedingungskonstellation fundierender Sprachlichkeit erkennt und verdeutlicht, daß die Transzendentalphilosophie Kants ebenso wie auch seine Kritik an ihr auf einem geschichtlich gewordenen Sprachtypus, der das eine wie das

---

1) Vgl. dazu: Theorie und Realität, Hrsg. H. Albert, dessen Beitrag: Probleme der Theoriebildung, S. 15.
2) Kr.d.r.V., B 359.
3) C.F. v. Weizsäcker, Die Geschichte der Natur, 7. Aufl., Göttingen 1970, S. 98.

andere erlaube, beruht [1]; nur daß Kant die 'genealogische Priorität' der Sprache eben nicht ins Problembewußtsein aufnehme, weshalb Hamann den kantischen Ansatz auch nicht immanent, sondern in einer 'Metakritik' über den Purismus der Vernunft angreift [2]. Hamann führt den Voraussetzungscharakter von Sprache erstmals bewußt als Purgatorium der Erkenntniskritik ein.

Sowohl das biologische Argument, das den stammesgeschichtlich bedeutsamen Aspekt der Bewußtseinsbildung aufwies, als auch der genetische Hinweis auf den sprachlichen Charakter des Bewußtseins wenden sich gegen die dem kantischen Kritizismus, wenn er Geltung beanspruchen will, notwendig unterliegende Konstanzannahme der menschlichen Natur und erhellen, daß die Transzendentalphilosophie ihre Prinzipien gerade im Zuge jener Transzendenz gewinnt, der sie ja nicht nur durch Verwendung eines Neologismus zu entgehen meinte.

Die Annahme einer diachronischen Konstanz wird ja außerdem ergänzt durch die fragwürdige Scheidung von Sinnlichkeit und Verstand, die Hamann ebenso beklagt, wie die drei Arten des 'Purismus', nämlich die Versuche, die Vernunft von 'Überlieferung', 'Erfahrung' und schließlich von der 'Sprache' freizumachen [3].

Von welch eminenter, ja geradezu axiomatischer Bedeutung differierende Sprachsysteme bei der Erfahrungskonstitution und speziell bei der hier besonders zu berücksichtigenden Formung der Zeitauffassung sind, läßt sich besonders eindrucksvoll aus den Ergebnissen der 'Kontrastiven Linguistik' Whorfs ablesen. Aus dem Vergleich des westeuropäischen Sprachtypus [4] mit dem Hopi als der Sprache

---

1) Vgl. dazu: J.G. Hamann, Schriften zur Sprache. Einleitung und Anmerkungen v. J. Simon, Frankfurt/Main 1967, S. 68 (Einleitung), S. 258 (Anm.)
2) a.a.O., S. 219, 224.
3) J.G. Hamann, a.a.O., Metakritik, S. 222.
4) B.L. Whorf, a.a.O., S. 15, 92 ff., 100.

eines Stammes der nordamerikanischen Pueblo-Indianer ermittelt Whorf fundamentale Unterschiede in der Auffassung elementarer Verhältnisse, besonders aber der Zeitlichkeit. Operiert der Standard-Average-European-Sprecher wie selbstverständlich mit dem objektiven Zeitbegriff im sprachlichen Hintergrund, so baut sich der Angehörige des Hopi-Stammes sein keinesfalls weniger konsistentes Weltbild mit einer Sprache als Medium auf, die einen Zeitbegriff im objektiven Sinne überhaupt nicht kennt [1].

Das Apriori erweist sich einerseits als Projektion eines in der biologischen Entwicklung als Adaptationsprozeß entstandenen hochkomplizierten Organs; strukturiert in Auseinandersetzung mit einer Welt von Erscheinungen, die das Bewußtsein via Symbolsystem affizieren und somit auch Erfahrung konstituieren, deren Zeitlichkeit ja selbst kantisch als in irgendeiner, wenn auch unbekannten Weise durch die dahinter stehenden an sich seienden Dinge determiniert gedacht werden muß [2], wobei die Erscheinungen selbst jedoch nur insofern 'vor' der Erfahrung sind, als z.B. Sterne ihre Bahn auch ohne denkendes Subjekt ziehen.

Die Projektion des Apriori ist andererseits Produkt eines sprach- und kulturrelativistischen Bildungsprozesses des historischen Bewußtseins, das in Kant personifiziert beansprucht, die Tat des Kopernikus auf dem Gebiet der Metaphysik zu wiederholen.

Ein immer wieder bemängeltes, von Hamann erstmals ausgesprochenes "kaltes Vorurteil für die Mathematik" hat nicht zuletzt zu Kants dogmatischem Rückfall in die Hypostasierung der Vernunft geführt. Erst das 'materielle Apriori' bei Marx einerseits und bei Peirce

---

1) B. L. Whorf, a. a. O., S. 15, 92 ff., 100
2) Vgl. dazu: B. Russell, Probleme der Philosophie, 3. Aufl., Frankfurt/Main 1969, S. 77; für Russell ist gerade im Zusammenhang mit dem Zeitargument der Haupteinwand gegen den Versuch, apriorische Erkenntnis zu begründen, gegeben.

andererseits [1] führt zu konkreten Vernunftbegriffen, die Grundlage praktischer Philosophie werden können; besonders dann, wenn es gelingt, den umgekehrten Abfall in die 'Pseudokonkretheit' zu meiden [2].

In der bisherigen Erörterung ist nun allerdings unterstellt worden, daß die Konstitution empirischer wie apriorischer Erkenntnisse einer dichotomischen Entgegensetzung unter Vorwalten einer symmetrischen Beziehung unterliege. Tatsächlich ergibt sich aber unter dieser Annahme ein leicht verzerrter Erfahrungsbegriff, der Kants Intentionen nicht gerecht wird. Der Erfahrungsbegriff ist jedoch die Basis der Evidenz, um die es ja der Erkenntnistheorie und vor allem der Anthropologie als ihrem Fundament geht. F. Kambartel [3] hat verdeutlicht, daß der kantische Erfahrungsbegriff gründlich mißverstanden wird, wenn man nicht die Asymmetrie erkennt, die im Verhältnis von empirischer und apriorischer Erkenntnis vorliegt. Symmetrie läge vor, wenn die Erkenntnisse a priori solchen kontrapunktieren würden, die ausschließlich von der Erfahrung abhängig wären. Wie die semantische Analyse der Mehrdeutigkeit des Erfahrungsbegriffs jedoch zeigt, bedeutet Erkenntnis a posteriori eine solche, an der Sinnlichkeit und Verstand beteiligt sind [4], aus denen als eigenständigen Vorstellungsquellen sie als verknüpfte entstammen.

---

1) In bezug auf Marx ist mit dem materiellen Apriori das objektive Klasseninteresse, hinsichtlich Peirce dagegen das Menschheitsinteresse gemeint; vgl. dazu: G. Wartenberg, Logischer Sozialismus, Frankfurt/Main 1971, S. 42.

2) "Regelmäßigkeit, Unmittelbarkeit und Selbstverständlichkeit" der Erscheinungen gaukeln wohl dem naiv-realistischen Bewußtsein eine Konkretheit vor, deren Destruktion als 'Pseudokonkretheit' laut Kosik Aufgabe 'revolutionärer Praxis' ist; vgl.: K. Kosik, Dialektik des Konkreten, Frankfurt/Main 1971, bes. S. 9 ff.

3) F. Kambartel, Erfahrung und Struktur. Bausteine zu einer Kritik des Empirismus und Formalismus, Frankfurt/Main 1968.

4) Vgl.: drs., a.a.O., S. 96 ff., bes. 99 (Amn. 20); Kant, Kr.d.r.V., B 2 f., 4. Kambartel stellt klar, daß Kants Erfahrungsbegriff bis zu diesem Punkt mit dem von Locke völlig konform geht.

Nicht jedoch die These von der Beteiligung von Sinnlichkeit und Verstand an der Herstellung empirischer Erkenntnisse begründet das rationalistische Vorurteil, sondern erst die Charakterisierung als Vermögen im Sinne eigenständiger 'Quellen von Vorstellungen'; und die asymmetrische Folgerung, synthetische Urteile a priori seien im Gegensatz zu den Erfahrungsurteilen nicht ein 'Zusammengesetztes'.

Die Frage, ob es 'synthetische Urteile a priori' gibt, ist eine im geläufigen erkenntnistheoretischen Lösungsversuch 'unentscheidbare Frage', da sie sich, wie G. Frey ausführt, in eine zirkuläre Argumentation verstrickt. Unlösbar muß der Zirkel bleiben, weil die Antwort - ob positiv oder negativ - ein ebensolches Urteil wäre [1]. Hieran zeigt sich einmal mehr, daß Erkenntnistheorie, will sie wenigstens den Problemlösungsbereich erweitern, sich der Hilfe der philosophischen Anthropologie versichern muß.

Die vorangegangene Erörterung einiger erkenntnistheoretischer Maximen Kants scheint mir eine geeignete Anknüpfung für einen Nachtrag zu Gehlens Wissenschaftsverständnis zu bieten [2]. Die Entgegensetzung von empirischer und Transzendentalphilosophie kann in der von Kant postulierten Weise aus naheliegenden Gründen nicht die Konstitution des Gehlenschen Wissenschaftsbegriffs und schon gar nicht dessen kritische Weiterentwicklung bestimmen. Der Begriff des Transzendentalen in seiner puristischen Ursprungsform [3] bleibt

---

1) Vgl. dazu: G. Frey, Möglichkeiten und Grenzen einer wissenschaftlichen Philosophie, in: Zeitschrift für allgemeine Wissenschaftstheorie, Bd. II, 1971.

2) Zu den Hauptlinien des Wissenschaftsbegriffs bei Gehlen vgl.: S. 35 - 42

3) Dagegen ist die Attribuierung der Transzendentalkategorie nach Art der erwähnten materiellen Apriori (Marx/Peirce) oder des 'Transzendental-Sozialen' Max Adlers (Kant und der Marxismus, Berlin 1925) ebenso als Ausdruck des konkreten Bedingungscharakters von Bewußtsein zu beachten, wie in der Modifizierung des Begriffs des Transzendentalen bei Habermas, der sich, abgesehen von der Mehrdeutigkeit seiner kritischen Ver-

der empirischen Philosophie Gehlens voranthropologisch. Die kantische Reduktion des Geltungsbereichs der Philosophie als empirischer dagegen greift, da sie sich lediglich mit dem 'einzelnen der Anschauung' befaßt, zu kurz.

Empirische Philosophie, die sich von philosophischer Anthropologie getragen weiß, objiziert unter dem Eingeständnis des metaphysischen Charakters des Erkenntnis-Apriori die Totalität der durch Begriffe vermittelten Erscheinungen und ist als Kategorialanalyse 'Übertreibung' im Sinne Adornos, da sie über ihre "Einlösung durch gegebene Tatsachen hinausschießt" [1]. Der Begriff des Transzendentalen vom synthetischen Purismus losgelöst und bezogen auf jene Voraus-Setzungen, die als Vorverständnis aller Erkenntnis und als Bedingung aller Erfahrung konstitutiver Grund sind, erlauben das Problem der Evidenz mit der gebotenen Skepsis zu behandeln. Das hat notwendige relativistische Konsequenzen, was jedoch keineswegs zwangsläufig im 'Pyrrhonismus' endet, womit Hume den übertriebenen Skeptizismus bezeichnet, gegen den er sich nachdrücklich verwahrt [2]. Eine 'gemäßigte' skeptische Variante des Relativismus wurde bereits als Pragmatismus Peirce'scher Prägung behandelt, aus dessen wahrheitstheoretischer Erörterung das Konzept des sekundären Dezisionismus folgte [3].

Hauptkennzeichen des Dezisionismus aber ist die aus der Methode

---

wendung (vgl. dazu: K. Schrader-Klebert, Der Begriff des Transzendentalen bei Jürgen Habermas, in: Soziale Welt, J.g. 19/1968, H. 3/4), zunehmend 'sprachtranszendental' zu gerieren scheint, wodurch Habermas objektiv, d.h. unter Voraussetzung der Geltung der Gleichung Eschatologie = Doxa, jene Preisgabe des Begriffs der 'Wahrheit' befördert, die er sinnkritisch Nietzsche unterstellt (vgl.: J. Habermas' 'Nachwort' zu Fr. Nietzsche, Erkenntnistheoretische Schriften, Frankfurt/ Main 1968, S. 253 ff.)

1) Th. W. Adorno, Eingriffe, a.a.O., S. 152.
2) D. Hume, Eine Untersuchung über den menschlichen Verstand. Hrsg. v. R. Richter, Hamburg 1961, S. 186 f.
3) S. S. 43-56, bes.: S. 47 f.

der erkenntnisanthropologischen Diakrise im transzendent-pragmatischen Akt resultierende humane Sinnkonstruktion, deren voluntaristische Grundfigur nicht bestritten wird. Das Sinnkriterium der dezisionistischen Wahrheitstheorie rekurriert, da ihr Erkenntnistheorie Erkenntnisanthropologie ist, wobei sie zugleich vom archetypischen Handlungscharakter der menschlichen Lebensform ausgeht, auf einen Sinnbegriff, der von der Sinnhaftigkeit menschlichen Verhaltens nicht abgelöst werden kann. Damit behauptet sich sinnhaftes Handeln als letztinstanzlicher aposteriorischer, jedoch zugleich material-transzendentaler Rechtsgrund von Gewißheit [1].

Die für die erkenntnisanthropologische Wahrheitstheorie charakteristische Nahtstelle im Übergang zwischen Dezisionismus und Voluntarismus zu objektivieren, ist in einem Parallelentwurf auch eine elementare kommunikationstheoretische Analyse geeignet, die zur Konzipierung eines pragmatischen und eines semantischen Wahrheitsbegriffs führt. Ich möchte diesen Ansatz, den ich an anderer Stelle entwickelt habe, in wenigen Sätzen skizzieren [2], um den einmaligen Wahrheitswert der sprachlichen Komponente deutlich zu machen.

Zunächst wird Kommunikation wegen der Dominanz des sprachlichen Faktors auf Sprache reduziert. Der erste wahrheitstheoretische Vorstoß erfolgt auf universalpragmatischer Ebene, auf der es um die Untersuchung der formalen Bedingungen der kommunikativen Kompe-

---

1) An der verhaltenswissenschaftlich observanten Sinnkategorie lassen sich drei Bedeutungen unterscheiden: 1. Sinn in der Bedeutung von Ziel (allgemein); 2. von Zweck (konkret); 3. als der objektive Bedeutungszusammenhang der Handlungsorientierung (Werte, Normen, Wissen usw.). Vgl. dazu: H. Girndt, a.a.O., S. 24-28. Dabei meint die humane Sinnkonstruktion 'Sinn' als objektives Ziel. Die übrigen Bedeutungskomponenten bestimmen sich jeweils in Relation zum zieldefinierten Sinnbegriff.

2) Vgl. dazu meine unveröffentlichte Assessorarbeit mit dem Titel: "Wissenschaftstheoretische Vorfragen zum kommunikativen Aspekt der Bibliotheksforschung", Hamburg 1971.

tenz geht. Das Wahrheitskriterium wird in Anlehnung an Habermas in das Phänomen einer 'idealen Sprechsituation' verlegt und damit ähnlich wie auch bei Peirce in der Überschätzung der Rationalität als Anthropospezifikum eschatologisch verdünnt [1]. Erst die transzendentalanthropologische Begründung der Konstitution der kommunikativen Kompetenz führt einen Schritt weiter, vermag jedoch ebenfalls kein 'unabhängiges' Wahrheitskriterium zu liefern [2]. Das liegt daran, daß es keinen stichhaltigen Beweis für die Notwendigkeit einer jeden Wandel ausschließenden Rigidität von Institutionen gibt. Nur wenn das der Fall wäre, würde die ausnahmslose Stabilisierung bestehender Institutionen als Ausfluß richtigen Handelns zu deuten sein. In dieser Ableitung ist nun allerdings eine weitere Annahme impliziert, ohne deren Klärung die Argumentation unverständlich bleiben muß. Dabei geht es um die Gleichsetzung der Richtigkeit von Handlungen mit der Wahrheit von Aussagen, deren Berechtigung durch zwei konvergierende Argumentationsreihen deutlich wird.

Einmal kann der Nachweis geführt werden, daß jede sprachliche Äußerung eine handlungsinduzierende Wirkung hat [3], zum anderen wird zur Fundierung von Wahrheitstheorie wie Handlungslehre auf einen objektiven Utilitarismus, dessen Fundamentalpostulat das menschenwürdige Überleben aller ist, abgestellt. In der Konvergenz beider Thesen scheitert der institutionelle Wahrheitsbegriff und es bleibt nur ein 'methodischer Fallibilismus' [4] auf objektiv-utilitaristischer Basis, der nichts anderes als den mehrfach behandelten

1) S. dazu: a.a.O., S. 20, 27.; und: J. Habermas, Vorbereitende Bemerkungen zu einer Theorie der kommunikativen Kompetenz, bes. S. 122, in: J. Habermas, N. Luhmann, Theorie der Gesellschaft oder Sozialtechnologie, Frankfurt/Main 1971.

2) Vgl. dazu und im folgenden: S. 28 ff.

3) Der Nachweis des kausativen Moments aller Sprachfunktionen wird a.a.O., S. 8 ff. geführt.

4) der zwar in Anlehnung an Peirce konzipiert wird, sich jedoch in wesentlichen Punkten davon unterscheidet; zum Fallibilismusverständnis des Pragmatismus vgl.: Ch.S. Peirce, a.a.O. und die einschlägige Sekundärliteratur.

Dezisionismus darstellt, aus dem unter Berücksichtigung sämtlicher Implikationen die folgende Wahrheitsdefinition in Form einer Maxime ableitbar ist: "Die kommunikative Wirkung einer Aussage ist daraufhin zu untersuchen, ob sie richtiges Handeln induziert. Ist das der Fall, dann ist die betreffende Aussage pragmatisch wahr. Repräsentiert eine Aussage richtiges Handeln, dann ist sie semantisch wahr" [1].

Der dezisionistische Wahrheitsbegriff operiert eingestandenermaßen mit einem Handlungstypus, der die allgemeine Handlungskategorie, der ex definitione Sinnhaftigkeit zukommen soll, auf eine bestimmte Art von Sinn einengt, der jedoch nicht vulgärpragmatisch mißverstanden werden darf. Zweifellos stellt jedoch auch das Postulat des objektiven Utilitarismus einen Maßstab dar, der die empirische Überprüfung von Aussagen bzw. Handlungen auf ihre Geltungsrelevanz im Sinne des dezisionistischen Wahrheitsbegriffs nur selten ermöglicht. Immerhin wird damit dem 'subjektiven Sinn', um dessen Ermittlung es Webers soziologischer Methode ausschließlich ging, korrelativ das erkenntnisanthropologisch abgesicherte, wenn auch prinzipiell abstrakt bleibende Konzept eines objektiven Sinnes opponiert.

Das Moment der 'Positionalität' vermittelt nun die Verhaltenskategorie mit der ihr eignenden Zeitkomponente, denn: "Organischer Körper ist nicht wie jeder physische Körper ein vieldimensionales Gebilde, sondern in seiner Wesenseigenschaft, Raum und Zeit positional zu behaupten, in ihm selber absolute Union von Raum und Zeit" [2]. Positionalität im Falle des Menschen erweist sich immer als 'exzentrische', d.h. mundane. Weltoffenes, also sinnhaftes Verhalten verlangt Antizipation als spezifisch anthropologischen Zeitmodus, in dem der Mensch virtuell bewußt Vergangenheit und Zukunft

1) P. Gelis, Wissenschaftstheoretische Vorfragen ..., a.a.O., S. 38.
2) H. Plessner, Die Stufen des Organischen ..., a.a.O., S. 184.

verbindet [1].

Damit ist auch der motivationstheoretische Ansatz wieder eingeholt. Er zielt auf eine Theorie des Handlungsverstehens, die der Ambivalenz der handlungsrelevanten Sinnkategorie Rechnung trägt. Die Weberschen Definitionsvarianten des Handlungsbegriffs waren zum vorkritischen Ausgangspunkt einer umwegreichen Analyse herangezogen worden, in deren Verlauf die Sinnkategorie in jeder kontextualistisch relevanten Weise problematisiert wurde. Bei Weber selbst bleibt der Sinnbegriff als Verstehenskategorie unbefriedigend [2], was vornehmlich auf der Unzulänglichkeit der idealtypischen Konstruktion beruht. In der gegenwärtig schwebenden Kontroverse zwischen Habermas und Luhmann [3] über die Grundlagenproblematik in der Soziologie erhält die Sinnkategorie als 'Grundbegriff' der Soziologie axiomatischen Stellenwert, wobei sich der Unterschied der Auffassungen darauf zuspitzt, ob die Sinnkategorie selbst 'vorsprachliches' Element einer Systemtheorie wird wie bei Luhmann, oder ob sie wie bei seinem Kontrahenten im Zusammenhang mit einer Theorie der 'umgangssprachlichen Kommunikation' in den Objektbereich der Sprachanalyse einbezogen wird [4].

Ohne auf die diffizile, unter einer Vielfalt von Aspekten ausgetragene Kontrastierung der beiden Positionen eingehen zu können, möchte ich wenigstens auf die aus der Sicht der philosophischen Anthropologie folgenreichsten Fehleinschätzungen in der Konzeptualisierung

---

1) S. a.: Die Motivation ..., a. a. O., S. 505.
2) Das bemängelt auch R. Aron, Die deutsche Soziologie der Gegenwart, Stuttgart 1965, S. 105 f. Die im Begriff des 'sozialen Handelns' implizierte Orientierung am Verhalten anderer bedeutet, daß dort Sinn aufzusuchen ist, u. zw. so, daß es sich um die Orientierung am Verhalten der Bezugsgruppe oder genauer an deren Normen handelt. Damit wird 'Sinn' entsubjektiviert, neutralisiert, d. h. 'wertfrei' gefaßt, was der Soziologie von ihrem Selbstverständnis her legitim erscheinen mag. Fragwürdig bleibt, daß solcherart entsubjektivierter Sinn auf ihrerseits unbefragt bleibende Wertsysteme abgestellt wird.
3) J. Habermas, N. Luhmann, Theorie der Gesellschaft ..., a. a. O.
4) a. a. O., S. 180, 185.

der Sinnkategorie bei beiden Autoren aufmerksam machen, wobei sich mein Einwand gegen Luhmanns kommunikative Ausblendung aus der Systemtheorie mit der erwähnten Kritik von Habermas deckt, d.h. es ist festzuhalten, daß die Systemtheorie einen 'monologischen Sinnbegriff' impliziert, dem die wissenschaftstheoretisch fundierende Mittlerrolle der durch intersubjektive Kommunikation hergestellten 'Identität der Bedeutung' als intersubjektiver Sinnkonsensus und vor allem deren Bedingungen unbefragt bleiben [1]. Die Position von Habermas hat demgegenüber den unzweifelhaften Vorzug, von der umgangssprachlichen Kommunikation auszugehen. Allerdings überdehnt er das sprachphilosophische Konzept, wie gezeigt wurde, zu einer im Ergebnis der des Peirceschen Pragmatismus ähnlichen Eschatologie, die sich ihren abstrakt-utopischen Gehalt nicht eingesteht, deren Reszientifizierung nicht gelingt, weil vor dem Agnostizismus die Projektion einer Kommunikationsfigur bewahrt, die unter dem Titel 'Diskurs' realitätsfremde und gesellschaftliche Praxis vernachlässigende Züge trägt, da gesellschaftliche Bedingungen der Herrschaftsfreiheit zur Herbeiführung 'idealer' Sprechsituationen nirgends in Sicht sind, umgekehrt aber Diskurse kaum hinreichen, um Strukturen zu verändern. Hinzu kommt, daß Habermas eine kategoriale Trennung der Begriffe Diskurs und Handlung postuliert [2], die von Luhmann mit Recht als Produkt eines "künstlich verengten Handlungsbegriffes" angesehen wird [3]. Wollte man diese kategorialanalytische Alternierung akzeptieren, so würde man sich der Möglichkeit begeben, den psycho-physischen Dualismus durch ein sämtliche Schichten 'durchlaufendes' Prinzip zu überbrücken, als das sich die Funda-

---

1) a.a.O., S. 186 ff.
2) Vgl. dazu: a.a.O., bes. S. 198 ff.
3) a.a.O., S. 391. Habermas faßt 'Handlung' und 'Diskurs' alternativ, wobei die Interaktionsfreiheit, in der Diskurs sich erst entfaltet, notwendige Bedingung für die Applikation der Sinnkategorie insofern darstellt, als erst im Diskurs Geltung in Frage gestellt und Sinnzusammenhänge unter Hintanstellung von Handlung und Erfahrung expliziert werden.

mentalkategorie der Handlung bewährt hat.

Daß ein 'Diskurs' unter dem 'Anspruch der kooperativen Wahrheitssuche' stehe, wie Habermas fordert [1], paßt widerspruchslos in das Konzept einer philosophischen Anthropologie, die auf einen Handlungsbegriff abstellt, zu dessen Funktionalisierungen auf der kognitiven Ebene u. a. Erkenntnisprozesse gehören, die auf Distanzierung der dezisionistischen Einbruchstelle auf dem Objektionskontinuum von Wahrheit abzielen.

Setzt sich aber schon die Systemtheorie, wie sie von Luhmann zu großer Höhe entwickelt wird, dem sprachpuristischen Verdacht aus, wie sehr muß dann erst jeder kybernetische Ansatz philosophischer Kritik gegenwärtig sein, da Kybernetik nach Maßgabe ihres methodischen Selbstverständnisses der Sinnkategorie beziehungslos gegenübersteht [2].

Wenn S. Maser aus einer Fülle von Definitionen des Kommunikationsbegriffs als einziges gemeinsames Merkmal die Gleichsetzung kommunikativer Prozesse mit kybernetischen Systemen herausfiltert, woraus er die universelle Anwendbarkeit von Kommunikationstheorie und Kybernetik folgert [3]; wenn weiter in meiner basalen kommunikationstheoretischen Analyse unter den Voraussetzungen der sprachlichen Dominanz und des Handlungscharakters menschlicher Kommunikation der dezisionistische Wahrheitsbegriff entwickelt wird, der 'Sinn' objektiv-utilitaristisch fixiert, so folgt einerseits, daß die

---

1) a. a. O., S. 201.
2) Zumindest jedoch den Sinnbegriff stark reduziert, d. h. den auf die Zweckkategorie abgestellten Sinnbegriff durch starke Vereinfachung auf kompensierende Stabilisierung von Systemen eingeschränkt. Vgl. dazu: N. Luhmann, Zweckbegriff und Systemrationalität, Tübingen 1968, S. 111 ff. Erwartungsgemäß läßt auch Steinbruchs Vorstoß in das Gebiet einer 'kybernetischen Anthropologie' entsprechende Rücksichten auf die Sinnkategorie vermissen; Vgl.: drs.: in: Neue Anthropologie, Bd. 1, Stuttg. 1972, S. 59 ff.
3) S. Maser, Grundlagen der allgemeinen Kommunikationstheorie, Stuttgart 1971, S. 177 f.

kybernetische Explikation der Handlungskategorie auf den verschiedenen Stufen der Konkretion komplementär zur vorangegangenen Kategorialanalyse ebenso berechtigt und methodisch adäquat ist, wie andererseits, daß als kritisches Korrektiv des kybernetischen Reduktionismus die Sinnkategorie metatheoretisch virulent wird.

III. B. Die Rationalität der Entfremdung

Erkenntnisanthropologisch geht es bei der Sinnexplikation um die Erfüllung der berechtigten Habermasschen Forderung nach Berücksichtigung der Sprachabhängigkeit der Sinnkategorie in Verbindung mit dem Anspruch, systemtheoretische Annahmen der Konstituierung einer Theorie sozialen Handelns in Beziehung zu elementaren kybernetischen Aussagen über die Handlungskreisthematik zu setzen. Das intendiert die Funktionsbeschreibung von Sinn als formalem Rahmen der Komplexitätsreduktion zwecks Orientierung [1] für die in Handlungskreismodellen, d. h. kybernetisch [2] dargestellten Bewegungsabläufe. Kybernetik ist laut Luhmann Teil der Systemtheorie [3]. Der Subordinationscharakter der kybernetischen Beschreibung von Verhaltensabläufen kommt darin zum Ausdruck, daß 'Reduktion' von 'Weltkomplexität' in jeweils angebbar spezifischer Weise funktions-

---

1) "Sinn dient der Erfassung und Reduktion von Weltkomplexität und erst dadurch der Orientierung des Erlebens und Handelns"; s.: N. Luhmann, Soziologie als Theorie sozialer Systeme, in: Kölner Zeitschrift für Soziologie und Sozialpsychologie, 19. Jg. 1967, S. 619.

2) Das entworfene Handlungskreismodell wird ja lediglich als nicht weiter reduzierbares Grundmodell vorgestellt, das durch Komplizierung der strukturell-funktionalen Beziehungen sukzessive der Vielfalt und Interdependenz realer Bedingungen (modellmäßig) adaptiert werden kann. Vgl. z. B. das Funktionskreismodell bei P.R. Hofstätter, Einführung in die Sozialpsychologie a. a. O., S. 216 f., das als Demonstration einer brauchbaren Erweiterung dienen kann.

3) Zweckbegriff ..., a. a. O., S. 112 f.

kreisimmanent auftritt, d.h. sich im Handlungsvollzug ereignet, gleichwohl aber der jeweiligen Handlung auch schon immer logisch und zeitlich vorausgeht, m.a.W. die Motivationsstruktur überwiegend (zumindest aber partiell) determiniert. Hierhin gehört auch das Informationspotential als syntaktische Dimension [1] des Kommunikationssystems, auf dem Handlung als notwendig kommunikative basiert.

Die Habermassche Differenzierung in kommunikative Handlung und Arbeit wird im übrigen von Luhmann zu Recht kritisiert. Sie läuft in letzter Konsequenz sogar Habermas' eigener sprachphilosophischer Sinnexplikation zuwider. Denn in der Unterstellung nichtkommunikativen Handelns wird Sinn vorsprachlich gefaßt, was dem sprachlichen Konstruktionsversuch von Sinn einen Teil jener Geltung nimmt, dessen Fehlen Luhmann zum Vorwurf gemacht wird. Das Motiv für diese Inkonsequenz ist sicherlich in der bereits beanstandeten Überschätzung des 'Diskurses' zu suchen. Diskurs jedoch, oder wie Luhmann sagt, Diskussion wiederum systemtheoretisch aufzufassen, wie er es in seiner Replik auf Habermas tut, und somit Sinn erneut funktionalistisch in den Griff zu bekommen, ändert nichts an der Ausgangslage: Man könnte die Umkehrungen ad infinitum fortsetzen; hinter Sprache gelangt man nicht zurück.

Weder die kybernetische, noch die allgemeinere systemtheoretische Untersuchung erfassen außerdem jenen Aspekt der Sinnproblematik, der v.a. durch die Begriffe Herrschaft und Entfremdung bezeichnet ist. Es ergibt sich also die doppelte Ergänzungsbedürftigkeit von Systemtheorie: Einmal durch die sprachphilosophische Begründung und zweitens durch die begleitende Analyse der Kategorialkomplexe zwecks Vermeidung einer drohenden Immunisierung, wie sie in weniger subtiler Weise im Modell-Platonismus zum Ausdruck kommt.

---

1) H. J. Flechtner, Grundbegriffe der Kybernetik, a.a.O., S. 123.

Hinsichtlich des reflexiven Reduktionismus auf der Ebene szientifischer Untersuchungen, die ja auch gerade im Bereich der Humaniora auf Strukturanalysen zielen, ist noch nachzutragen, daß methodische Erkenntnis eine maximale Wiederaufhebung der vorwissenschaftlichen kognitiven Reduktion von Komplexität und Komplikation anstrebt, wobei die Annahme einer reziproken Proportionalität beider Systemeigenschaften - auf dem Wege von der 'Natur' zum 'Geist' steigt der Komplexitätsgrad, d.h. der 'Strukturreichtum', und es fällt der Grad an Komplikation als Ausdruck einfacher 'Additivität' [1] - einen selber nicht unproblematischen Leitfaden für die approximative Nachbildung von Strukturen unterschiedlicher evolutiver Stufen im Modell abgibt.

Eine weitere und im Kontext der vorliegenden Analyse letzte und zugleich konkreteste Dimension der Sinnproblematik leitet mit der Frage ein, ob die Untersuchung jener Erscheinungen und sozialen Prozesse, die unter dem Begriff Entfremdung figurieren, Aufschluß darüber erwarten läßt, ob die Bedingungen der Möglichkeit der Selbstverwirklichung des Menschen zugleich jene sind, die die Selbsterhaltung garantieren, oder ob die Bedingungen in dichotomische Komplexe zerfallen, die einander wechselseitig ausschließen. Die Negativität des Entfremdungsbegriffs [2] verweist auf eine Modalität menschlicher Existenz, die sich in der Totalität des Institutio-

---

1) Vgl.: G. Günther, Kritische Bemerkungen zur gegenwärtigen Wissenschaftstheorie. Aus Anlaß von Jürgen Habermas: Zur Logik der Sozialwissenschaften, in: Soziale Welt, Jg. 19/1968, H. 3/4, bes. S. 335 f.

2) Durchaus nicht von allen mit dem Entfremdungsbegriff und seinen Analoga operierenden Autoren wird Entfremdung als bestimmte Negation von Selbstverwirklichung verstanden; vgl. dazu die sehr sorgfältige Analyse von R. Schacht, Alienation, London 1971, S. 240 ff. Führt der Weg zur Selbstverwirklichung bei Marx, Fromm u. a. nur über die Aufhebung der Entfremdung, so stellt sich dieser Prozeß für Autoren wie Plessner und Gehlen ganz im Gegenteil als permanent und unaufhebbar dar. Umso erstaunlicher muß die bemerkenswerte Affinität zwischen den Positionen von Marx und Gehlen in dieser anthropologischen Grundfrage stimmen, die noch zu erörtern sein wird.

nellen nicht einrichten mag, ohne wenigstens auf einer Erkenntnis zu beharren, deren Praxisbezug in der Vermutung begründet ist, daß sie den Inhalt will und damit die Utopie [1], die jedoch nur als 'konkrete' [2] die strangulierende Macht der Form als Mythos zu entlarven Aussicht hat.

An die Existenz von Institutionen die Sinnfrage zu stellen, kann nach Gehlen [3] nur zweierlei bedeuten: Entweder man habe sich 'verlaufen', oder aber man äußere bewußt oder unbewußt ein 'Bedürfnis nach anderen' als den vorhandenen. Im zweiten Fall kommt also der Wunsch nach sozialem (institutionellem) Wandel unter Stabilitätsbedingungen zum Ausdruck. Was aber heißt demgegenüber sich 'verlaufen', wie der erste Teil der Alternative lautet?

Auf den damit intendierten Sachverhalt wirft ein anderes, besonders pointiertes Gehlenwort, das für sich allerdings auch zunächst rätselhaft wirkt, mehr Licht: "Eine Persönlichkeit: das ist eine Institution in einem Fall" [4]. Das Individuum, das ja grundsätzlich als soziales vorzustellen ist, weshalb es ja auch nur einen speziellen - aus methodischen Gründen isolierten - Fall darstellt, bildet das elementaranthropologische Mikroparadigma jener Identifizierung von Institution und Interesse [5] bzw. Bedürfnis [6], die dem Axiom von biologischer Selbsterhaltung und anthropologischer Selbstverwirklichung korrespondiert. Wird demnach in die Sinnfrage die Möglichkeit der

---

1) Vgl. dazu: Th. W. Adorno, Negative Dialektik, a. a. O., S. 64.
2) Zur Gegenüberstellung von 'konkreter' und 'abstrakter' Utopie vgl.: E. Bloch, Freiheit und Ordnung, 1969.
3) Urmensch, S. 69.
4) A. Gehlen, Die Seele ..., a. a. O., S. 118; 'einem' ist in der Vorlage kursiv ausgedruckt.
5) Auf die Gleichsetzung von Institution und Interesse als einer fundamentalen Tatsache, die einmal mehr die enge Verbindung von Anthropologie und Institutionenlehre betont, verweist B. Willms, Funktion-Rolle-Institution, Düsseldorf 1971, S. 90: Dabei fungiert Institution als "auf Dauer gestellte Organisation der Interessenbefriedigung".
6) Urmensch, S. 82 ff.

Negation, konkret also die ersatzlose Eliminierung von Institution einbegriffen [1], so wird, und das meint die Warnung vor dem Verlaufen als Irrweg, menschliches Leben auf Dauer selbst prinzipiell in Frage gestellt. Rousseaus 'retournons a la nature' würde unter dem Gewicht dieser Faktizität nicht einmal mehr die Existenz eines erheblich reduzierten Menschseins erlauben, sondern, eingedenk der trotz aller Einschränkungen in ihrer Grundaussage gültigen Mängelthese, seine schließliche Vernichtung implizieren.

Um jedoch auf die Komplementarität von Form und Inhalt zurückzukommen, so bedeutet die erkenntnisanthropologische Einsicht in die Notwendigkeit des Institutionellen noch keine Präjudizierung ihrer Ausprägung, d. h. nicht etwa die Kategorialsequenz Struktur-Funktion (Parsons), sondern die Luhmannsche Umkehrung [2], die unter dem Anspruch auftritt, Struktur selbst zu funktionalisieren, liefert, wenn sie inhaltlich gemeint ist, den geeigneten Maßstab, apodiktische Notwendigkeit des Institutionellen als Chance zu verstehen, die das Gesetz der 'biokratischen Inversion', nach dem sich die Restauration der 'ersten Natur' des Menschen im durch die fortschreitende Maschinenkultur gekennzeichneten 'posthistoire' vollziehe, auf den ihm zukommenden hypothetischen, gleichwohl tendenziell apoka-

---

1) Was man gewöhnlich mit dem Begriff der Anarchie assoziiert, wäre nur ein, wenn auch bedeutender Aspekt einer totalen sozialen Desorganisation, Anomie.

2) 'Weltoffenheit' und 'Verunsicherung' sind für Luhmanns systemtheoretischen Entwurf ebenso Bezugspunkt, wie für die von Gehlen vertretene Anthropologie. Diese Affinität wird von Luhmann selbst hervorgehoben; vgl.: Soziologie als Theorie sozialer Systeme, a. a. O., S. 639, Anm. 9. Luhmanns Formel von der übermäßigen Komplexität ist analog zu den Tatbeständen von Eindrucksfülle und korrelativem Antriebsüberschuß zu verstehen. Bei Gehlen liegt somit allerdings eine Art Verdopplung der Komplexität vor, die systemtheoretisch nicht ohne weiteres faßbar wäre.

lyptischen Status zurückführt [1]. Allerdings wird ein solches Verständnis bei Gehlen dadurch erschwert, daß die Formel von der Persönlichkeit als Institution unterschiedliche Deutungen zuläßt, was aus seiner Primärfixierung auf das Erscheinungsbild archaischer Institutionen, das im Moment der Übertragung auf zeitgenössische Verhältnisse leicht überdehnt wird, ebenso resultiert, wie aus der normativen Definition von Persönlichkeit, die er seiner Gleichung vindiziert.

Drei Bedeutungen des Persönlichkeitsbegriffs haben für Gehlen gegenwartsanalytische Signifikanz. Aber nicht der mit der 'absoluten Kulturschwelle' der Industrialisierung kollektiv dominant werdende, den modernen 'Subjektivismus' verkörpernde Typus, noch der 'Über-Routinier' als Solltypus [2], sondern die "Persönlichkeit in dem schwer beschreibbaren Sinne der Geltung des qualitativ Ungewöhnlichen", die nicht in Distanz zum Apparat verharrt, vielmehr Werte in ihm zur Geltung bringt, gilt Gehlen als 'Persönlichkeit'

---

1) 'Veranstaltung' als Strukturprinzip der industriellen Gesellschaft, durch das die institutionelle Vermittlung von Fortschritt, Planung und Krise geleistet wird, führt laut Lipp im Gleichklang mit 'Intellektualisierung' und 'Dauerreflexion' als ihrer kognitiven Begleitmusik letztlich zu 'Biokratismen', d.h. zu einem Handeln in Gestalt 'biokratischen lebensinversiven Verhaltens'; s.: W. Lipp, Institution und Veranstaltung, Berlin 1968, S. 122, 131 f., 148, 173, 179. Daß Lipp schließlich doch noch einen Ausweg aus dem entropischen Dilemma sieht, ist an sich schon erstaunlich, daß er jedoch ausgerechnet in der Raketentechnik und Weltraumforschung als triebentlasteter Tätigkeit die Rettung beschwört, mutet abwegig an.

2) Zur Mehrdeutigkeit von Gehlens Persönlichkeitsbegriff vgl.: Die Seele ..., a.a.O., S. 114-118. Der 'neue Subjektivismus' wird ausführlich im gleichnamigen IV. Kapitel beschrieben und als eines der zentralen Themen in Gehlens Ethik wieder aufgenommen. Dazu eine kurze Erläuterung: Sobald die Institutionen in ihrer sekundären Zweckmäßigkeit - die primäre liegt in der Entlastung von den bloßen Naturbedürfnissen - begriffen werden, werden ihre Leitvorstellungen in Frage gestellt; das Bewußtsein kann sich ganz subjektiven Nutzenerwägungen widmen, wovon Kulturverfall schließlich die Folge sein soll.

im spezifischen Sinne' und konstituiert damit das zur Formel geronnene institutionelle Humanum, das in seinem elitären, kognitiv-limitierenden Selbstbild einen positivistisch gewendeten Normativismus spiegelt.

Im Zuge des Entlastungsprozesses in der mikro-makro-institutionellen Verschränkung [1] werden Antriebsenergien einerseits in Führung genommen, andererseits aber gerade dadurch immer weniger selbst für Stabilisierungszwecke beansprucht, wodurch die Möglichkeit der Verfolgung höherer, seinstranszendenter Vollzüge ebenso gegeben ist, wie die des Abgleitens in einen von Gehlen als Faktum beklagten Subjektivismus, der sich auf dem Gebiet der Moral als Humanitarismus zu erkennen gibt [2]. Gerade die 'spirituelle Subjektivität' ist es jedoch, die, wie Apel vorbringt, historische Entwicklung im Sinne des Institutionenwandels je nach den begleitenden Umständen im Zuge von Reform oder Revolution bewirkt [3].

Auf der Bewußtseinsstufe Gehlenscher Philosophie erstrebt der in Ansehung vergangenen institutionellen Integrationsvorbildes sich entzündende Kulturpessismus seine Negation in einer Idealität eines 'fundierten Optimismus', der seine Kraft aus der Verleugnung des modernen Subjektivismus schöpft. Die damit implizierte 'Abschaffung der Geschichte' (Rohrmoser) scheitert schon vordergründig daran, daß völlige Hingabe an die Institutionen am wenigsten dort generelle Verhaltensmaxime wird, wo die Polysemie des Persönlichkeitsbegriffs ihr empirisches Pendant in der gesellschaftlichen Realität hat. Die von Gehlen so heftig befehdete 'moderne Reflexions-

---

1) als sehr unvollkommene Andeutung der gegenseitigen Durchdringung verschiedener institutioneller Ebenen, wie sie sowohl kybernetisch als auch kategorial dargestellt wurden.
2) Vgl. dazu: A. Gehlen, Moral und Hypermoral ..., a.a.O., S. 97; F. Jonas, a.a.O., S. 41 f.
3) Vgl.: K.-O. Apel, a.a.O., S. 10 f. Damit soll nun nicht etwa eine Umkehrung der Basis-Überbau-Relation vertreten werden. Die Frage des Primats wird vielmehr zugunsten einer Independenzannahme verlagert.

subjektivität', die er für den Institutionenverfall verantwortlich macht, deren Erosionswirkung er jedoch erheblich überschätzt, wird in einem systemtheoretischen Beitrag Schelskys selbst als eine 'neue Ideenebene', als 'ein Bewußtseinsbedürfnis' begriffen, das wiederum institutioneller Absättigung zugänglich ist [1]. Das kann laut Schelsky entweder in neuen Institutionen, oder aber im Wandel alter Institutionen geschehen; d. h. unter dem Prinzip der kritischen Subjektivität, das die Änderungsabsicht einschließt [2], sind nach Schelsky zwei Haltungen gegenüber den Institutionen möglich. Einmal die direkte revolutionäre Aktion, die er für eine 'institutionell reprimitivisierende' Handlung deshalb hält, weil sie kritische Subjektivität zwangsläufig wieder in 'Funktionalität' und 'Herrschaft' auflöse. Die Art der Spannungsstabilisierung, die Schelsky vorschwebt, besteht dagegen in der 'Bewahrung' der reflektierenden Subjektivität im institutionellen Rahmen unter gleichzeitigem dauerhaften Strukturwandel der Institution, der auf der Wandlungsfähigkeit ihrer beiden 'Subsysteme', i. e. des technischen Apparates und des informativen Kommunikationssystems gründen soll [3]. Von besonderem Interesse sind die Überlegungen, die Schelsky im Zusammenhang mit dem kommunikativen Subsystem anstellt. Mit seinem Hinweis auf die Signifikanz intersubjektiver Kommunikation und deren möglicher Vervollkommnung im Hinblick auf den dadurch veranlaßten sozialen Wandel reiht sich Schelsky in die Phalanx jener Forscher ein, die, wie v. a. Peirce, Habermas und Apel [4] die Explikation von Sinn

---

1) H. Schelsky, Zur soziologischen Theorie der Institution, in: Zur Theorie der Institution. Hrsg. v. H. Schelsky, Düsseldorf 1970, S. 24; H. Schelsky, Auf der Suche nach der Wirklichkeit. Düsseldorf, Köln 1965, S. 264 ff.

2) Subjektivität als Ethosform entspricht dem allgemeinen Utopiebegriff.

3) H. Schelsky, Zur soziologischen Theorie ..., a. a. O., S. 25.

4) Vgl.: K.-O. Apel, a. a. O., S. 15-21. S. a.: drs., Wissenschaft als Emanzipation? Eine Auseinandersetzung mit der Wissenschaftskonzeption der kritischen Theorie, in: Zeitschrift für allgemeine Wissenschaftstheorie, Bd. I, 1970, wo Apel seine Affinität zur 'kritischen Theorie' betont, aber ebenso auf seine Rezeption des Peirce'schen Konzepts einer unbegrenzten Kommunikationsgemeinschaft als eines 'regulativen Prinzips' hinweist (S. 187 ff.).

als Bedingung von Theorie in der 'Interpretationsgemeinschaft', im 'Diskurs' bzw. im 'vernünftigen Gespräch' zu ermitteln hoffen. Was Schelskys Ansatz von den genannten Entwürfen unterscheidet, ist, daß bei ihm Eschatologie unbegründet bleibt. Im übrigen ist Schelskys Entscheidung durch seine Position gegenüber 'Funktionalität' und 'Herrschaft' bestimmt.

Daran zeigt sich einmal mehr, daß eine Theorie der Institution(en), die die Entfremdungsfrage thematisiert, ebensowenig an der Erörterung des Herrschaftsbegriffs vorbeikommt, wie sie auf den Rekurs auf die Bewußtseinssphäre mit den polaren Implikaten Ideologie und Utopie verzichten kann. Zugleich wird dabei die Rückführung der normativ überzogenen Gleichung von Persönlichkeit im spezifischen Sinne und Institution bei Gehlen auf die empirische Gleichung von Institution und Interesse unter Abzug aller die anthropologischen Befunde übersteigenden Hypothesen intendiert. Was nun die Applikation des Herrschaftsbegriffs betrifft, so ist Luhmanns Weigerung, 'Herrschaft' (und 'Vernunft') überhaupt noch als brauchbare Begriffe anzuerkennen, systemtheoretisch konsequent [1]. Damit legitimiert Systemtheorie jedoch zugleich externe Kritik gerade unter Benutzung dieser zugegebenermaßen begrenzt brauchbaren Kategorien. Die systemtheoretische Ausblendung des Herrschaftsbegriffs aus der Soziologie erweist sich schon als fatal genug. Das letztlich affirmative Eingeständnis gesellschaftskritischer Abstinenz könnte dennoch versöhnlich stimmen, da es nicht in der Absicht geschieht, Eigeninteresse zu kaschieren, wenn es sich nicht als Täuschung erwiese. Um nämlich der wachsenden Komplexität als entscheidendem Entwicklungskriterium von Gesellschaft steuern zu können, muß funktional-strukturelle Theorie ein 'Mehr an Macht' fordern, womit sie gegen ihre eigene Intention ein 'Stück politische Soziologie' viel eher als die Grundlegung von Soziologie darstellt,

---

1) Vgl.: N. Luhmann, in: J. Habermas, N. Luhmann, a. a. O., S. 399-404.

wie K.H. Tjaden feststellt [1].

Ist das Phänomen der Entfremdung ein bis in die tiefsten humanen Schichten hineinreichendes onto- wie phylogenetisches Faktum [2], das Entlastung als Überlebensbedingung nur von Institutionen erwarten läßt, die jenes Maß an Reduktion von Weltkomplexität leisten, das die Barrieren einer eigentätigen Lebensführung beseitigt, so ist damit ein Anthropinon auf den Begriff gebracht, das seine behauptete Rationalität aus der Sonderstellung des Menschen legitimiert. Die anthropobiologische Explikation der Entfremdungskategorie läßt jedoch das Problem der Selbstverwirklichung außer Betracht. So tangiert sie überhaupt nicht die Frage, ob die spezifische Art von Entfremdung, die Marx als Produkt sozialer Differenzierungsprozesse mit Beginn der Arbeitsteilung entstehen sieht, ein überwindbares Hindernis der Identitätsfindung ausmacht.

Der genetische Entfremdungsbegriff ist arbiträr gegenüber allen Arten gesellschaftlicher Entfremdung und ihrer Überwindung, außer der einen erwähnten, die sich im totalen Institutionenabbau manifestieren würde und dem kollektiven Selbstmord gleichkäme. Das emanzipatorische Erkenntnisinteresse konstatiert den durchgehenden Bedingungscharakter der Entfremdung im Medium der Institutionen, um sodann

---

1) Vgl.: K.H. Tjaden, Zur Kritik eines funktional-strukturellen Entwurfs sozialer Systeme, in: Kölner Zeitschrift für Soziologie und Sozialpsychologie, 1969, S. 752-769. Andererseits weist D. Senghaas in einem höchst bedeutsamen Ansatz darauf hin, daß kybernetische Analyse, die für ihn "im weitesten Sinne System/Umwelt Analyse" ist, der Problematisierung der Herrschaftskategorie keinesfalls zu entraten braucht; s.: Sozialkybernetik und Herrschaft, in: Atomzeitalter, Jg. 1967, S. 386-398.
2) Zu den frühkindlichen Distanzierungsleistungen als Bedingungen von Primärsozialisation vgl. Gehlens einschlägige Darlegungen in 'Der Mensch' a.a.O. Aus evolutionistischer Sicht entspricht die extensive Fassung des Entfremdungsbegriffs den Implikationen der Mängelthese, womit gesagt ist, daß dem Menschen Welt 'fremd' ist, und er sich in ihr nur behauptet, wenn er sich für Außenwelt und Innenstabilisierung Institutionen schafft, denen er dann dient.

jenen Faktorenkomplex zu untersuchen, der Entfremdung erst als eigentlich problematische Kategorie deshalb erscheinen läßt, weil die Relation von Entlastung und Institution, wie sie jeder Handlung zugrunde liegt, vielfältiger Art sein kann. Varietät und Variabilität dieser Beziehungen bilden das Hauptthema der Soziologie als Wissenschaft vom sozialen Handeln, die ihr diesbezügliches Material vor allem auch aus dem interkulturellen Vergleich gewinnt.

Trotz der weitgehenden Beliebigkeit der Relation ist jedoch mit einer Gesetzmäßigkeit zu rechnen, die die Bedeutung des Institutionalisierungsgrades eines sozialen Systems für das Maß und die Qualität der Handlungsfähigkeit gegenüber diesem System in eine generelle Regel faßt: Zunehmende Institutionalisierung führt zu wachsender Entlastung und damit zur erhöhten Freisetzung des Willenshandlungspotentials, zugleich engt sie jedoch den Handlungsspielraum, d. h. den Objektbereich des Handelns im Sinne der signifikanten Veränderung der Wirklichkeit fortschreitend ein und drängt autonomes Handeln in politisch-periphere Bereiche, v. a. in den Freizeitsektor ab, wobei der Wert von Freizeit zudem in dem Maße gemindert wird, wie sie zum bloßen Instrument der Reproduktion von Arbeitskraft gemacht wird. Dringt die Übermacht der Institutionen ins Bewußtsein, so sublimiert sich Willkürhandlung nicht selten zum politischen Witz, dessen Qualitätssteigerung durch verschärfte Repression allemal bewirkt wird.

Gelegentlich richtet sich das Rudiment autonomen Handelns auch gegen die Institutionen, die es im Übermaß gängeln, um sich im Erfolgsfall bald von anderen wieder in Führung nehmen zu lassen. Wenn laut Gehlen der einzige 'jedermann' zugängliche 'Weg zur Würde' als Äquivalent seiner Selbstverwirklichung darin besteht, "sich von einer Aufgabe konsumieren zu lassen" [1], er diese Aussage später - möglicherweise unter dem Eindruck der Mai-Unruhen

1) Urmensch, S. 109; die 2., neu bearb. Aufl. bleibt in diesem Punkt unverändert.

und der beginnenden Studentenrevolte in der BRD - in Richtung auf die Gleichsetzung von Aufgabe und Institutionen präzisiert [1] und damit verschärft, und somit dem institutionalisierten Bewußtsein als dem richtigen Bewußtsein Recht gibt, so bleibt mir nur übrig, die erste Version gegen die zweite zu verteidigen, zumal sich die These von der Erlangung menschlicher Würde durch Hingabe an die Institutionen in dieser Stringenz auch aus Gehlens eigenen Prämissen nicht ableiten läßt. Das Selbstverwirklichungsmotiv kann im Gegenteil auch gerade darin zum Ausdruck kommen, sich den Institutionenwandel als Aufgabe zu stellen [2], was der wohlverstandenen Selbstverständigungsabsicht in der Einheit von Persönlichkeits-Institution keinen Abbruch tut [3].

Hatte sich Handlung im vorproblematischen Verständnis hinsichtlich ihrer genetischen Bedingungskonstellation als prinzipiell entfremdete ausgewiesen, so kommt es in einer differenzierteren Analyse, die sich des Rationalitätstheorems auf elementarer Ebene versichert, darauf an, das Reich der antagonistischen Totalität, als das Gesell-

---

1) Moral und Hypermoral ..., a. a. O., S. 75.

2) In Gehlens Definition von Würde schlägt ein exzessives Stabilitätsdenken durch, das im übrigen konträr zu seiner archaischen Selbststeigerungsthese steht (vgl.: Urmensch, S. 289). Aus der Tatsache, daß der Weg zur Würde durch den Einsatz des Lebens derzeit v. a. durch die 'großen Entlastungen' überflüssig geworden sei, müsse man die völlige Hingabe an die Institutionen fordern, bedeutet eine bemerkenswerte Inkonsequenz. Die Zerstörung und Ersetzung von Institutionen kann schließlich ebenso zu einer antriebsstabilisierenden idêe directrice werden, die 'Würde' durch den Versuch ihrer Verwirklichung vermitteln kann.

3) H. Klages hat in seinem "Plädoyer für eine projektive Soziologie" (Soziologie zwischen Wirklichkeit und Möglichkeit, Köln u. Opladen 1968, passim; bes.: S. 8 ff., 54 ff.) die Notwendigkeit des Beitrages der Soziologie zur Vermittlung der beiden gesellschaftlichen Elementarbedürfnisse, nämlich der 'Erhaltungsbedingungen' und der 'Entfaltung der innovativen sozialen Potenzen' gefordert. Das bezielt die Schaffung 'positiver und konkreter Utopie' durch Soziologie.

schaft sich darbietet, als Ort des problematischen, da Selbstverwirklichung tangierenden Entfremdungsmodus durch die Kategorialanalyse dichotomischer Begriffe so in einen analytischen Bezug zur Kategorie der Handlung zu bringen, daß mögliche Strategien des Humanismus ebenso deutlich werden, wie die Ursachen ihrer Verhinderung.

Der Entfremdungsbegriff ist von Marx und in seiner Nachfolge in der Regel auf das Phänomen der Arbeit zentriert worden, so daß 'entfremdete Arbeit', d.h. ökonomische Entfremdung zumindest in marxistischer Tradition meist als Entfremdung schlechthin gilt [1]. Will man diesen Aspekt des Entfremdungsthemas angemessen in den Griff bekommen, so ist es notwendig, die Kategorien 'Arbeit' und 'Handlung' zueinander in Beziehung zu setzen, wobei sich vor allem die Frage stellt, ob, wie L. Kofler als Ergebnis einer vergleichenden Begriffsanalyse postuliert, beide Kategorien sowohl bei Marx wie bei Gehlen identisch, d.h. als 'Tätigkeit-Arbeit', verstanden werden können [2]. Das würde einer Partikularisierung des Handlungsbegriffs, wie sie bisher in Ansehung des Spektrums von der Reflexion bis hin zum gewohnheitsmäßig automatisierten Verhalten und unter Berücksichtigung irrationaler Handlungen für nötig befunden wurde, entgegenwirken.

---

1) So z.B. in der Erörterung von 'Entfremdung und Selbstverwaltung' bei M. Marković, in: Folgen einer Theorie. Essays über Das Kapital von Karl Marx, Frankf./Main 1967. Wird das Entfremdungsmoment, wie bei Marković einseitig zugeordnet, kann es leicht zu einer Überschätzung des emanzipatorischen Effektes der Selbstverwaltung kommen. Vgl. auch A. Schaff, Marxismus und das menschliche Individuum, Hamburg 1970, S. 135, der die ökonomische Entfremdung zumindest als Hauptgestalt der Entfremdung ansieht; ebenso stellvertretend für viele bürgerliche Interpreten: K. Löwith, Von Hegel zu Nietzsche, 2. Aufl., Stuttgart 1950, S. 303 f. und H. Wein, Philosophische Anthropologie, Hannover 1965, S. 10-14.

2) S. dazu L. Kofler, Das Prinzip der Arbeit in der Marx'schen und in der Gehlen'schen Anthropologie, in: Schmollers Jahrbuch, 1958, S. 71-86.

Was nun die behauptete Synonymie der Kategorien Handlung und Arbeit bei Gehlen betrifft, so ist dem Interpreten die Hypostasierung einer Aussage vorzuhalten, die die Gleichsetzung beider Kategorien nur partiell zum Ausdruck bringt. Als Bedingung der Mängelkompensation ist zwar die Rede von der 'Arbeitsfähigkeit oder Handlungsgabe' [1], und es erwecken auch die das Gesamtwerk prägenden Ausführungen zum Handlungsbegriff leicht den Eindruck einer kategorialen Übereinstimmung. Andererseits weist Gehlen ausdrücklich auf die Möglichkeit zweckfreier geistiger Handlungen hin [2], wie er auch davor warnt, menschliches Verhalten "grundsätzlich oder auch nur vorwiegend nach dem Schema der rationalen und utilitaristischen Zweckhandlung zu beschreiben" [3]. Die uneingeschränkte Identifizierung hätte außerdem die absurde Konsequenz, die Ver-'Arbeitung' von Wahrnehmungen als Informationsauswahlprozeß mit dem Begriff der Arbeit bezeichnen zu müssen.

Ähnlich wie bei Gehlen ist auch bei Marx Zurückhaltung gegenüber der angeblichen Bedeutungseinheit beider Kategorien am Platz. Dennoch scheint gerade die Habermas'sche Einlassung, bei Marx werde der Zusammenhang von Arbeit und Interaktion in Richtung auf eine Reduktion kommunikativen auf instrumentelles Handeln verfehlt [4], geeignet, das auf Marx zielende Einheitspostulat Koflers, wenn auch in kritischer Frontstellung gegen dessen affirmative Attitüde, zu stützen. Man könnte sich unterschiedslos auf den einen wie den anderen berufen, um die Überwindung der Entfremdung marxistisch durch die Befreiung der Arbeit als hinreichender Bedingung zu er-

---

1) A. Gehlen, Der Mensch (1966), S. 34 ('Arbeitsfähigkeit im Original kursiv); d.h. der Mensch holt den "Ausfall der ihm organisch versagten Mittel" selbst ein, "indem er die Welt tätig ins Lebensdienliche umarbeitet", a.a.O., S. 37.
2) A. Gehlen, Studien zur Anthropologie ..., a.a.O., S. 143 f.
3) drs., Probleme einer soziologischen Handlungslehre, in: Studien ..., a.a.O., S. 198.
4) J. Habermas, Technik und Wissenschaft als Ideologie, Frankfurt/Main 1968, S. 45.

warten; ganz gleich, was man auf dieser Reflexionsstufe zunächst unter Befreiung verstehen mag. Andere denkbare Formen der Entfremdung würden sich jedenfalls als abgeleitete auf die konstituierende Grundform der Entfremdung als Arbeit zurückführen lassen.

Tatsächlich erweisen sich aber scheinbare Polaritäten bei näherem Hinsehen gelegentlich als Varianten. Es ist nämlich durchaus nicht gewiß, ob sich die von Habermas kritisierte Dominanz des instrumentellen Handlungstypus nicht möglicherweise orthodox-marxistisch [1] auflösen läßt [2]. Dazu käme es auf die Probe an, ob der Marxsche Handlungsbegriff mindestens die Kategorien Arbeit und Interaktion dem Sinne nach irreduzibel beläßt. Zum anderen kommt ja auch die Koflersche These der Gleichbedeutung von Tätigkeit und Arbeit bei Marx nicht naiv-konstatierend zustande, sondern beruht auf einer weiteren begrifflichen Gleichsetzung, die ihrerseits jedoch problematisch bleibt, da sie ihre Geltung aus dem in der Vorstellung antizipierten Zustand einer Verwirklichung des Menschen als Gattungswesen bezieht. Die Diskrepanz zwischen Spiel und Arbeit fällt nämlich mit der Aufhebung der Entfremdung; d.h. Tätigkeit, frei-schöpferische Arbeit und Spiel sind eins [3].

Die Frage nach den Bedingungen der Aufhebung der Entfremdung, d.h. nach der Befriedigung der "wahren menschlichen Bedürfnisse" ist damit jedoch an ihren Ausgangspunkt zurückgegeben. Der in der Vorstellung antizipierte Zustand der Aufhebung der Entfremdung ist theoretisch ungeeignet, die Bedingungen des dorthin führenden Prozesses oder gar dessen Notwendigkeit zu begründen. Die fiktive Retrospektion von einer erst zu verwirklichenden Norm, wie sie in

---

1) analog der exegetischen Intention von G. Lukàcs.
2) Daß der marxistische Begriff der 'Tätigkeit' durchaus nicht im reduktionistischen Sinne verstanden werden muß, zeigt die Analyse von E. Fromm, Marx' Beitrag zur Wissenschaft vom Menschen, in: Marx und die Revolution, Frankfurt/Main 1970, bes. S. 124 ff., 132 ff., der v.a. die Affinität des Marxschen Tätigkeitsbegriffs zum spinozistischen betont.
3) So: L. Kofler, a.a.O., S. 80 ff.

die chiliastische Formel von der Identität von 'Naturalismus' und 'Humanismus' [1] gekleidet, als Endpunkt der Geschichte als Geschichte von Klassenkämpfen enthusiastisch gefordert wird, auf den Begründungszusammenhang, aus dem sie als erfüllte folge, ermangelt jeder methodischen Signifikanz, wenngleich sie auch in praktischer Hinsicht als Appelldatum für einen revolutionären Impetus wirksam werden könnte, dessen Ziel es wäre, die Geltung der Gleichung durch kollektive Aktion allererst herzustellen. Revolutionäre Aktion, die sich nur in blind-aktionistischer Verfallsform nicht auf Interaktion stützt, repräsentiert einen Typus sozialen Handelns, der seine Eigenständigkeit gegenüber der Kategorie der Arbeit historisch auch dort behauptet, wo er frei von jedem revolutionären Elan sich rein konventionalistisch produziert.

Revolutionäres Handeln wie Alltäglichkeit reproduzierende konventionelle gesellschaftliche Interaktion fügen sich wohl der Subsumption unter die Handlungskategorie im allgemeinen, auch stehen sie in spezifischen Beziehungen zur Kategorie der Arbeit als einem existentiell basalen Handlungsmodus, nicht jedoch lassen sie sich aus der letzteren deduzieren. Ziel der Revolution ist die Überwindung der Entfremdung als Mittel zur Versöhnung des Menschen mit seiner Natur. Die kommunikative Aktion als Niederschlag des Habermas'schen Diskurses dagegen erstrebt Emanzipation im vorrevolutionären Feld, mündet aber, konsequent weitergedacht, zwangsläufig ebenfalls in die revolutionäre Aktion, wenn es ihr mit der Emanzipation für alle ernst ist; denn Herrschaftsfreiheit, innerhalb esoterischer intellektueller Zirkel fast vollständig erreichbar, ermöglicht zwar interne Emanzipation, die es den Intellektuellen schon zu mancher Zeit leicht gemacht hat, sich als 'relativ freischwebend' und daher auch zur Schaffung von 'Kultursynthesen' berufen zu fühlen, jedoch hat sie, expandiert auf die gesellschaftliche Totalität, eine sozialistische

---

1) K. Marx, Die Frühschriften, a. a. O., S. 255.

Revolution zur notwendigen, wenn auch nicht mit Sicherheit hinreichenden Voraussetzung, wie die empirischen Bürokratismen als Ausdruck einer neuen Art der Entfremdung selbst dort fürchten lassen, wo Selbstverwaltungsexperimente zu hoher Reife gediehen sind. Ob der problematische Entfremdungsbegriff, der ja per definitionem zumindest Strategien möglicher Aufhebung einbegreifen muß, weshalb er auch als dialektischer bezeichnet werden kann [1], von Marx überhaupt in zureichender Weise entwickelt wurde, muß sich, so war schon angedeutet worden, daran entscheiden, ob die Marxsche Handlungskategorie in ihren entscheidenden Bezügen auf den Begriff der Arbeit verkürzt wird, wie Habermas behauptet und A. Wellmer in differenzierter Weise ausführt, oder ob sich Interaktion als gleich ursprünglicher und historisch gleich relevanter, zumindest aber irreduzibler Handlungsmodus marxistisch nachweisen läßt.

Das "instrumentale Handeln wird zum Paradigma für Hervorbringung aller Kategorien; alles löst sich in die Selbstbewegung der Produktion auf" [2]. Habermas behauptet andererseits aber keineswegs, daß der Marxsche Handlungsbegriff in seiner gesamten Aspektstruktur auf den Begriff der Arbeit rekurriere, sondern er stellt auf zwei Untersuchungsebenen ab, wobei in 'kategorialer' Perspektive auf der Ebene 'geschichtsphilosophischer Konstruktion' [3] die 'Selbstkonstitution' der menschlichen Gattung ausschließlich als 'Produktionsprozeß' verstanden werde [4]. Demgegenüber muß auf der 'materialen' Ebene der 'gesellschaftlichen Praxis' zwar mit dem dualistischen Handlungsbegriff, der Arbeit und Interaktion jeweils

---

1) Den vorproblematischen Entfremdungsbegriff könnte man demgegenüber wegen der Resistenz der durch ihn bezeichneten Grundsachverhalte als zirkulär charakterisieren.
2) J. Habermas, Technik und Wissenschaft ..., a.a.O., S. 46; ebenso: drs., Erkenntnis und Interesse, Frankfurt/Main 1968, S. 58.
3) A. Wellmer, a.a.O., S. 69.
4) J. Habermas, Erkenntnis und Interesse, a.a.O., S. 71. Synonym gebraucht werden die Begriffe Arbeit und instrumentales Handeln und das korrelative Begriffspaar Interaktion und kommunikatives Handeln.

irreduzibel beläßt, gerechnet werden, jedoch lediglich "Arbeit im Sinne der produktiven Tätigkeit" bezeichne im marxistischen Verstand die "Dimension, in der sich die Naturgeschichte bewegt" [1]. Folgt man Habermas, so operiert Marx mit einander ausschließenden Handlungsbegriffen, nämlich einem monistischen, der durch die Kategorie der Arbeit ausgefüllt wird, und einem dualistischen, der die Kategorien von Arbeit und Interaktion umfaßt, was nicht nur ohnehin selten verstummenden Zweifeln an der Einheit seines Werks neue Nahrung geben kann, sondern, was viel gravierender ist, den Widerspruch zwischen einem monistischen Determinismus der 'Vorgeschichte' der Menschheit und einem handlungstheoretisch differenzierten anthropologischen Entwurf offenlegt, für den die kommunikative Handlungsform in einem durchgehaltenen Verhältnis der Interdependenz zur instrumentalen steht.

Worum es bei der Feststellung der Ambiguität der Marxschen Handlungskategorie geht, ist jedoch nicht eigentlich das Problem der kategorialen Pluralität bzw. Reduktion selbst, denn die Ursprünglichkeit der Beziehung von Sprache, zwischenmenschlichem 'Verkehr' und Arbeit ist ihm ja selbstverständlich [2], sondern die Valenz, die der jeweiligen Handlungsform als Determinationsfaktor sozialer Prozesse zukommen soll. Genau unter diesem Blickwinkel ist Habermas' Marxkritik zu interpretieren. Man würde Habermas tatsächlich 'gründlich' mißverstehen, unterstellte man ihm, der Begriff des instrumentalen Handelns "solle den Marxschen Begriff der Produktion decken" [3] Für Habermas ist diese Identifikation gegeben, Marx jedoch wirft er gerade den untauglichen Versuch vor, "alle Momente der gesellschaftlichen Praxis unter den Begriff der Produktion zu bringen" [4]; also sowohl das instrumentale als auch das kommunikative Handeln

---

1) drs., Erkenntnis und Interesse, a.a.O., S. 71.
2) Vgl. dazu K. Marx, Die Frühschriften, a.a.O., S. 357 f.
3) So A. Wellmer, a.a.O., S. 69.
4) J. Habermas, Erkenntnis und Interesse, a.a.O., S. 75, Anm. 70. ä

unter den Begriff der Produktion zu subsumieren. Das bedeutet unter dem Gesichtspunkt der Valenz, daß bei Marx unter dem "Titel der gesellschaftlichen Praxis" Produktion unter Einschluß von 'Distribution' und 'Verkehr' zum entscheidenden Movens gesellschaftlicher Evolution stilisiert wird. Dadurch aber wird einem "geschichts-spekulativen Objektivismus" [1] in der Weise Vorschub geleistet, daß der Produktionsprozeß gegebenenfalls vulgärmarxistisch als alleinige geschichtliche Triebkraft hypostasiert werden kann.

Der Berechtigung des Vorhalts, den Geltungsbereich des Arbeitsbegriffs monistisch überdehnt zu haben, wäre unter den beiden Voraussetzungen zuzustimmen, daß er bei Marx "geschichtsphilosophische und erkenntnisanthropologische Grundkategorie ist" [2]. Erkenntnisanthropologisch wäre der monistischen Gefahr am ehesten durch einen umgreifenden Monismus zu begegnen, wie er in der Handlungskategorie entwickelt wurde, die die Kategorien Arbeit und Interaktion irreduzibel umfaßt, außerdem aber 'Sinn' sprachlich vermittelt expliziert.

Was nun die geschichtsphilosophische Ansicht angeht, so läge in der Annahme der auf die Kategorie der Arbeit zentrierten Determination ein mechanistischer Dogmatismus ebenso vor, wie im Glauben an die geschichtsbildende Macht einer herrschaftsfreien Kommunikation, und vor allem deren Anheben ohne revolutionäre Umwälzung herrschaftskonstituierender Verhältnisse als abstrakter Utopismus [3].

---

1) A. Wellmer, a. a. O., S. 60, 62 f.
2) a. a. O., S. 68.
3) H. Pilot hat aus der Sicht der analytischen Wissenschaftstheorie den Nachweis geführt, daß die Habermas'sche Geschichtsphilosophie, sofern sie Mündigkeit mit herrschaftsfreiem Dialog dialektisch durch das 'regulative' Prinzip der Antizipation künftiger Mündigkeit vermittelt konstruieren will, Fiktion bleibt; s.: H. Pilot, J. Habermas' empirisch falsifizierbare Geschichtsphilosophie, in: Kölner Zs. f. Soziologie und Sozialpsychologie, 20. Jg. 1968, H. 2, S. 302 ff.

Marxistischer Mechanismus wie Habermas' scher Utopismus könnten jedoch möglicherweise ihres dogmatischen Gehaltes entkleidet werden, wenn sich in ihr jeweiliges anthropologisches Fundament eine 'experimentelle' Komponente einfügen ließe. Bei Habermas geschieht das mit dem Konzept des Diskurses, dessen Entstehungsbedingungen sich jedoch auf der Kommunikationsebene nicht herstellen lassen, so daß der Entwurf über den Wirkungskreis kleiner elitärer Gruppen nicht hinausgelangt.

Anders bei Marx: Im Modell konvergiert revolutionäre mit experimenteller Praxis, in der die Möglichkeiten des Menschlichen 'im praktischen Vorgriff erprobt' werden [1].

Erfolgte die Analyse bisher immanent, so folgt nun die externe Kritik: Entzieht man den genannten Faktorenkombinationen das Moment des 'mechanistischen Determinismus', der nach Sartres Dafürhalten ohnehin "gerade nicht marxistisch ist" [2], so bleibt noch genau jene Aussagenmenge als marxistische Position übrig, die unter dem Zugriff des sekundären erkenntnisanthropologischen Dezisionismus aufrechterhalten werden kann, ohne gleich auf den Existentialismus Sartrescher Prägung zurückzufallen; denn der Dezisionismus hat die Untersuchung der 'menschlichen Dimension' zum Inhalt, wenn er auch nicht behauptet, viel darüber ausgemacht zu haben [3]. Aus der skeptischen Grundhaltung, die der erkenntnisanthropologische Dezi-

---

1) Zum 'experimentellen' bzw. 'pragmatischen' Lösungsansatz des anthropologischen Problems bei Marx s. W. Lepenies, H. Nolte, Kritik der Anthropologie, a.a.O., S. 15 f., 17, 18, 25.

2) J.P. Sartre, Marxismus und Existentialismus. Versuch einer Methodik, Hamburg 1964, S. 138. Ähnlich hält auch H. Lefèbvre an einer differenzierten Position fest, die den Ökonomismus in die Schranken weist; vgl. dazu A. Schmidt in seinem Nachwort zu H. Lefebvre, Der dialektische Materialismus, a.a.O., S. 154 f.

3) Die Ablehnung des Geschichtsdeterminismus und die Hinwendung zum Praxisbezug, die als Elemente des originären Marxismus, die inzwischen weitgehend verschüttet sind, erkannt werden, zeigen die Affinität des existentialistischen und des dezisionistischen Programms, wobei die Grenze im existentialistischen Individualismus liegt.

sionismus kraft seiner selbstkritischen Zurückhaltung gegenüber dem Anspruchsniveau jeder deterministischen Position einnimmt, und aus ihrer Einsicht in die die Verwirklichung von Freiheit hemmende Faktizität der Zirkularität des vorproblematischen Entfremdungsbegriffs resultiert die Reserve, die sie einem Verständnis von Weltgeschichte entgegenbringen muß, die als "die stufenweise Verwirklichung der Freiheit" definiert wird [1]. Auch die 'humanistische Logodizee' von Marx vermag ebenso wenig wie die Naturrechtslehren die "Koinzidenz von Notwendigkeit und Gerechtigkeit" rational zu begründen [2]. Utopisches Bewußtsein ist eben der Realität immer zugleich voraus wie hinter ihr zurück.

Die Sentenz von der "Geburt der Freiheit aus der Entfremdung" [3] mag in den Ohren des einen wie eine Verheißung klingen, einen anderen dagegen wie eine Provokation anmuten, tatsächlich ist sie nichts anderes als nüchterne Institutionenlehre und bleibt im Prinzip materieller Dialektik, die ohne das Konstituens der Aufhebung nicht einmal methodischen Wert besitzt, unzugänglich. Den Konservativismus des Gehlenschen Menschenbildes als anthropologische Realität einzusehen, bedeutet einen wichtigen Schritt auf dem Wege zur Emanzipation des Bewußtseins als Katalysator der Entfremdungsprozesse von seinen eigenen regressiven Voraussetzungen.

Die Institutionen, deren Funktion als Gegenmacht gegen den Subjektivismus, i.e. als Regulatoren jeden direkten Ausspielens der Subjektivität Gehlen so emphatisch beschwört, tragen andererseits nach seinem eigenen Diktum den Doppelcharakter als 'Ordnungen' und 'Verhängnisse' [4], wodurch ihnen das Odium schicksalhafter Unaus-

---

1) So etwa L. Kofler, Perspektiven des revolutionären Humanismus, Hamburg 1968, S. 6.
2) S. E. Topitsch, Vom Ursprung und Ende der Metaphysik, a. a. O., S. 324, 329,
3) A. Gehlen, Über die Geburt der Freiheit aus der Entfremdung, zuerst 1953; wieder abgedruckt in: Studien zur Anthropologie .., a. a. O., S. 232 ff.
4) Über die Geburt ..., a. a. O., S. 245.

weichlichkeit verliehen wird. Durch die statische Stilisierung des Zwangscharakters von Institutionen bleibt undeutlich, daß Verhängnisse, die im institutionellen Gewande auftreten, stets von Menschen über Menschen verhängte sind, weshalb sie auch von Menschen überwunden werden können.

Während Gehlen also auf der Unaufhebbarkeit von Entfremdung als einem anthropospezifischen Grundtatbestand gegen Marx insistiert, wird die historische Dimension von Entfremdung, die sie in ihrer spezifischen Erscheinung, nämlich in Abhängigkeit von sozioökonomisch fundierten Herrschafts- und Unterdrückungsverhältnissen, ausweist, vernachlässigt [1]. Jeglicher auf die Institutionen gerichtete Veränderungswille wird so mit dem Sinnlosigkeitsverdikt versehen. Wenn aber die Aufhebung des Privateigentums an Produktionsmitteln und somit auch der privaten Verfügungsgewalt der Kapitaleigner über den Faktor Arbeit als Rechtsinstitut und unmittelbares wie mittelbares Repressions- bzw. Manipulationsinstrument noch nicht hinreichen sollte, um Entfremdung auf ihr vorproblematisches Substrat zu begrenzen [2], so sind die Gründe in den Impli-

1) Dieser Einstellung entspricht das Abdrängen des Entfremdungsproblems in das individualpsychologische Feld (Psychoanalyse) im Verein mit der Negierung seiner ökonomischen und soziologischen Relevanz - zumindest unter den Bedingungen der spätkapitalistischen Industriegesellschaft, auf die allein sich Gehlen in diesem Zusammenhang bezieht; vgl. a.a.O., S. 243.

2) Ein Automatismus derart, daß mit der Eigentumsfrage ex def. auch schon das Entfremdungsproblem gelöst sei, wird z.B. von A. Schaff, Marxismus und das menschliche Individuum, Hamburg 1970, bes. S. 88 ff., als unwissenschaftlich abgewiesen. Im Hinblick auf die Entfremdung beruht der Vorzug der sozialistischen Gesellschaft gegenüber dem Kapitalismus auf den besseren Bedingungen der ersteren, "diese Entfremdungen bewußt zu bekämpfen" (a.a.O., S. 100). Auch M. Markovic, Entfremdung und Selbstverwaltung, in: Folgen einer Theorie. Essays über 'Das Kapital' von Karl Marx, Frankf./Main 1967, S. 185 ff. wendet sich gegen die These des dogmatischen Marxismus, mit der Abschaffung des Privateigentums sei bereits "jede Möglichkeit der Exploitation abgeschafft", womit er sich durchaus auf Marx selbst berufen kann, für den Privateigentum ja nicht die

kationen technologischer Rationalität [1], sowie der aus ihr resultierenden spezifischen Art der Repression unter Einbeziehung der analogen Bewußtseinslagen aufzusuchen.

An mehreren Stellen war die Rede von der Notwendigkeit des Abbaus der Herrschaft von Menschen über Menschen als Voraussetzung repressionsfreier Interaktion bzw. Kommunikation mit dem Ziel der Selbstverwirklichung aller. Dabei wurde nicht verkannt, daß gesellschaftliche Repression in spezifischer Weise vom Stand der Produktivkräfte und aus dem daraus und aus einer gewissen Eigengesetzlichkeit resultierenden Zustand und der Beschaffenheit der Institutionen bestimmt wird. Auch wurde der notwendige Zwangscharakter der Institutionen eingesehen. Insofern ist auch deutlich geworden, daß Technik selbst Herrschaft nicht erst mit der industriellen Entwicklung geworden ist [2], sondern schon seit ihren Ursprüngen war.

Ursache, sondern die Folge entfremdeter Arbeit ist. Die Entfremdung, die zu den wesentlichen Widersprüchen der menschlichen Existenz gehört, ist auch nach der Darlegung von K. Kosík nicht schon mit der Auflösung der Widersprüche der kapitalistischen Gesellschaft abgetan; vgl. dazu K. Kosík, Die Dialektik der Moral und die Moral der Dialektik, in: Moral und Gesellschaft, Frankfurt/Main, 1968, S. 10 ff. In jedem Falle übersieht Gehlen folgenreich, daß mit der Korrektur von Ausbeutung "Unfreiheit gleichwohl konserviert werden" kann; s. J. Habermas, Nachgeahmte Substantialität. Eine Auseinandersetzung mit Arnold Gehlens Ethik, in: Merkur, H. 4 (April) 1970, S. 323 f.

1) Die von Marx unterschätzte Universalität der Problemstellung sieht auch H. Popitz, wenn er feststellt: "Durch die Kritik eines bestimmten Produktionsverhältnisses entgeht Marx der Frage, ob sein entfremdeter Mensch nicht ein Problem der technisch-industriellen Welt überhaupt ist". S.: Der entfremdete Mensch. Zeitkritik und Geschichtsphilosophie des jungen Marx, Frankfurt/Main 1967, S. 146.
2) wie H. Marcuse meint; vgl. Antworten auf Herbert Marcuse, Hrsg. v. J. Habermas, 3. Aufl., Frankf./Main 1968, S. 76.

Das bezeichnet den im vorproblematischen Entfremdungsverständnis sich äußernden aporetischen Charakter des technologischen Antagonismus, dessen soziostrukturelle Lokalisierung in der industrialistischen Spätphase in allmählicher Auflösung sein mag, so daß Herrschaft auf der Basis von Technik, abgesehen von ihrem vorproblematischen, ursprünglichen Repressionspotential, auch als Produkt eines hochkomplexen Entwicklungsprozesses einen von unmittelbarer Herrschaft von Menschen über Menschen unabhängigen repressiven Eigenwert gewinnt, in dem formale Rationalität, als die die globale technische Apparatur in ihrer auch für Experten fortschreitenden Undurchsichtigkeit erscheint, zu immer größerer Uniformität nötigt. Das 'eindimensionale' Bewußtsein, das den Prozeß technologischer Rationalität, dessen irrationale Komponente es nur noch in einem Restgefühl des Unbehagens erahnt, zunehmend widerstandsloser internalisiert, ist nicht schlechthin falsches Bewußtsein, da es in Korrespondenz zu einer Wirklichkeit steht, deren Schein es aufgesessen ist [1]. Schein ist diese Wirklichkeit einer bestimmten Stufe technischer Zivilisation jedoch nur dann, wenn sie als prinzipiell überwindbar gedacht werden kann. Das führt in die paradoxe Situation, in die eine Reflexion gerät, die sich wegen der Konturlosigkeit ihrer Adressaten [2], an die sie sich in agitatorischer Absicht wenden könnte, damit begnügt, die anthropologischen Bedingungen der Technik aufzuzeigen. Dabei besteht die Paradoxie darin, daß Reflexion unter diesen Umständen den 'Widerspruch auszuhalten' hat, "keine praktischen anleitenden Antizipationen zu artikulieren und doch ohne diese nicht auskommen zu können" [3], wenn sie den positivistischen Rückfall vermeiden will.

---

1) Vgl. dazu auch: H. Marcuse, Der eindimensionale Mensch, Neuwied u. Berlin 1971, bes. S. 28 f., 31, 43 ff.

2) Der marxistisch-leninistische Aufruf zur Vereinigung des Proletariats dringt gegenwärtig nur zu denen durch, an die er ursprünglich gar nicht gerichtet ist.

3) So ganz richtig H.-D. Bahr, Kritik der 'Politischen Technologie', Frankfurt/Main 1970, S. 103.

Die 'Gegen-Institution' des Diskurses bzw. des kommunikativen Handelns als einer Aneignungsform, die "nicht mehr den Imperativen des entfremdeten materiellen Lebensprozesses untergeordnet" wäre [1], legitimiert sich voluntaristisch unter Bezugnahme auf die dezisionistische Wahrheitstheorie, verfällt jedoch im gleichen Augenblick der Fetischisierung, in dem sie sich in eitler Selbstüberschätzung als Movens in einem von ihr initiierten realdialektischen Prozeß der Identifizierung von Naturalismus und Humanismus mißversteht.

Der Positivismus [2], der das Apologetische seiner 'wertfreien' Betriebsamkeit mit immer geringerem Erfolg zu kaschieren versucht, der Voluntarismus - u.a. bei Habermas -, dessen metaphysisches Element in der Verleugnung des elitären Konzepts seiner dialogischen Befreiungsstrategie liegt, und der dogmatische Marxismus, dessen optimistisches Menschenbild einer begreiflichen eudämonistischen Sehnsucht, jedoch keiner anthropologisch begründbaren Theorie Ausdruck gibt, fordern zu der großen Negation heraus, in der Theorie, wie sie sich vor allem in Adorno, Horkheimer und Marcuse personifiziert, verharrt. Kritische Theorie belegt diese Konsequenz exemplarisch in der 'negativen Dialektik' Adornos sowie in der die

---

1) So J.P. Árnasson, a.a.O., S. 17.
2) Wenn ich die Bezeichnung 'Positivismus' zur Kennzeichnung eines vom Postulat der 'Wertfreiheit' getragenen szientifischen Selbstverständnisses verwende, so bin ich mit doch des Ausverkaufs dieser ursprünglich präzisen wissenschaftstheoretischen Charakterisierung bewußt, der es immer schwieriger gestaltet, mit diesem Terminus noch einen angebbaren Sinn zu verbinden; so v.a. wenn Habermas Marx, umgekehrt der Marxist L. Kofler Habermas des Positivismus bezichtigt. Vgl. dazu: L. Kofler, Der asketische Eros, Wien 1967, S. 115 ff., J. Habermas, Erkenntnis und Interesse, a.a.O., S. 63 u.ö. S. dazu auch W. Stegmüller, Hauptströmungen der Gegenwartsphilosophie, Stuttgart 1960, der nicht ganz zu Unrecht hervorhebt, daß die Bezeichnung 'Positivismus', die aus der Zeit des älteren Immanenzpositivismus stammt, für die analytische Philosophie nicht angemessen ist.

mit der strukturalen Anthropologie von Lévi-Strauss erneuerten Bastion des Positivismus bekämpfenden 'negativen Anthropologie' U. Sonnemanns, die in dem Sinne negativ ist, daß der "Nachweis logischer Unmöglichkeit jeder Totaltheorie über den Menschen ihr Weg ist" [1].

Insofern die durchgehaltene methodische Figur der Negation ex definitione Antizipation ausschließt, ist ihr eine positive Aussagenqualität, ohne die sie sich in der Übergabe an den totalen Relativismus selbst liquidieren würde, als latenter Dezisionismus immanent.

Manifester Dezisionismus, der Latenz als verleugnete Potenz durchschaut, hat nur negative Autorität zur Verfügung, die das Postulat der Wissenschaftlichkeit zu ihrer Begründung gerade dort entbehren muß, wo er sich zu ihrer Verteidigung anschickt. Im Kampf um die Entideologisierung des Bewußtseins als Beitrag zur Überwindung der Entfremdung vom kreativen Potential des handlungsfähigen Wesens, das der Mensch seiner Naturanlage nach ist, verstrickt sich der erkenntnisanthropologische Dezisionismus ständig und unaufhebbar in die Aporie, sein objektives revolutionäres Mandat auf die praxisbezogene Dimension der dezisionistischen Maxime gründen zu müssen, deren Wahrheitswert sich Ideologie zwecks Verschleierung ihrer manipulativen Absicht ebenso bedienen kann, wie utopisches Bewußtsein an seinem Formalismus resignieren mag.

Den Institutionen jedenfalls gilt es die gebührende Anerkennung zu zollen, denn ihre Entlastungsfunktion ist es schließlich, die ihre Unterdrückungsleistung durchschauen läßt, und damit auch die Forderung nach ihrer Abschaffung möglich macht. Ihre Abschaffung bedeutet jedoch letztlich die Aufhebung der Herrschaft von Menschen und Verhältnissen über Menschen. Damit kristallisiert sich

---

1) U. Sonnemann, Negative Anthropologie, Hamburg 1969, S. 22.

Bewußtsein zur abstrakten Utopie, die den konkreten Menschen aus den Augen verliert, indem sie ihn auf den Status eines Naturwesens zurückwirft, den er als Mensch nie besessen hat.

Die Selbstverwirklichung des Menschen könnte sich unter diesem globalen Aspekt darin erschöpfen, Utopien, wie die bisherige Geschichte lehrt, zu produzieren, zu reproduzieren und zu konsumieren, nicht jedoch zu realisieren.

Mit dieser Vermutung, die geschichtsphilosophischen Skeptizismus vielmehr verrät als lediglich eine kulturpessimistische Attitüde, möchte ich am Kapitelende zu der Frage überleiten, die implizit und kursorisch schon an den einschlägigen Stellen angeschnitten wurde, nämlich welchen geschichts- bzw. sozialphilosophischen Tenor Gehlens Gesamtwerk seit seiner anthropologischen Wende in Abstimmung der Teile zum Ganzen und in der Ableitung der Institutionenlehre und der Ethik von der 'philosophisch-empirischen' Anthropologie erkennen läßt [1]. Vorrangige Bedeutung kommt dabei der Bewertung der Rolle der Aggression zu, die früher unterschätzt zu haben Gehlen in seiner Ethik einräumt [2]. Das impliziert jedoch keine Revision der Valenz der anthropologisch konstitutiven Kategorie der Instinktreduktion, da Gehlen, wenn er die 'Aggressionsneigung' nunmehr als "echten Instinkt mit endogener Erregung" auffaßt [3], so daß die Aggressivität, die damit zu den Instinktresiduen zu zählen ist, ähnlich wie auch die sexuelle Komponente in auffälliger Weise 'mitbestimmend' in das Verhalten eingeht, lediglich eine Grundan-

---

1) Vgl. dazu auch die Hinweise S. 35 ff., die hier noch einmal aufgenommen und vervollständigt werden sollen.
2) S. Moral und Hypermoral, a.a.O., S. 42 f.; aber auch schon in der Abhandlung "Philosophische Anthropologie und Verhaltensforschung" 1968, wieder abgedr. in: Studien ..., a.a.O., S. 65 f.; Gehlen bezieht sich dabei ausdrücklich auf "Der Mensch". Entsprechendes gilt jedoch auch für seine Institutionenlehre.
3) Moral und Hypermoral, a.a.O., S. 43.

schauung seiner biologischen Anthropologie wiederaufnimmt [1], die nun allerdings erstmals ein überragendes methodisches Gewicht erhält und der Rolle entsprechend, die der Aggressionsbegriff nachgerade für die Konstruktion des Menschenbildes spielt, die Dignität einer Art Fundamentalkategorie gewinnt. Ist also Aggressivität durchgehend als instinktresiduale Anlage erkannt, so kann es in handlungstheoretischer Hinsicht nur vorzüglich darauf ankommen, die Bedingungen für ihre Manifestation und deren Formen und Richtungen aufzuzeigen.

Angesichts der realistischen Einschätzung des Aggressionsfaktors zerfallen auch die relativ optimistischen Auslassungen über die Möglichkeit des ewigen Friedens, wie sie Gehlen ganz im Gegensatz zu seiner sonstigen pessimistischen Betrachtungsweise, aber noch als deutliche Konsequenz der Unterbewertung des Aggressionsbegriffs unverändert als Ausblick beider Auflagen seiner Institutionenlehre formuliert [2]. Daß sich der in allen Bereichen, nämlich zwischen Nationen, Rassen und Klassen gefährlich anhäufende Konfliktstoff künftig auf Dauer gewaltfrei, also lediglich auf der Ebene weltanschaulicher Antagonismen äußern könnte, wo sich die Kontrahenten in "ebenso erbitterten wie folgenlosen ideologischen Kämpfen" [3] gegenübertreten würden, läßt weder die Extrapolation der Geschichte der zwischenmenschlichen Aggression im allgemeinen, noch das spezifische suppressive, je nach Gesellschaftsform mehr oder minder ökonomisch, v.a. auch rüstungsökonomisch ausgerichtete Interesse der Machtkartelle erwarten, weshalb auch Friedensforschung, soweit sie sich als kritische und nicht als Beschwichtigungswissenschaft versteht, ihre Analysen um die Begriffe von Aggression und

1) So ist schon in seinem Aufsatz von 1952 mit dem Titel "Das Bild des Menschen im Lichte der modernen Anthropologie", wieder abgedr. in: Anthropol. Forschg., a.a.O. (S. 60 f.) die instinktive Wurzel des Aggressionspotentials unzweideutig behauptet worden.
2) Vgl. dazu: Urmensch ..., 1. Aufl., 1956, S. 296 ff.; 2. Aufl., 1964, S. 263 ff.
3) a.a.O. (1964), S. 264.

ökonomischem Interesse kristallisiert, worin bereits implizit die strategische Forschungsachse Marx - Freud zum Ausdruck kommt.

Solange Aggression in Form von Repression als Supression der Selbstverwirklichungschancen der Machtlosen durch die Herrschenden praktiziert wird, stellt die Aggressivität von Intellektuellen, die Gehlen so scharf verurteilt [1], die jedoch, mag sie sich auch manchmal schrill oder überspitzt artikulieren, besser an ihrer Intention zu messen wäre, ein legitimes, wenn auch vielleicht stumpfes Instrument des Kampfes gegen die Unterdrückung dar. Hatte Gehlen die aggressive Schicht der Verhaltenskonditionierung und der Bewußtseinssphäre in seiner Anthropobiologie und seiner Institutionenlehre nach eigenem Bekunden noch nicht in ihrem vollen Problemgehalt verfolgt, so könnte die damit geäußerte und im Anschluß geübte Absicht, diesen Anspruch nunmehr zu erfüllen, zu der Annahme verleiten, das Aggressionsthema werde im Kontext der Überlegungen zur pluralistischen Moral, selbst unter Einschränkung einer Gegenwartsanalyse, die sich im wesentlichen auf die Verhältnisse in spätkapitalistischen Gesellschaften beschränkt, wenigstens in allen soziologisch relevanten Bezügen behandelt. Daß das jedoch nicht der Fall ist, läßt sich daran ermessen, daß jener Horizont der Aggressivität, der wegen seiner Verbundenheit mit Macht auch im liberalen Gewand viel nachhaltiger gerechte Empörung hervorrufen sollte, als jene vergleichsweise harmlose Aggressivität intellektuellen Querulantentums, bei Gehlen nicht systematisch thematisiert wird.

Minutiös und zweifellos mit gutem Grund werden die aggressionsfördernden Auswirkungen des humanitären Ethos, d.h. des 'ethisierten Wohlstandes' ebenso aufgewiesen [2] wie auch ihre Entstehungsbedingungen durchleuchtet. Dagegen wird die Frage der Legitimation der Machteliten, deren Herrschaftsausübung nur dann aggressionsfrei

---

1) Moral ..., a.a.O., S. 111.
2) Vgl. dazu drs., Moral ..., a.a.O., S. 62, 66, 70, 11, 145.

vorzustellen wäre, wenn unter den von ihr Betroffenen ein entsprechender Konsensus auf kritischer Bewußtseinshöhe bestünde, gar nicht erst aufgeworfen. Da ja die Institutionen, allen voran der Staat, zwecks unerläßlicher, da überlebenssichernder Stabilisierung des Verhaltens Macht ausüben müssen, und sie dieses dem institutionellen Schein nach in funktionalistischer Neutralität tun, obwohl sich Macht und Herrschaft bei genauerem Hinsehen doch auch unter komplexen Verhältnissen noch personifizieren lassen, kann die Legitimationsproblematik als sekundär in den Hintergrund gedrängt werden.

Wenn man die Hingabe an die Institutionen und die Einrichtung in ihnen als Pflichterfüllung aus Einsicht in die Notwendigkeit ihrer Existenz als Bedingung der eigenen fordert, so provoziert man Reflexion, der gerade das Selbstverständliche suspekt ist, zu einem Rückgang auf ihr eigenes Substrat, die Sprache, die reflektierendes Bewußtsein in ihrer genetisch ursprünglichen und zeitlos dominanten Eigenschaft als Wurzel und Bestimmungsgrund aller Institutionen vergegenwärtigt, und deren intersubjektiv ständig neu herzustellender Sinnzusammenhang sich auf der Basis der Konkretisierung von Mündigkeit als einem Prozeß von Erziehung und Selbsterziehung "zum Widerspruch und zum Widerstand" [1] gegen die als repressiv durchschauten je bestehenden Institutionen manifestiert.

Da Erziehung nicht ohne ein Moment des Terrors, Selbsterziehung aber nicht ohne einen gehörigen Anteil von Blindheit auskommt, und Mündigkeit unversehens Warencharakter annimmt, bleibt die Verwirklichung von Sinn als Aufgabe in Permanenz an eine Gemeinschaft herrschaftsfreier Kommunikation verwiesen, deren Bildung aber von der Überwindung jener Widersprüche abhängt, zu deren Auflösung sie sich konstituieren soll.

---

1) In der "Erziehung zum Widerspruch und zum Widerspruch sieht Adorno die "einzige wirkliche Konkretisierung der Mündigkeit", s.: drs., Erziehung zur Mündigkeit, Frankfurt 1971, S. 145.

NACHWORT

Thesen zu einem Entwurf einer philosophisch-anthropologischen Theorie des Bewußtseins

In Anlehnung an die anthropologische Theorie Gehlens wurde die Untersuchung der Bewußtseinsproblematik unter Ausklammerung des psycho-physischen Dualismus geführt. Der agnostische Tribut, der durch diesen methodischen Verzicht an das szientifische Bewußtsein zu entrichten war, wurde jedoch reichlich aufgewogen: Die Arbeitshypothese vom Menschen als einem handelnden Wesen mit den durchgängig dualistisch strukturierten Kategorialsequenzen, der der dualistische Problemgehalt selbst Anathema blieb, bewährte sich als metaphysikfreies heuristisches Prinzip, das dem von Natur, d.h. von Kultur relativistischen Bewußtsein ein Bild der Totalität seiner selbst vorstellte, die es als je historisches nicht zu verwirklichen vermag. Die Kategorie der Handlung, die den Hiatus zwischen den Bedürfnissen und ihrer Erfüllung besetzt, und die Schichtendifferenz von Körper und Geist umgreift, erweist sich als dynamische, der analytischen Betrachtung entzogene Kategorie erst durch die Einführung der ihr gemäßen Zeitstruktur. Erst die der Gestalt korrespondierende Zeitdimension ermöglicht es, den psycho-physischen Dualismus als jeweils schichtenspezifischen phänomenologisch zu umspannen und damit kategorial-monistisch zu zentrieren. Viktor v. Weizsäckers Konzept der 'biologischen Zeit' bedeutet den entscheidenden Schritt hinaus über die bloße Konstatierung des Dualismus, fällt jedoch in einer wichtigen Hinsicht hinter den bereits erreichten eigenen Erkenntnisfortschritt zurück, wenn es den durch den biologischen Zeitbegriff überwunden geglaubten psychophysischen Dualismus auf der Ebene von Sinnlichkeit und Verstand aufgrund eines zu engen, letztlich doch wiederum kantisch orientierten Erfahrungsbegriffs reproduziert [1]. Ein in Verstehenskategorien expli-

---

1) Vgl. dazu: V. v. Weizsäcker, Gestalt und Zeit, a.a.O., S. 54 f.

zierbarer, da bewußter Dualismus tritt jedoch ohnehin erst beim Menschen auf, weshalb erst das Konzept einer anthropologischen Zeit, das basierend auf dem der biologischen Zeit, jedoch überformt durch das kategoriale Novum der Antizipation sich konstituiert, den hominiden psycho-physischen Nexus strukturiert [1].

Die anthropologische Zeit läßt sich als Prinzip - wenn sie also mehr darstellen soll als eine bloße methodische Hilfskonstruktion - neben den Prinzipien von Materie und Bewußtsein in einer zweiwertigen Logik nicht mehr adäquat denken, gibt jedoch versuchsweise den dritten, zugleich vermittelnden und konstitutiven Wert einer dreiwertigen Betrachtungsweise ab. In einer Analogiekonstruktion zum Schema einer transklassischen dreiwertigen Logik, wie sie von G. Günther als 'Metaphysik der Kybernetik' in einem ersten Ansatz vorgelegt wurde [2], wäre die anthropologische Zeit die Informationskomponente als dritter Wert einer 'mehrwertigen Subjektivität', deren übrige Komponenten irreduzibel 'materiell' bzw. 'spirituell' sind [3]. Damit würde sich die anthropologische Zeitstruktur als eigene Sphäre im anthropologischen Konstitutionszusammenhang behaupten. Sie ließe sich weder auf Materie noch auf Bewußtsein reduzieren und wiese die idealistische wie die materialistische Abbild- bzw. Widerspiegelungstheorie als deterministisch zurück und bedürfte auch nicht des Hilfsmittels der Dialektik und noch viel weniger der Annahme einer Realdialektik.

Mit der Annahme einer dritten irreduziblen Sphäre, die sich kyber-

---

1) Zur Erörterung der Polysemie des Zeitbegriffs vgl. S. 166 ff.

2) S. G. Günther, Das Bewußtsein der Maschinen, Krefeld u. Baden-Baden 1957; 1959 folgte der 1. Bd. von 'Idee und Grundriß einer Nicht-Aristotelischen Logik, Hamburg.

3) Für G. Günther ist das reflexionsfähige Subjekt der dreiwertige Bezugsrahmen, wogegen auf der irreflexiven Objektebene die Zweiwertigkeit der klassischen Logik hinreiche, da Information nicht aus Materie ableitbar sei; umgekehrt aber alles, "was sich im Modell wiederholen und technisch konstruieren läßt", "nicht spirituell" sein könne. Vgl. a.a.O., S. 31 f., 92.

netisch als informatorischer Prozeß ausweist, wird nun allerdings einer gewissen Reontologisierung der Anthropologie der Weg bereitet, die einer drohenden Mystifikation und Verdinglichung jedoch durch die permanente Bereitschaft zur Falsifizierung auch und gerade auf der Basis der zweiwertigen Logik im Sinne der erkenntnisanthropologischen Diakrise zu entgehen versucht. Die zweiwertige Logik erweist sich zwar unter dem Aspekt der anthropologischen Zeitstruktur als defizient, da ihr die Dimension der Zeit kontingent ist. Dennoch genügt ihre Reichweite, um gerade ihre eigene Unfähigkeit positiv zu belegen, eine Korrelation von Kausalität und Finalität auf der materiellen wie auf der kognitiven Ebene ohne den Begriff der Zeit bzw. unter Zugrundelegung des ihr ausschließlich vertrauten Begriffs der objektiven Zeit zu konstruieren.

Gerade in der Explikation dieser Beziehung hat aber eine jede Anthropologie ihre Bewährungsprobe zu bestehen. Erst die Applikation des Konzepts der anthropologischen Zeit erlaubt eine gedankliche Rekonstruktion einer durch das antizipatorisch-anamnestische Moment gekennzeichneten Primärkonstruktion einer Handlung, indem sie die - metaphorisch ausgedrückt - fragmentarische Zuordnung des kausalen zum finalen Element quasisubstantiell durch die Zeitdimension, die in der objizierten Handlung einen infinitesimalen Konvergenzwert approximiert, herstellt.

Hier liegt der Grund, weshalb die Rede von der psycho-physischen 'unauflösbaren Antinomie' [1] in des Substantivs ursprünglicher Bedeutung der gegensätzlichen Gesetzmäßigkeiten von Kausalität und Finalität zur Geltung gebracht werden muß. Antinomie bedeutet in dieser Hinsicht nicht Aporie, sondern vielmehr nomothetische Koordination, wie sie nur unter der Bedingung der Annahme einer

1) So stellvertretend für die meisten antimetaphysischen Stimmen: M. Hartmann, Einführung in die allgemeine Biologie und ihre philosophischen Grund- und Grenzfragen, Berlin 1956, S. 113.

anthropologischen Zeit zustande kommt und damit erst Handlung konstituiert. Demgegenüber erweisen sich die klassischen Versuche zur Lösung des psycho-physischen Dualismus, die sich in ihren unterschiedlichsten Schattierungen auf zwei Konzepte, i. e. die Wechselwirkungshypothese und die Parallelismusvariante zurückführen lassen [1], als untauglich, die Kategorie der Handlung unter dem Aspekt der besonderen Zeitlichkeit zu erfassen, die durch das antizipative Moment, wie es durch das kategoriale Novum der Weltoffenheit konstituiert wird, gekennzeichnet ist.

Hofstätter äußert als Konsequenz analoger Überlegungen, in deren Verlauf er zu dem Schluß gelangt, keine der klassischen Deskriptionen vermittele 'einen rechten Sinn', die Vermutung, daß es möglicherweise "überhaupt kein Gedankenschema für die Darstellung dieses Sachverhalts" gebe [2]. Das Konzept der anthropologischen Zeit bildet jedoch ein Minimalschema, dessen genetische Relevanz im Sinne der phylogenetischen Aszendenz sogar als gesichert gelten kann, das jedoch dem jeweiligen Handlungsvollzug aufgrund der heraklitеischen Eigenschaft, die der Zeit allem denknotwendigen Schematismus zum Trotz innewohnt, äußerlich, d.h. prä- bzw. postkonstruktiv bleiben muß. Die konkrete Handlung entzieht sich der Introspektion des Bewußtseins aus ihrem eigenen Rechtsgrund: der Zeitlichkeit.

Das heißt jedoch keineswegs, daß die Zeitstruktur der Handlung nach Maßgabe ihrer Konkretisierungsphasen in eine antizipatorische 'Anschauungszeit' und eine dem Handlungsablauf korrespondierende 'Realzeit' zerfällt, wie die Kategorialanalyse eines modellhaften Handlungsablaufs suggerieren könnte [3]. Damit würde die Verknüpfung einander ausschließender Bestimmungen, nämlich der Sukzes-

---

1) Den Nachweis für den methodischen Dualismus des psychophysischen Dualismus führt A. Neuhäussler, Zeit und Sein, Meisenheim/Glan 1957, S. 18 ff., 219.
2) Vgl. P.R. Hofstätter, Die Psychologie ..., a. a. O., S. 235.
3) So bei N. Hartmann, Teleologisches Denken, a. a. O., S. 69 f.

sion als Hauptmerkmal der mechanischen Zeit mit der Antizipation als Charakteristikum der anthropologischen Zeit auf Handlungsebene impliziert. Die Folge wäre eine Duplizierung des psycho-physischen Dualismus im Zeitschema.

In der Antizipation als einem Reflexionsprozeß, dem ebenso wie der Tat- oder Sprechhandlung Realzeit korrespondieren würde, käme es schließlich zum Phänomen der Instantaneität von Realzeit und Anschauungszeit im Reflexionsakt, denn: Wenn immer ich beabsichtige, etwas zu denken, so denke ich auch schon, was ich zu denken beabsichtige. Sobald man jedoch den Bereich der Reflexionshandlung verläßt, die im ausgeführten Falle außerdem auf reine Objektion und nicht etwa auch auf reflektierendes Problemlösungsverhalten bezogen ist, und auf das Gebiet der Sprech- bzw. Tathandlung abstellt, treten die beiden Zeitdimensionen wieder auseinander in die Anschauungszeit (Antizipation) und die nunmehr gespaltene Realzeit, die nämlich sowohl dem Akt der Antizipation als auch dem Ablauf der Handlung selber korrespondiert, wobei sich die Spaltung innerhalb des realen Zeitkontinuums, nicht jedoch etwa zwischen Anschauungszeit und korrelierender Realzeit vollzieht, wo, wie im Falle der reinen Reflexionshandlung Instantaneität vorgefunden wird.

Im Falle der idealtypisch unterstellten Willenshandlung aller drei möglichen Arten [1] sukzediert also dem antizipatorischen Akt, der seinerseits selbst Zeit für seine Realisierung benötigt, also ein sukzessives Moment enthält, der Handlungsablauf formal, d.h. unter Nichtbeachtung des Motivationskomplexes, als zeitliche wie effektive Folge der Antizipation als Ursache, wiewohl der antizipative Akt wegen des ihn kennzeichnenden kognitiven Vorgriffs sowohl sachlich und zeitlich teleologisch als auch unter Zugrundelegung des objektiven Zeitmodus temporär reversibel erscheint.

1) als Tathandlung, Reflexionshandlung, die über die reine Bezeichnung, also bloße Objizierung hinausgeht und Sprechhandlung.

Der reflektorische Akt der Antizipation als Handlungskonstitutivum, d.h. als initiierende Handlungsphase, wäre mit der Gesamtheit der genannten Bestimmungen - Finalität als Bedingung von Kausalität, Sukzession in Verbindung mit Reversibilität -, wie sie unter der Ägide der Notion von der objektiven Zeit entwickelt wurde, eben im Rahmen dieser Zeitvorstellung nicht zu begreifen. Die Zeitstruktur, derer Handlung zu ihrer Konstitution bedarf, die jedoch Handlung als ablaufende dem Begreifen entzieht, ihre Nachkonstruktion in der Deskription unter Verwendung der Figur der Antizipation jedoch ermöglicht, ist sowohl in ihrer räumlichen Symbolik als abgelaufene, als auch frei von der 'Tyrannei der Raumvorstellung' [1] als jeweils gerade ablaufende, d.h. erlebte und gelebte und daher nicht reflektierbare, die anthropologische Zeit als biologische unter Einschluß der Möglichkeit der Wahlhandlung aufgrund von Zielsetzung durch Antizipation, wie sie den psycho-physischen Dualismus existentiell überbrückt, ohne ihn etwa monistisch aufzulösen, und wie sie darüber hinaus die 'psychologische Relation' zwischen überwiegend triebhaftem und überwiegend 'rationalem' Verhalten als Ausdruck eines weiteren spezielleren, entschärften Dualismus im gesamten Spektrum der Verhaltensmodi umgreift, deren Signum sie ist.

Ließ sich der psycho-physische Dualismus, nachdem seine methodi-

---

1) Die Emanzipation des Denkens im allgemeinen und der Reflexion über die Zeit im besonderen vom Diktat der vorgängigen Perzeption im Raumschema ist das zentrale Anliegen der Metaphysik und biologischen Philosophie Bergsons, v.a. ausgeführt in: Zeit und Freiheit, Jena 1911. Daß eine Theorie der Zeit, die als erlebte der mechanischen der Naturwissenschaft entgegengesetzt wird, einer besonders gründlichen anthropobiologischen Absicherung bedarf, wenn sie nicht in kontemplative Spekulation abgleiten will, ist ebenso auch als Mahnung in eigener Sache zu verstehen, wie Horkheimers Kritik an Bergsons 'Metaphysik der Zeit' mit ihrer Überbewertung der Intuition; vgl.: M. Horkheimer, Kritische Theorie, Frankf./Main 1968, Bd. 1, S. 177 ff.

sche Suspension schließlich doch dem Versuch seiner Analyse wich, durch die hypothetische Gleichsetzung von Zeit und Information unter Berücksichtigung der Einsichten der Schichtenanalyse mit der Konsequenz, daß die Struktur der anthropologischen Zeit zum dritten irreduziblen Wert eines dreiwertigen ontologischen Schemas mit den beiden übrigen irreduziblen Instanzen von Materie und Bewußtsein bzw. Körper und Geist avancierte, in einer Weise explizieren, die die Einsicht in seine theoretische Unauflösbarkeit ebenso fördert, wie sie zu der Erkenntnis verhilft, daß der Dualismus praktisch, sei es in der Reflexion, sei es im Sprechen oder Tun, immer schon aufgehoben ist, sobald Handlung zu ihrem Vollzuge ansetzt; eine Feststellung, die unmittelbare Evidenz beinahe als Trivialität erscheinen läßt, so bleibt doch gerade die zentrale ontologische Aussage von den drei Prinzipien mit ihrem logischen Korrelat von der Dreiwertigkeit höchst problematisch. Andererseits werden die Elementarthesen der philosophischen Anthropologie einschließlich ihrer Ableitungen von dieser Streitfrage und ihren denkbaren Lösungsmöglichkeiten nicht entscheidend berührt, geschweige denn umgestoßen, wurden sie doch vorontologisch konzipiert, wobei lediglich die Denkfigur einer anthropologischen Zeit den Verdacht einer Grenzüberschreitung zur Metaphysik nahelegen könnte, wenn man auf ihrer prinzipiellen Irreduzibilität beharrt.

Es könnte sich aber auch so verhalten, wie es im Rückblick auf die kategoriale Schichtenanalyse des psycho-physischen Nexus, in der die hominide Existenzweise noch unter Hintanstellung des Zeitfaktors entwickelt wurde [1], durch ausdrückliche Einbeziehung des Konzepts der anthropologischen Zeit nahegelegt wird. Die Konstitution des Bewußtseins wurde aus kategorialer Sicht als Resultat des Umgreifens der Merkmale der physischen Schicht (Unspezialisiertheit und Instinktreduktion) und des Überformens durch das katego-

---

1) Vgl. dazu die Ausführungen S. 114 f.

riale Novum der Weltoffenheit (Mundanität) verstanden.

Ist das Ergebnis aber Gestalt in der Erscheinungsweise eines handelnden, also bewußten Wesens, dann ist mit der Konstitution eines in beschreibbarer Weise vom Tier sich unterscheidenden Lebewesens auch die ihm eigentümliche Zeitform als durch Gestalt gestaltete anthropologische Zeitgestalt mitgesetzt.

Über eine in der vorliegenden Weise abgerundete kategoriale Analyse, die sich metaphysischer Positionen zu ihrer eigenen Konfrontation wohl bedient, die jedoch eingedenk der Forderungen der erkenntnisanthropologischen Diakrise gelegentliches Transzendieren der metaphysischen Einbruchstelle als heuristischen Test auszuweisen hat, und die infolgedessen die ontische Irreduzibilität von Substanzen bzw. Instanzen weder behaupten noch bestreiten mag, führt die philosophische Anthropologie in dem selbstgesteckten Rahmen einer auf biologischen Hypothesen aufbauenden Handlungs- und Bewußtseinstheorie nicht hinaus.

Immerhin zeichnen sich bereits die Hauptentwicklungslinien für eine zwar in Umrissen angedeutete, jedoch selbst für einen ersten Entwurf noch nicht hinreichend ausformulierte philosophische Theorie des Bewußtseins ab. Gehlens Charakterisierung des Bewußtseinsbegriffs liegt diesen Überlegungen wohl zugrunde, muß jedoch in manchen Punkten als unzureichend und ungenau präzisiert und modifiziert werden. Zutreffend bleibt allerdings Gehlens Kennzeichnung des Bewußtseins als Phase der Handlung und damit die Subsumierung unter den Handlungsbegriff. Die handlungstheoretische Orientierung des Bewußtseinsbegriffs bewies ihre heuristische Valenz im Hinblick auf die biologisch-genetische Fragestellung ebenso wie im kybernetisch aufbereiteten Kontext der Entstehung und des Ablaufs von Handlungs- und Reflexionsprozessen.

Die Bedeutung kybernetischer Ansätze für den elementaren Aussagenbereich einer philosophischen Anthropologie wird von Gehlen als einem der ersten gesehen und auch programmatisch ausgesprochen;

sein eigenes Vorgehen in dieser Richtung beschränkt sich jedoch auf die Definition des Handlungskreises und seine Analogisierung zum kybernetischen Regelkreis. Die Applikation einiger kybernetischer Grundregeln erwies sich als besonders geeignet zur Explikation von Handlungsschemata, wie sich bei der Ausführung des bei Gehlen angedeuteten Ansatzes zeigte. Die kybernetischen Modellentwürfe blieben zwar rudimentär, jedoch entsprach das der Intention, lediglich die elementaren Handlungskreise schematisch zu erfassen, um auf diese Weise zugleich die Fundamente zu einer möglichen Theorie des Bewußtseins zu legen.

Einer gewissen Einseitigkeit der Gehlenschen Handlungskonzeption, ausgewiesen durch den Primat des instrumentellen Handelns, war durch die Herausarbeitung eines zweiten Handlungsbereichs, der als Theorieentwurf des kommunikativen Handelns vorzüglich bei Habermas eine zentrale Rolle in der Bewußtseinstheorie spielt, zu begegnen. Tatsächlich erlaubt Habermas' Zweibereichstheorie, die Arbeit und Interaktion als irreduzible Handlungssphären auffaßt, eher als Gehlens restriktiver Ansatz mit seiner Hypostasierung der instrumentellen Handlungssphäre [1], die Interdependenz von Theorie und Praxis und damit auch den Bildungsprozeß von Bewußtsein als historisch-evolutiv adäquat zu erfassen. Der neuralgische Punkt der philosophischen Anthropologie ist dann die Verknüpfung und gelegentliche Durchdringung beider Bereiche. Dabei ist allerdings vorderhand zu berücksichtigen, daß die von Habermas postulierte Irreduzibilität der Bereiche Arbeit und Interaktion ohne ihre von der Vermittlung durch Sprache gekennzeichnete Subsumierung unter den totalen Handlungsbegriff ihren Sinn ebenso verfehlt, wie etwa umgekehrt nicht alles Handeln auf Arbeit reduziert werden kann. Wie

1) Die Konfrontation der Technokratiethese mit dem Schwerpunkt ihrer Ausprägung in Gehlens Institutionenlehre mit der Kritischen Theorie besonders in der Habermas'schen Version bildet den Hauptgegenstand der Abhandlung W.R. Glasers, Soziales und instrumentales Handeln, Stuttgart usw. 1972.

die kritische Auseinandersetzung mit der Handlungskategorie Gehlens vielmehr gezeigt hat, fallen Tat-, Sprech- und Reflexionshandlung als die drei ableitbaren Handlungsarten unter einen einheitlichen, Arbeit und Interaktion umfassenden Handlungsbegriff als zentrale anthropologische Kategorie, wobei Sprachkompetenz in ihrer essentiellen Funktion der Vermittlung zwischen den drei Aspekten herausgestellt wurde.

Der Rückgriff auf eine jeweils nach Maßgabe der Historizität revidierte Analyse der Verknüpfung instrumentellen mit kommunikativem Handeln hält die philosophische Anthropologie offen für eine ständige Überprüfung der Gewichtung der Konsequenzen beider Handlungsarten, woraus dann zumindest kurzfristige Aussagen über den künftigen Bildungsprozeß des Bewußtseins als wahrscheinlich geschlossen werden können. Einige Bemühungen, Dialogizität als methodisches Instrument von Wahrheitstheorie zu bewähren, wurden erörtert und vorläufig abwartend bis skeptisch beurteilt [1].

Wurde der kybernetische Aspekt der Handlungs- und Bewußtseinstheorie von Gehlen im Ansatz deutlich gesehen, wenn auch von ihm nicht weiterentwickelt, so bleibt demgegenüber die Zeitfrage der Bewußtseinsproblematik, wie sie sich in Gehlens Werk stellt, ebenso kontingent, wie die ahistorische Argumentation einen durchgehenden Zug seiner Konzeption ausmacht. Demgegenüber hat die in extenso durchgeführte Zeitanalyse ergeben, daß der Zeitkategorie in der abgeleiteten Form des Begriffs der anthropologischen Zeit eine konstitutive Bedeutung für die Bewußtseinstheorie zukommt.

Ebenso wie die Aussagen zur Bewußtseinsproblematik konnten auch die Hypothesen zum Zeitthema nur den vorläufigen Rahmen für eine zu entwerfende Zeittheorie abstecken. Dabei würde im bewußtseins-

---

1) Immerhin ist eine zunehmende Tendenz zu beobachten, im Umkreis der Dialogtheorie einen wahrheitstheoretischen Durchbruch zu erzielen. Vgl. dazu auch die Beiträge in: Neue Hefte für Philosophie, Bd. 1, H. 2/3 mit dem Titel: Dialog als Methode.

theoretischen Kontext die Fragestellung im Mittelpunkt stehen, wie es sich mit der Zeitkategorie als Komponente nicht nur eines dreiwertigen logischen Schemas, sondern vielmehr eines dreiwertigen ontologischen Schemas von Materie (Körper), Bewußtsein (Geist) und anthropologischer Zeit (informatorischer Prozeß) verhält. Diese Fragestellung impliziert als weitere Schwierigkeit die Problematik der Beziehung von Materie und immateriellem Sein (Bewußtsein), ein Dilemma, welches beispielsweise der Dialektische Materialismus nur notdürftig durch seinen dialektischen Gesetzesbegriff kaschiert, ohne es zu bewältigen. Auf die Reflexionsebene gehoben hat dieses Dilemma sein Analogon in der ebenso ungeklärten Relation von Gegenstands- und Erkenntniskategorien [1], gekennzeichnet durch die Phänomene Realpugnanz und Antinomie, wohinter sich ja nichts anderes als die diffizile Sprachstufenproblematik verbirgt.

In beiden Fragenkomplexen läßt die Ausklammerung der Zeitkategorie eine bedenkliche Verkürzung des Problembewußtseins befürchten. Will man diesem Vorwurf entgehen, so ist eine mehrschichtige Untersuchung angezeigt, die auf der Grundlage einer philosophisch-anthropologischen Bewußtseinstheorie eine Theorie der Zeit entwickelt, die die Implikationen einer mehrwertigen Logik und Ontologie in den Argumentationszusammenhang einbringt. Bewußtseins-, Zeit- und Mehrwertigkeitstheorie sind ständig aneinander zu überprüfen und konvergieren schließlich in einer Theorie der Erfahrung,

---

1) Vgl. dazu G. A. Wetter, Mensch und Natur beim jungen Marx und im Diamat, in: Marxismus-Leninismus. Geschichte und Gestalt, Berlin 1961. Wie Wetter nachweist, ist es gerade im Hinblick auf die Frage nach der Entstehung des Bewußtseins die im Diamat nicht herstellbare Identität von Denk- und Realkategorie, die die Erklärung der Entstehung des Höheren aus dem Niederen (v. a. des Bewußtseins aus Materie) mit Hilfe des Gesetzes vom Widerspruch, das reale Negativität voraussetzt, ausschließt (a. a. O., S. 67 f.).

die als Erfahrung von Bewußtsein zugleich auch immer Zeiterfahrung[1] ist.

Die wechselseitige Analyse und schließliche Synopse von Theorieteilen verschiedener Provenienz, deren gemeinsamer Kristallisationspunkt das Konstrukt des Bewußtseins ist, leisten nebenher einen impliziten Beitrag zur Präzisierung der dezisionistischen Wahrheitstheorie, deren erklärtes Ziel es ja ist, intersubjektiv überprüfbares Wissen als wahr im Sinne des Wahrscheinlichkeitspostulats der Falsifikationsregel gegenüber solchen Hypothesen abzugrenzen, die jenseits der Grenze des aktuell Wißbaren (Objektionsgrenze) bzw. des überhaupt Erkennbaren (Objizierbarkeitsgrenze) szientifische Ansprüche einzulösen meinen, wo sie schon als objektiv dezisionistisch auszuweisen sind. Jeder einzelwissenschaftliche wie interdisziplinäre Beitrag zur Verfeinerung der Methode der erkenntnisanthropologischen Diakrise ermöglicht im Umkehrverfahren eine sukzessiv exaktere Festlegung der jeweiligen Objektions- bzw. Objizierbarkeitsgrenzen der Erkenntnis. Dabei steht die selbst nur sekundär-dezisionistisch einzulösende Hypothese mit dem Leitmotiv im Hintergrund, daß die Dialektik des Erkenntnisfortschritts ganz im Gegensatz zur landläufigen Meinung primär darin besteht, die Grenzen der Erkenntnis in immer neuen Anläufen so präzise wie möglich zu ziehen; u. zw. mit der möglichen Konsequenz der Reduzierung von Erkenntnis auf ein Corpus gesicherter Aussagen, deren Umfang und Reichweite keinen Anlaß zu übertriebenem wahrheitstheoretischen Optimismus gibt.

---

1) Von grundlegender Bedeutung für den Komplex der Zeiterfahrung und die Relation von kategorialer zu realer Zeitstruktur dürfte dabei die profunde Untersuchung von P. Bieri, Zeit und Zeiterfahrung, Frankf. /Main 1972 sein.

LITERATURVERZEICHNIS

Vorbemerkung:

In die Literaturliste wurden ausschließlich solche Titel aufgenommen, auf die sich die Abhandlung ausdrücklich bezieht. Das gilt nicht nur für den abgesteckten Themenbereich, den man im weitesten Sinne als 'philosophische Anthropologie' bezeichnen könnte, sondern auch für die Schriften Gehlens und die einschlägige Sekundärliteratur. Da die Auseinandersetzung mit dem Werke Gehlens im Vordergrund dieser Abhandlung steht, sei zur Orientierung auf zwei Gehlen-Bibliographien hingewiesen.

In der 'Zeitschrift für philosophische Forschung', 18. Jg. 1964 erschien eine vollständige Bibliographie der Arbeiten Arnold Gehlens auf dem Stand vom Jahresende 1963 mit weit über einhundert Titeln, wobei Aufsätze in Zeitungen und Antworten auf Umfragen noch nicht einmal berücksichtigt wurden.

Ein ausgewähltes, aber immer noch recht umfangreiches Verzeichnis der Schriften A. Gehlens und der Sekundärliteratur fügt J. Weiß seiner "Kritik der Institutionenlehre Arnold Gehlens" unter dem Titel 'Weltverlust und Subjektivität', Freiburg 1971 an. Dort, wie auch besonders in den unter II des vorliegenden Verzeichnisses angeführten Arbeiten finden sich zahlreiche weitere Hinweise zur Institutionentheorie und die Nennung allgemeinerer Literatur.

I. Zitierte Werke Arnold Gehlens in chronologischer Reihenfolge mit systematischen Hinweisen

IA. Bücher

Gehlen, A.: Theorie der Willensfreiheit, zuerst erschienen 1933; wieder abgedruckt in: Theorie der Willensfreiheit und frühe philosophische Schriften, Neuwied und Berlin 1965
(Transzendental - idealistische Philosophie)

Gehlen, A.: Der Mensch. Seine Natur und seine Stellung in der Welt, 1. Aufl., Berlin 1940, inzwischen liegt die 8., mehrfach verbesserte Aufl., Frankf./Main, Bonn 1966 vor.
(Anthropologie)

drs.: Sozialpsychologische Probleme in der industriellen Gesellschaft, Tübingen 1949; Neubearbeitung unter dem Titel: Die Seele im technischen Zeitalter (mit dem Titel der ersten Fassung als Untertitel), Hamburg 1957.
(Sozialpsychologie)

drs.: Urmensch und Spätkultur. Philosophische Ergebnisse und Aussagen, 1. Aufl., Bonn 1956; 2., neu bearb. Aufl., Frankf./Main, Bonn 1964.
(Soziologie/Institutionenlehre)

drs.: Moral und Hypermoral. Eine pluralistische Ethik, 1. Aufl., Frankf./Main 1969; 2., unveränderte Aufl., Frankfurt/Main, Bonn 1970.
(Ethik/Gesellschaftskritik)

IB. Aufsatzsammlungen

Gehlen, A.: Anthropologische Forschung. Zur Selbstbegegnung und Selbstentdeckung des Menschen, Reinbek bei Hamburg 1961.

drs.: Studien zur Anthropologie und Soziologie, 1. Aufl., Neuwied und Berlin 1962; 2., veränderte Aufl., Neuwied und Berlin 1971.

IC. Einzelne Aufsätze

Gehlen, A.: Anthropologische Ansicht der Technik, in: Technik im technischen Zeitalter. Stellungnahmen zur geschichtlichen Situation, Hrsg.: H. Freyer u.a., Düsseldorf 1965.

drs.: Ein anthropologisches Modell, in: The Human Context, Bd. 1/1968, 1969.

II. Zitierte Sekundärliteratur

Apel, K.-O.: Arnold Gehlens Philosophie der Institutionen, in: Philosophische Rundschau, 10. Jg. 1962.

Ballauff, Th.: Der Mensch, seine Natur und seine Stellung in der Welt. Zu dem gleichnamigen Werk von A. Gehlen, in: Zeitschr. f. philos. Forschg., Bd. VI, 1951-52.

Habermas, J.: Nachgeahmte Substantialität. Eine Auseinandersetzung mit Arnold Gehlens Ethik, in: Merkur, H. 4/1970; wieder abgedr. in: drsb.: Philosophisch-politische Profile, Frankfurt/Main 1971.

Häring, Th.: Zu Gehlens Anthropologie, in: Zeitschr. f. philos. Forschg., Bd. VI/ 1951-52.

Hartmann, N.: Neue Anthropologie in Deutschland. Betrachtungen zu Arnold Gehlens Werk "Der Mensch, seine Natur und seine Stellung in der Welt, in: Blätter f. dt. Philosophie, Bd. 15/ 1941-42.

Herder-Dorneich, Ph.: Anthropologie des pluralistischen Zeitalters, in: Soziale Verantwortung. Festschrift für Goetz Briefs, Berlin 1968.

Jonas, F.: Die Institutionenlehre Arnold Gehlens, Tübingen 1966.

Lipp, W.: Institution und Veranstaltung. Zur Anthropologie der sozialen Dynamik, Berlin 1968.

Litt, Th.: Zur Anthropologie Arnold Gehlens, in: drs.: Mensch und Welt, 2. Aufl., Heidelberg 1961.

Mahn, A.: Über die philosophische Anthropologie von A. Gehlen, in: Zs. f. philos. Forschg., Bd. VI/1951-52.

III. Weitere zitierte Literatur. (Arbeiten mit Stellungnahmen zu Gehlens Auffassungen, die über bloße Erwähnungen hinausgehen, sind mit der in Klammern gesetzten Abkürzung "sek." für Sekundärliteratur versehen.)

Adorno, Th. W.: Eingriffe. Neun kritische Modelle, Frankf./Main 1963.

drs.: Erziehung zur Mündigkeit, Frankf./Main 1971.

drs.: Negative Dialektik, Frankf./Main 1970.

Ammann, H.: Vom Ursprung der Sprache, Lahr/Baden 1929.

Antworten auf Herbert Marcuse, Hrsg. J. Habermas, 3. Aufl., Frankf./Main 1968.

Apel, K.-O.: Einführung zu: Peirce, Ch. S.: Schriften I, Frankfurt/Main 1967; Einführung zu: drsb.: Schriften II, Frankfurt/Main 1970.

drs.: Wissenschaft als Emanzipation? Eine Auseinandersetzung mit der Wissenschaftskonzeption der kritischen Theorie, in: Zs. f. allg. Wissenschaftstheorie, Bd. I, 1970.

Arber, A.: Sehen und Denken in der biologischen Forschung, Hamburg 1960.

Árnasson, J. P.: Von Marcuse zu Marx. Prolegomena zu einer dialektischen Anthropologie, Neuwied u. Berlin 1971.

Aron, R.: Die deutsche Soziologie der Gegenwart, Stuttgart 1965.

Bahr, H.-D.: Kritik der 'Politischen Technologie', Frankf./Main 1970.

Bally, G.: Vom Spielraum der Freiheit, 2. überarb. u. erg. Auflage, Basel 1966.

Barthes, R.: Mythen des Alltags, Frankf./Main 1964.

Baumgarten, E.: Der Pragmatismus, Frankfurt/Main 1938.

Becker, H.: Soziologie als Wissenschaft vom sozialen Handeln, Würzburg o. J.

Bendix, R.: Max Weber. Das Werk, München 1964.

Bergson, H.: Zeit und Freiheit, Jena 1911.

Bieri, P.: Zeit und Zeiterfahrung. Exposition eines Problembereichs, Frankf./Main 1972.

Bloch, E.: Freiheit und Ordnung. Abriß der Sozialutopien. Hamburg 1969.

Bühler, K.: Sprachtheorie, Jena 1934.

Buytendijk, F. J. J.: Mensch und Tier, Hamburg 1970.

Cassirer, E.: Was ist der Mensch? Stuttgart 1960.

Claessens, D.: (sek.) Instinkt, Psyche, Geltung, 2. überarb. Aufl., Köln u. Opladen 1970.

Cube, F. v.: Was ist Kybernetik? 3. Aufl., München 1971.

Dialog als Methode, in: Neue Hefte für Philosophie, Bd. 1, H. 2/3.

Dubois, E.: Die phylogenetische Großhirnzunahme, in: Biologia generalis 6/1930.

Eibl-Eibesfeld, I.: (sek.) Grundriß der vergleichenden Verhaltensforschung, München 1967.

Ertel, H.: Kausalität, Teleologie und Willensfreiheit als Problemkomplex der Naturphilosophie, in: Sitz.ber. d. dt. Akad. d. Wiss. zu Berlin, Klasse f. Mathematik u. allg. Naturwissensch., Jg. 1954, Nr. 1.

Evolution und Hominisation. Festschr. z. 60. Geb. v. Gerhard Heberer, Stuttgart 1962.

Flechtner, H. J.: Grundbegriffe der Kybernetik, Stuttgart 1966.

Folgen einer Theorie. Essays über 'Das Kapital' von Karl Marx, Frankf./Main 1967.

France, R. H.: Bios. Die Gesetze der Welt, Leipzig 1925.

Frey, G.: Möglichkeiten und Grenzen einer wissenschaftlichen Philosophie, in: Zs. f. allg. Wissenschaftstheorie, Bd. II, 1971.

drs.: Philosophie und Wissenschaft, Stuttgart 1970.

Geiger, Th.: Aufgaben und Stellung der Intelligenz in der Gesellschaft, Stuttgart 1949.

drs.: Ideologie und Wahrheit, Stuttgart 1953.

Gelis, P.: Soziologie und Sprache, Diplomarb. Hbg. 1969.

drs.: Wissenschaftstheoretische Vorfrage zum kommunikativen Aspekt der Bibliotheksforschung, Assessorarb. Hbg. 1971.

Girndt, H.: Das soziale Handeln als Grundkategorie erfahrungswissenschaftlicher Soziologie, Tübingen 1967.

Glaser, W. R.: Soziales und instrumentales Handeln. Probleme der Technologie bei Arnold Gehlen und Jürgen Habermas, Stuttgart usw. 1972.

Gomperz, H.: Das Problem der Willensfreiheit, Jena 1907.

Günther, G.: Das Bewußtsein der Maschinen, Krefeld u. Baden-Baden 1957.

drs.: Kritische Bemerkungen zur gegenwärtigen Wissenschaftstheorie. Aus Anlaß von Jürgen Habermas' Zur Logik der Sozialwissenschaften, in: Soziale Welt, Jg. 19/1968, H. 3/4.

Habermas, J.: Art. 'Anthropologie', in: Fischer Lexikon 'Philosophie', Frankf./Main 1958.

drs.: Erkenntnis und Interesse, Frankf./Main 1968.

drs.: Technik und Wissenschaft als Ideologie, Frankf./Main 1968.

drs.: Zur Logik der Sozialwissenschaften, in: Philosophische Rundschau, Beiheft 5, Tübingen 1967; inzwischen erweitert: Frankfurt/Main 1970.

Habermas, J.; Luhmann, N.: Theorie der Gesellschaft oder Sozialtechnologie - Was leistet die Systemforschung? Frankfurt/Main 1971.

Häberlin, P.: Anthropologie und Ontologie, in: Zs. f. philos. Forschung, Bd. IV, 1949.

Hamann, J.G.: Schriften zur Sprache, Hrsg. J. Simon, Frankf./ Main 1967.

Hartmann, M.: Einführung in die allgemeine Biologie und ihre philosophischen Grund- und Grenzfragen, Berlin 1956.

Hartmann, N.: Der Aufbau der realen Welt. Grundriß der allgemeinen Kategorienlehre, Berlin 1940.

drs.: Neue Wege der Ontologie, Darmstadt 1964.

drs.: Philosophische Grundfragen der Biologie, Göttingen 1912.

drs.: Teleologisches Denken, Berlin 1951.

Heberer, G.: Allgemeine Abstammungslehre, Göttingen 1949.

Heidegger, M.: Über den Humanismus, Frankf./Main 1949.

Heisenberg, W.: Das Naturbild der heutigen Physik, Hamb. 1965.

Herder, J.G.: Über den Ursprung der Sprache, in: Herders ausg. Werke, Hrsg. A. Stern, II. Bd., Leipzig 1880.

Hönigswald, R.: Philosophie und Sprache, Basel 1937.

Hofstätter, P.R.: Die Psychologie und das Leben, Wien-Stuttgart 1951.

drs.: Einführung in die Sozialpsychologie, 3. neubearb. Aufl., Stuttgart 1963.

Horkheimer, M.: Kritische Theorie, Bd. 1, Frankf./Main 1968.

Hume, D.: Eine Untersuchung über den menschlichen Verstand, Hamburg 1961.

Information über Information. Probleme der Kybernetik, Hrsg. H. v. Ditfurth, Frankf./Main 1971.

James, W.: Der Pragmatismus, Hrsg. W. Jerusalem, Leipzig 1908.

Juhos, B.: Die methodologische Symmetrie von Verifikation und Falsifikation, in: Zs. f. allg. Wissenschaftstheorie, Bd. 1/1970.

Kainz, F.: Psychologie der Sprache, Bd. 1, Stuttgart 1940.

Kambartel, F.: Erfahrung und Struktur. Bausteine zu einer Kritik des Empirismus und Formalismus, Frankf./Main 1968.

Kant, I.: Kritik der reinen Vernunft.

Keller, W.: Das Problem der Willensfreiheit, Bern 1965.

Kempski, J. v.: Charles S. Peirce und der Pragmatismus, Stuttgart und Köln 1952.

Klages, H.: Soziologie zwischen Wirklichkeit und Möglichkeit. Plädoyer für eine projektive Soziologie, Köln u. Opladen 1968.

Kofler, L.: (sek.) Das Prinzip der Arbeit in der Marx'schen und in der Gehlen'schen Anthropologie, in: Schmollers Jahrbuch ..., 1958.

Kofler, L.: Der asketische Eros. Industriekultur und Ideologie, Wien 1967.

drs.: Perspektiven des revolutionären Humanismus, Reinbek bei Hamburg 1968.

Kosík, K.: Dialektik des Konkreten. Eine Studie zur Problematik des Menschen und der Welt, Frankf./Main 1971.

Kulturanthropologie, Hrsg. W.E. Mühlmann, E.W. Müller, Köln/Berlin 1966.

Laing, R.D.: Phänomenologie der Erfahrung, Frankf./Main 1969.

Landgrebe, L.: Philosophie der Gegenwart, Frankf./Main, Berlin 1961.

Landmann, M.: Der Mensch als Schöpfer und Geschöpf der Kultur. Geschichts- und Sozialanthropologie, München, Basel 1961.

drs.: Philosophische Anthropologie. Menschliche Selbstdeutung in Geschichte und Gegenwart, Berlin 1955.

Landsberg, P.: Einführung in die philosophische Anthropologie, Frankf./Main 1934.

Lefèbvre, H.: Der dialektische Materialismus, Frankf./M. 1966.

Lepenies, W.; Nolte, H.: Kritik der Anthropologie, München 1971.

Liebrucks, B.: Sprache und Bewußtsein, Bd. 1, Frankf./M. 1964.

Litt, Th.: Einleitung in die Philosophie, Stuttgart 1949.

drs.: Individuum und Gemeinschaft, Berlin 1926.

Löwith, K.: Natur und Humanität des Menschen, in: Wesen und Wirklichkeit des Menschen, Göttingen 1957.

drs.: Von Hegel zu Nietzsche, 2. Aufl., Stuttgart 1950.

Lorenz, K.: Kants Lehre vom Apriorischen im Lichte der gegenwärtigen Biologie, in: Blätter f. dt. Philosophie, Bd. 15, 1941/42.

drs.: (sek.) Vom Weltbild des Verhaltensforschers, München 1968.

Luhmann, N.: Soziologie als Theorie sozialer Systeme, in: Kölner Zs. f. Soz. u. Sozialps., 19. Jg. 1967.

drs.: Zweckbegriff und Systemrationalität, Tübingen 1968.

Mannheim, K.: Ideologie und Utopie, 3. Aufl., Frankf./Main 1952.

Marcuse, H.: Der eindimensionale Mensch, Neuwied. u. Berlin 1971.

Marx, K.: Die Frühschriften, Hrsg. S. Landshut, Stuttgart 1971.

Marx und die Revolution, Frankf./Main 1970.

Maser, S.: Grundlagen der allgemeinen Kommunikationstheorie, Stuttgart 1971.

Mead, G. H.: Sozialpsychologie, Neuwied und Berlin 1969.

Moral und Gesellschaft, Frankfurt am Main 1968.

Die Motivation menschlichen Handelns, Hrsg. H. Thomae, 3. Aufl., Köln, Berlin 1966.

Neue Anthropologie, Hrsg. H.-G. Gadamer u. P. Vogler, Bd. 1: Biologische Anthropologie, Stuttgart 1972.

Neuhäussler, A.: Zeit und Sein, Meisenheim/Glan 1957.

Nietzsche, F.: Erkenntnistheoretische Schriften, Frankf./Main 1968.

Oehler, K.: Einleitung zu: Charles S. Peirce, Über die Klarheit unserer Gedanken, Frankf./Main 1968.

Pannenberg, W.: (sek.) Was ist der Mensch? Die Anthropologie der Gegenwart im Lichte der Theologie, 3. erg. Aufl., Göttingen 1968.

Pichler, H.: Die Unverträglichkeit des Indeterminismus mit der Logik, in: Zs. f. philos. Forschg. 14/1960.

Pilot, H.: J. Habermas' empirisch falsifizierbare Geschichtsphilosophie, in: Kölner Zs. f. Soz. u. Sozialpsych., 20. Jg. 1968.

Plessner, H.: Macht und menschliche Natur. Ein Versuch zur Anthropologie der geschichtlichen Weltansicht, in: Philosophie und Gesellschaft, Bern 1953.

Plessner, H.: Die Stufen des Organischen und der Mensch, Berlin 1928.

Popitz, H.: Der entfremdete Mensch. Zeitkritik und Geschichtsphilosophie des jungen Marx, Frankf./Main 1967.

Portmann, A.: Biologie und Geist, Zürich 1956.

drs.: Neue Wege der Biologie, München 1965.

drs.: Zoologie und das neue Bild vom Menschen, Hbg. 1956.

Rensch, B.: Homo Sapiens. Vom Tier zum Halbgott, Göttingen 1970.

drs.: Neuere Probleme der Abstammungslehre, 2. Aufl., Stuttgart 1954.

Révész, G.: Ursprung und Vorgeschichte der Sprache, Bern 1946.

Russell, B.: Probleme der Philosophie, 3. Aufl., Frankf./Main 1969.

Sartre, J. P.: Marxismus und Existentialismus. Versuch einer Methodik, Hbg. 1964.

Saussure, F. de: Grundfragen der allgemeinen Sprachwissenschaft, 2. Aufl., Berlin 1967.

Schaaf, J.: Grundprinzipien der Wissenssoziologie, Hbg. 1956.

Schacht, R.: Alienation, London 1971.

Schaff, A.: Marxismus und menschliches Individuum, Hbg. 1970.

Schelsky, H.: (sek.) Auf der Suche nach der Wirklichkeit, Düsseldorf, Köln 1965.

Schmidt, G.: Der Begriff des Menschen in der Geschichts- und Sprachphilosophie Herders, in: Zs. f. philos. Forschg., Bd. VIII 1954.

Schrader-Klebert, K.: Der Begriff des Transzendentalen bei Jürgen Habermas, in: Soziale Welt, Jg. 19/1968.

Senghaas, D.: Sozialkybernetik und Herrschaft, in: Atomzeitalter, Jg. 1967.

Siegmund, G.: Tier und Mensch, Frankf./Main 1958.

Sonnemann, U.: Negative Anthropologie, Reinbek bei Hbg. 1969.

Stegmüller, W.: Hauptströmungen der Gegenwartsphilosophie,

Stuttgart 1960.

Theorie und Realität, Hrsg. H. Albert, Tübingen 1964.

Thiel, M.: Das Problem einer fundamentalen Anthropologie, in: Konkrete Vernunft. Festschr. f. E. Rothacker, Bonn 1958.

Tjaden, K.H.: Zur Kritik eines funktional-strukturellen Entwurfs sozialer Systeme, in: Kölner Zs. f. Soz. u. Sozialpsych., 1969.

Topitsch, E.: Vom Ursprung und Ende der Metaphysik, München 1972.

Uexküll, J. v.: Theoretische Biologie, Berlin 1920.

Verworn, M.: Kausale und konditionale Weltanschauung, Jena 1912.

Wartenberg, G.: Logischer Sozialismus. Die Transformation der Kantschen Transzendentalphilosophie durch Charles S. Peirce, Frankf./Main 1971.

Weber, M.: Wirtschaft und Gesellschaft, Hrsg. J. Winckelmann, Köln und Berlin 1964.

Wein, H.: Philosophische Anthropologie, Hannover 1965.

drs.: Das Problem des Relativismus, Berlin 1950.

Weizsäcker, C.F.: Die Geschichte der Natur, 7. Aufl., Göttingen 1970.

drs.: Zum Weltbild der Physik, 7. erw. Aufl., Stuttgart 1958.

Weizsäcker, V. v.: Gestalt und Zeit, 2. Aufl., Göttingen 1960.

Wellmer, A.: Kritische Gesellschaftstheorie und Positivismus, 2. Aufl., Frankf./Main 1969.

Wetter, G.A.: Mensch und Natur beim jungen Marx und im Diamat, in: Marxismus-Leninismus. Geschichte und Gestalt, Berlin 1961.

Wickler, W.: Antworten der Verhaltensforschung, München 1970.

Wiener, N.: Kybernetik, Hamburg 1968.

Willms, B.: Funktion-Rolle-Institution, Düsseldorf 1971.

Windelband, W.: Über Willensfreiheit, 4. Aufl., Tübingen 1923.

Wittgenstein, L.: Tractatus logico-philosophicus, Frf./M. 1964.

Wörterbuch der Kybernetik, Hrsg. G. Klaus, 2 Bde., Frf./M. 1971.

Zur Theorie der Institution, Hrsg. H. Schelsky, Düsseldorf 1970.

Personenregister

Adler, M. 174
Adorno, Th. 17, 175, 206, 211
Apel, K.-O. 21, 33f., 52, 127, 189
Arber, A. 41ff.
Aristoteles 38
Arnasson, J.P. 206

Bahr, H.-D. 205
Bally, G. 120
Bendix, R. 145
Bergson, H. 61, 102
Bloch, E. 17, 185
Bohr, N. 163
Bolk, L. 65, 74, 94
Bühler, K. 100
Buytendijk, F.J.J. 44

Cassirer, E. 100
Cube, F.v. 129

Descartes, R. 22, 55
Dewey, J. 23, 48ff.
Driesch, H. 36
Dubois, E. 94

Eibl-Eibesfeld, I. 120
Ertel, H. 113

Festinger, L. 154
Feuerbach, L. 23
Fichte, J.G. 26
Freud, S. 210
Frey, G. 174
Freyer, H. 66
Fromm, E. 196

Gehlen, A. 18, 19, 23, 24, 25, 28ff., 31, 32, 33, 34, 35, 42ff., 47, 48, 49, 50, 57, 60, 61, 64, 65, 66ff., 82f., 84f., 87, 90f., 94, 96, 101, 102ff., 107, 109f., 118ff., 125, 128, 133, 138, 146, 149, 151, 152, 156f., 158, 174f., 184ff., 192, 193ff., 202, 208ff., 212 ff., 219ff.
Geiger, Th. 12ff., 14
Girndt, H. 144
Gomperz, H. 113
Günther, G. 184, 213f.

Habermas, J. 17, 59, 77, 91, 93, 169, 174, 179ff., 189f., 195, 197, 198ff., 206, 220ff.,
Häberlin, P. 19
Haeckel, E. 101
Haering, Th. 40
Hamann, J.G. 170ff.
Hartmann, M. 214
Hartmann, N. 68, 86f.
Hassenstein, B. 123
Hegel, G.W.F. 169
Heisenberg, W. 163
Herder, J.G. 23, 100f., 102
Herder-Dorneich, Ph. 138ff.
Hofstätter, P.R. 95, 215
Horkheimer, M. 206
Humboldt, W.v. 7
Hume, D. 175

James, W. 23, 48, 49, 50
Jonas, F. 62, 130f.
Kambartel, F. 173
Kant, I. 21, 23, 57, 165ff., 170, 172, 174
Keller, W. 113
Kelly, G.A. 147
Kempski, J.v. 49f., 56
Klages, H. 193
Kofler, L. 94, 194ff., 206
Kosik, K. 173, 203

Landgrebe, L. 156f.
Landmann, M. 8, 43, 83
Lepenies, W. 131
Lersch, Ph. 149
Levi-Strauss, C. 207
Lipp, W. 119, 187
Litt, Th. 31f.
Lorenz, Konr. 41, 43, 72, 102ff., 139, 166
Luhmann, N. 179ff., 186, 190

Mahn, A. 31
Mannheim, K. 13f., 17, 59
Marcović, M. 194, 203
Marcuse, H. 17, 205, 206

Marx, K. 17, 23, 48, 169, 172, 184, 191, 194, 201, 203, 210
Maser, S. 181f.
Mead, G.H. 136
Mosca, G. 17
Mühlmann, W.E. 67

Nietzsche, F. 17, 48, 159, 175

Oehler, K. 52, 55

Palagyi, M. 44
Pannenberg, W. 152
Pareto, V. 17, 154
Parsons, T. 186
Peirce, Ch.S. 24, 48ff., 54ff., 111, 151, 173, 175, 177, 180, 189
Pichler, 112
Pilot, H. 200
Plessner, H. 22, 25, 99, 152, 162f., 178, 184
Popitz, H. 204
Popper, K.R. 30, 62
Portmann, A. 34, 65, 103f., 158, 159
Protagoras 76

Rensch, B. 94f.
Révész, G. 107
Rohracher, H. 154
Rothacker, E. 26
Russell, B. 172

Sartre, J.P. 201
Saussure, F. de 20
Schäfer, H. 123
Schaff, A. 203
Scheler, M. 22, 61, 84, 85, 152
Schelsky, H. 188f.,
Schiller, F.C.S. 48, 49
Schindewolf, H. 65
Schmidt, H. 122f., 125
Siegmund, G. 70
Sonnemann, U. 207
Sorel, G. 17, 48

Thiel, M. 92
Thomae, H. 156
Tjaden, K.H. 191
Topitsch, E. 158, 169, 202
Troeltsch, E. 13

Uexküll, J.v. 76

Versluys, 94
Verworn, M. 45ff.

Weber, M. 144 ff.
Weizsäcker, C.F. von 37, 170
Weizsäcker, V. von 122, 161, 212f.
Wellmer, A. 198f.
Wetter, G.A. 222
Wickler, W. 41
Wiener, N. 126
Windelband, W. 116
Wittgenstein, L. 46
Whorf, B.L. 171

Sachregister

Abstammungslehre 39, 94ff., 105f.
s. a. Deszendenztheorie
Aggression 208ff.
Aggressionsskala 155
Ästhetizismus 159, 160
Agnostizismus 51, 180
Akt, dezisionistischer 51
transzendent-pragmatischer 152, 157, 176
voluntaristischer 52
Aktzentrum 132, 134
Allsatz, biologisch-empirischer 68f., 89
Anschauungszeit 215ff.
Ansichsein, gnoseologisches 6
Antinomie 214, 222
Antizipation 147f., 160, 165, 178, 205, 213, 214ff.
Antriebe 79ff., 102
Antriebsüberschuß 80, 127f.
Anthropina 23, 64ff., 73, 76, 191f.
(anthropospezifische Merkmale)
Anthropogenese 94ff.
Anthropomorphe 104
Anthropoiden 97
Anthropologie 6, 93, 212ff.
aprioristische 19
biologische 28, 33f., 42, 62-110, 209
kybernetische 181
negative 207
philosophische 21, 24, 29, 53, 61, 62, 93f., 152ff., 175, 181, 218ff.
philosophisch-empirische 21ff., 29-35, 44
rationalistische 77
strukturale 207
Aporie 214
Apriori 166, 172f., 175
biologisches 150, 167
materielles 174
soziales 167
Apriorität 165, 168f.
Arbeit 109, 139, 167, 183ff., 194ff.
Arbeitsteilung 191
Arterhaltung 142
Auslese
s. Selektion
Automat 153

Bedingungsanalyse
s. Konditionalanalyse
Bedürfnisse 79, 80, 185
Bewußtheit 80
Bewußtsein 6ff., 37, 39, 47, 76, 77, 79, 94, 99, 102, 108, 118ff., 126f., 130f., 170f., 213, 217, 220
Bewußtsein,
emanzipatorisches 155
falsches 7, 15, 16
gesellschaftliches 137, 155
historisches 172
ideologisches 10f.
institutionalisiertes 193
relativistisches 212
richtiges 193
szientifisches 212
utopisches 18, 202, 207f.
Bewußtseinsanalyse 212ff.
diachronisch 20
panchronisch 20
synchronisch 20
Bewußtseinsaspekte 166f.
Bewußtseinsbegriff 18, 49, 50ff., 81, 136, 167
Bewußtseinsfunktionen 78, 142
Bewußtseinsstufe 163
Bildungsprozeß 169
Biologie 36, 40, 161ff.
Biologismus 31
metaphysischer 33
Buridans Esel 114

causa
efficiens 38, 42
finalis 38, 40, 42
formalis 38
materialis 38
circulus vitiosus 40, 41, 43
Cope'sche Regel 73f.
cultura naturans 110
Cytoarchitektonik 105

Darstellungsfunktion 100

Deduktion 160
Demokratie 155
Denken 55ff., 80, 96, 100f., 109
164
Deszenenztheorie 62f., 85
Determinismus 37, 46, 111f.,
162f.
Dezisionismus 151f., 178, 207,
111, 151f., 157, 175ff.,
201f., 207, 223
latenter 207
manifester 207
sekundärer 51ff., 59, 60
transzendent-pragmatischer
53, 54, 57
Diakrise,
erkenntnisanthropologische
53, 175f., 214, 218f., 223
Dialektik 213
negative 206
Dialogizität 221
Diskurs 180f., 183, 190, 197f.,
201, 206
Diskussion 183
Dissonanz, kognitive 154
Distanzierung 33
Dogmatismus 165
mechanistischer 200
Dollo'sche Regel 63, 70, 104,
140
Domestikation 103f.
Dualismus 17, 22, 24f., 30, 72
methodologischer 29
psycho-physischer 24ff., 35,
42, 44, 46, 86, 122f., 129,
180, 212f.
Duplizität, eschatologische 59

Elementaranthropologie 34
Emanzipation 197, 217
Empirismus 170f.
restriktiver 30
ens motus 79
Entfremdung 182ff., 190, 192ff.,
202ff.
Entfremdungsbegriff,
dialektischer 198
genetischer 191f.
problematischer 191f., 194,
198
vorproblematischer 198
zirkulärer 198
Entideologisierung 207
Entlastung
(Entlastungsprinzip) 33, 78,
79f., 83ff., 88, 98f., 108,
110, 188f., 191f.
Entlastungsgesetz 78ff., 127ff.
Entlastungskategorie 57, 127
Entwicklung 38ff.
Entwicklungsbegriff 39f., 99
Entspezialisation 104
Erfahrung 60, 165ff.
Erhaltungsfunktion 157f.
Erkenntnis 174
apriorische 174
empirische 174
Erkenntnisanthropologie 54f., 176
178f., 186
Erkenntnisgrenze 223
Erkenntnisinteresse,
antizipatorisches 191
Erkenntniskategorien 222
Erkenntniskritik 171f.
Erkenntnistheorie 173f., 175f.
Erklären 145
Eschatologie 58, 180, 190
Ethik 53
Evidenz 173, 175
Evidenzkriterium 60
Evolution 39f., 63, 141f.
Evolutionsfaktoren 63, 94f., 106
Evolutionstheorie 96f.
Existenz, instantane 163
Existenzbedingungen 62, 96f.

Fallibilismus 58, 59, 177
methodischer 177
Feld, gespanntes 160
entspanntes 160
Finalität 36f., 149, 214, 215
Finalnexus 39
Formierungszwang 128
Forschungslogik 60
Friedensforschung 209
Frühgeburt, physiologische 65, 72
Frühjahr, exta-uterines 65
Frustrations-Aggressions-Hypothese
154
Führungsgröße
s. Sollwert
Fundamentalkategorien 25f., 78,
89, 109, 126, 144

Funktionskreis 76, 141
prähominider 141f.

Ganzheit 42ff.
Gefühl 148
Gegenbegriffe 82ff., 89
Gegen-Institution 206
Gegenstandskategorien 222
Gehirn(entwicklung) 69f., 71, 73, 74, 75, 82, 85, 88, 97, 103, 107, 126, 132, 141, 142, 166
Geltungsrelevanz 53, 178
Geltungstranszendenz 53
Geschichtsdeterminismus 201
Gesellschaft,
kapitalistische 17
sozialistische 17
Gesellschaftstheorie,
kritische 23, 30
Greifhand 105f.

Handeln,
geistiges 195
instrumentales 195f., 198ff., 216ff.
irrationales 60, 145, 194
kommunikatives 183ff., 199ff. 206, 220ff.
revolutionäres 197
zweckrationales 59, 145, 195
Handlung 25f., 33, 47, 48, 55ff., 79, 81f., 84, 88, 91, 109, 116, 119, 120ff., 123, 124, 125, 136ff., 143, 145ff., 164, 180, 182, 194ff., 215ff.
entlastete 109
luxurierende 157, 160
Handlungsalternativen 113
Handlungsbegriff,
dualistischer 199
monistischer 199
totaler 143, 221
Handlungsgesetz 79
Handlungsinstitution 50
Handlungskreis 76, 82, 120ff., 126, 127ff., 143, 164, 183ff.
Handlungsregel 55f.
Handlungsspielraum 192
Handlungstypen 143
Handlungstheorie 29, 64f., 81, 93 144f., 221ff.
Handlungszwang 110
Hemmbarkeit (der Antriebe) 79f.
Herrschaft 17, 183f., 188ff., 197, 203ff.
Heterostase 154
Hiatus 17, 79, 80, 116, 121, 141, 212
Hintergrundserfüllung 159ff.
Hominiden 97, 106
rezente 105
Hominisation 102ff., 107f., 138f.
s. a. Phylogenese
homo
alalus 101
cogitans 101, 106
faber 39
loquens 101, 106
sapiens 39
Homöostase 140, 154ff.
Hopi 171
Hormonproduktion 94f.
Humanismus 194ff.
Humanitarismus 188f., 206, 210
Hypertelie 34, 157
immanente 158
transzendente 158

Idealismus,
transzendentaler 33
Ideologie 9ff., 190, 207
Ideologiebegriff 10ff.
Ideologiekritik 11, 155, 169, 207
Indeterminismus 162ff.
Indeterminismus, methodischer 162ff.
Induktion 160
Information 213, 218, 221
Instantaneität 216
Instinktreduktion 23, 76, 79, 82, 102ff., 108, 208
Instinktresiduen 79
Institutionenlehre 34, 62, 77, 118ff., 137, 177, 185ff., 191ff., 202ff., 205, 207ff.
Institutionenwandel 192f.
Intelligenz 13
Intellektuelle 197f.
intellecus agens 79
Interaktion 139, 167, 182ff., 195ff., 198, 204f., 221f.

Interaktionssystem 143f.
Interesse 185, 190
Interpretationsgemeinschaft 190
Invarianten
s. Konstanten
Invariantenlehre,
anthropologische 90f.
Inversion,
biokratische 186
Irreduzibilität 213f., 218f.

Kategorialanalyse 26ff., 62, 81f., 85ff., 107ff., 144ff., 174f., 194, 218
Kategorien 25, 33ff.
dualistische 108
monistische 108
neutrale 35
Kausalanalyse 26ff., 30ff.
Kausalbegriff 35f.
Kausalfilz 28
Kausalität 82, 106, 132f., 149, 214f.
mechanische 38
Kausalitätsprinzip 36, 37, 38, 42
Kausalnexus 28, 38f.
Kephalisation 70, 95
Kephalisationskoeffizient 95
Kommunikation 107, 167, 176, 180f.
Kommunikationssystem 24
Kompetenz, kommunkative 176f.
Komplementarität 41f., 45f., 66, 83, 161 (Komplementarismus)
Komplexität 184, 186, 191
Komplesitätsreduktion 182ff.
Komplikation 184
Konditionalanalyse 35ff.
Konditionismus 46ff.
Konstanten, anthropologische 82, 90ff.
Konstanz, diachronische 171
Kontaktbedürfnis 107
Kritizismus 167ff.
Kryptokausalismus 83
Kultur 109f., 138, 139, 140
Kulturanthropologie 8
Kulturobjektivationen 143, 151
Kulturpessimismus 208
Kultursynthese 13
Kulturwelt 111
Kybernetik 160, 182ff., 219ff.

Lamarckismus 63
langue 33
Lebenserhaltung 109, 150
Lebenserhöhung 109
liberum arbitrium indifferentiae 115
Linguistik, kontrastive 171
Logik 212 ff.
dreiwertige 212ff.
mehrwertige 212ff., 222
zweiwertige 212ff., 222

Mängelbewußtsein 140
Mängelkompensation 140, 151, 159, 195
Mängeltheorie 65ff., 78, 101, 138ff., 149, 151
Mängelverstärkung 139f.
Mängelwesen 23, 61, 65ff., 74ff.
Marxismus, dogmatischer 206
Materie 213
Maxime,
dezisionistische 178, 207
pragmatische 54ff.
Mechanismus, marxistischer 201
Mechanismus-Vitalismus-Kontroverse 38, 41
Menschenbild,
optimistisches 151, 206f.
pessimistisches 151
Menschwerdung
s. Phylogenese
Merkmalsanthropologie 90
Meta-Institution 127
Metaphysik 151, 219
Metasprache 6ff., 32
Methodenpluralität 44, 47
Modell-Platonismus 183
Monismus 200
Monokausalität 27f., 45
Motiv 143ff.
Motivarten 146
Motivation 132ff., 144ff., 160, 179, 183, 216
Motivformen 146
Mündigkeit 211
Mundanität 108ff., 116, 119, 136,
s. a. Weltoffenheit 142, 156, 16

Mutation 63f., 68, 75, 94f. 98, 106, 141f.

Nationalsozialismus 98
natura naturans 110
Naturalismus 197, 206
Neopositivismus 30, 34
Neoenie 65, 102ff.
Neugierverhalten 103
Neutralität,
psycho-physische 25ff., 33, 82, 108
Nexus,
psycho-physischer 108, 120, 213, 218
Nichtfestgestelltsein 159
Noosoziologie 9f., 11
Normativismus 188
Novum,
kategoriales 87ff., 97, 107ff., 213

Objektionsgrenze 7, 18, 223
Objizierbarkeitsgrenze 223
Objektsprache 32
Ontologie 165, 223
eschatologische 58
Oppositionsbegriffe 83
Organismustheorie 41ff.
Organprimitivismen 64
Organspezialisierung 62ff., 67ff., 78f., 88, 138, 141
Organunspezialisiertheit 23, 62ff., 70ff., 87
Orthogenese 104

Panideologismus 13
parole 33
Persönlichkeit 185ff., 193
Perspektive,
diachronische 20, 141
panchronische 20
synchronische 20, 141
Philosophie,
empirische 174
große 160
praktische 173
Phylogenese 96ff.,
Physik 37
Plastizität 127ff., 134
Plurikausalität 28, 41, 44f.

Pongiden 104
Positionalität 178
Positivismus 12, 30f., 207f.
Posthistoire 186
Pragmatik 33
Pragmatismus 23ff., 48ff., 176
eschatologischer 54
pluralistischer 54
Praxis 151
emanzipatorische 155
experimentelle 201
revolutionäre 201
Primaten 62f., 142, 166
Privateigentum 203
Produktion 199
Produktionsmittel 203f.
Prolepsis 161 ff.
Protoinstitution 127, 137
Pseudokonkretheit 173
Purismus 171
synthetischer 175

Quantenmechanik 37

Rationalisierung,
sekundäre 154
Rationalismus 36, 51, 69f.
dogmatischer 53
Rationalität,
technologische 204
Raumvorstellung 103f.
Realdialektik 213
Realismus 36
sinnkritischer 58
Realkonkomitanz 167
Realpugnanz 222
Realzeit 215ff.
Reduktion 111
logische 146
Reduktionismus 184
Reflexion(shandlung) 143, 216, 220f.
doppelte 31
Reflexionsstufen 19f.
Regelkreis 121ff., 128ff., 137, 220
anthropologischer 135
biologischer 123f.
konstitutiver 135
pragmatischer 123ff., 133f., 142
psychischer 154f.
Relationismus 14f., 56f.

Relativierung,
mehrdimensionale 18
Relativismus 15f., 18f., 57f., 151, 175
erkenntnistheoretischer 51f.
kultureller 172f.
philosophischer 50ff.
praktikalistischer 56f.
totaler 207
Relativitätspostulate 7, 9, 30f.
Relativitätsprinzip(ien) 20, 53
gnoseologisches 7, 15f., 56f.
ideologisches 18
interkulturelles 9
noosoziologisches 18f.
physikalisches 153
soziolinguistisches 7f., 18, 24f., 58f., 91
Retardation 64ff., 83, 94ff., 102ff., 141
Rückkopplung 123f., 128ff., 133f., 141ff.
kumulative 141f.

SAE 171f.
Sapir-Whorf-Hypothese 7
Schichtenbild 35, 84, 86ff.
Schichtendistanz 87f.
Schichtung,
kategoriale 86ff., 107f.
Schichtungsgesetze 87f.
Schimpanse 104
Seinskategorien 86
Seinsverbundenheit 9
Selbstbehauptungstrieb 150
Selbstdarstellung 157ff.
Selbstdomestikation 103, 137
Selbsterhaltung,
biologische 142, 149f., 152ff., 184ff.
Selbstmord 155
Selbstorganisation 136
Selbststeigerung 151, 156, 158ff.
Selbststeuerung 112
Selbstverwirklichung 156, 158, 184ff., 208ff.
Selbstwert 158f.
Selektion 63ff., 68, 74f., 94ff., 98f.
infraspezifische 98
interspezifische 98
Selektionsmechanismen 98
Selektokrat 98
Semantik 33
Sinnbegriff,
dialogischer 180
monologischer 180
Sinnkriterium 151ff., 156ff., 175ff.
Skeptizismus 165, 170, 208
Sollwert 123ff., 133, 141f.
Sonderhypothese 43, 61, 65f.
(Sonderstellung, 69, 76,
Sonderentwurf) 78, 81f., 85, 80, 118f., 150, 156, 164
Sozialibilitätsaspekt 106ff.
Sozialanthropologie 8
Sozialisation,
primäre 65
Sozialprestige 155
Sozialwissenschaften 28ff.
Soziologie 77, 178f., 191f.
Spezialanpassung,
morphologische 69ff.
Spiel 160
Spontaneität 142
Sprache 6f., 32, 91, 96, 100f., 109, 138ff., 168, 170, 176f.
Spracherwerb 106
Sprachkompetenz 220f.
Sprachlichkeit 90, 106
Sprachmäßigkeit 127, 151
Sprachspiel,
heuristisches 152
Sprachstufen 32
Sprachsystem 25
Sprachtheorie,
analytische 32
Sprachtypus 24f.
Sprachursprung 100f.
Sprachvermögen 70
Sprechhandlung 106ff., 143, 216, 220f.
(Sprechtätigkeit)
Sprechsituation, ideale 177, 180
Stufenfunktion 141f.
Stufenschema 61, 84f.
Subjektivismus 165, 187ff.
Sukzession 215ff.
Syntax 23
System,
dynamisches 137
offenes 137

Systemtheorie 137ff., 142f., 182f.
Systemtransformation 142

Tathandlung 143, 216, 220f.
Teleologie,
anthropokline 111
Theorie 150f., 220
kritische 29f.
Totalität,
antagonistische 193
Totalitarismus 155
Transzendentallogik 30f., 33
Transzendentalphilosophie 169ff.
Transzendenz 152, 171
Trias 140
Trieblehren 148f.
Trilogie 118f.

Überleben 96f., 141, 157, 178
Ultrastabilität 142
Umgangssprache 32f.
Umwelt (begriff) 110, 141f.
Umweltangepaßtheit 65, 72f., 78
Unspezialisiertheit 66ff., 88, 95, 107
s. a. Organunspezialisiertheit
Ursache 26f., 36ff., 41ff.
Ursprungstheoreme 106f.
Utilitarismus,
objektiver 177, 181f.
Utopie 155, 185, 188ff., 208
abstrakte 185, 208
konkrete 185
Utopismus 201

Veranstaltung 187
Verfügbarkeit 160
Verhaltensautomatismus 154f.
Verhaltensbegriff,
kybernetischer 129
Verhaltensstabilisierung 76
Verhaltenssteuerung 129
Verhaltenswissenschaft 29, 92
Verifikation,
experimentelle 58
Verlaufstypus 156
Verpflichtung,
unbestimmte 159
Verstehen 146, 151
Voluntarismus 52f., 176, 206

Wahrheitsbegriff 54, 58, 151f., 178
Wahrheitskriterium 62, 177
Wahrheitstheorie 49, 58f., 176ff., 221ff.
dezisionistische
s. Dezisionismus
pragmatische 151f.
Wahrnehmungsgestalt 163f.
Wechseleinheiten 40
Wechselwirkung 40
Weltkomplexität 182ff.
Weltoffenheit 11, 23
s. a. Mundanität 72, 76ff., 80, 82ff., 87ff., 91f., 96f., 99ff., 102f., 108f., 112f., 186, 215
Wende,
anthropologische 26
Wesensanthropologie 90
Wille 26, 81, 148f.
Willensfreiheit 35, 111ff.
Willenshandlung 216
Wirklichkeitsbereiche 152f.
Wissenschaft,
empirisch-analytische 28-35
historisch-hermeneutische 30f.
integrierende 34f.
nomologische 30ff.
normativ-analytische 31
Wissenschaftsbegriff 25
Wissenschaftstheorie,
analytische 31
Wissenssoziologie 15f.
Würde 192

Zeit 39, 41ff., 114, 143, 157ff., 161f., 168, 212ff.
anthropologische 161ff., 165, 178, 213ff., 222
biologische 161ff., 212f.
geschichtliche 39
objektive 161f., 171, 217
physikalische 161
Zeitbegriff 160ff., 165ff., 215
Zeitdimension 137, 214, 222
Zeitgestalt 163
Zeitkomponente 178
Zeitkontinuum 216
Zeitlichkeit 160, 170f., 215
Zeitstrecke 160
Zeitstruktur 164, 212f.

Zeittheorie 221ff.
Zerebralisationsaspekt 106
Zielantizipation 164
Zirkel, 155, 174
hermeneutischer 43
Zivilisation 110
Zuchtwesen 80
Zweibereichstheorie 220

wenn p, dann q.

die widersprüche
des nomothetischen gesetzesbegriffs
der empirisch-analytischen sozialwissenschaften
und dessen doppelt ideologische funktion

(zum theorienstreit zwischen popper & holzkamp
+ zur realität der forschungspraxis)

franz dick

theorie + kritik 1

edition »2000

Über die Kunst der Revolution und die Revolution der Kunst

August Thalheimer

Aufsätze zur historisch-materialistischen Ästhetik und zur Anwendung der historisch-materialistischen Methode auf dem Gebiet der Literaturgeschichte

Mit einer kritischen Einleitung von Erhard H. Schütz

theorie + kritik 2

edition »2000

Wissenschaftstheorie + Gesellschaftliche Praxis

Das Elend des Kritischen Rationalismus
Zur Kritik sozialwissenschaftlicher Forschungspraxis
Zum Doppelcharakter der Bürgerlichen Psychologie
Ware und Erkenntnis

Heinrich Brinkmann
Klaus Jürgen Bruder
Richard Münch

theorie + kritik 3

edition »2000

Die Gesunden + das Normale

Zur Kritik der Psychoanalyse

Dieter R. Knöll

theorie + praktische kritik **11**

edition »2000

Kommunikation und Gewalt

Überlegungen zu einer Theorie der Politästhetik

Henning Luther

theorie + kritik 6

edition »2000

Reporter + Reportagen

Texte zur Theorie und Praxis der Reportage der zwanziger Jahre.

Ein Lesebuch.

Herausgegeben und eingeleitet von
Erhard H. Schütz

theorie + praktische kritik **6**

edition »2000